Marie Smith (Hg.)

Traumwelten

Nobelpreisträger schreiben Fantasy-Geschichten

BASTEI LÜBBE

BASTEI-LÜBBE-TASCHENBUCH
Band 21 205

Erste Auflage:
Februar 1994

First Published by Xanadu
Pub. Ltd.

Deutsche Lizenzausgabe 1994
by Bastei-Verlag Gustav H. Lübbe
GmbH & Co., Bergisch Gladbach
Originaltitel: Nobel Dreams
Übersetzernachweise am Ende
jeder Geschichte
Lektorat: Reinhard Rohn
Titelillustration: Don Maitz
Umschlaggestaltung:
Agentur Kochlowski
Satz: KCS GmbH,
Buchholz/Hamburg
Druck und Verarbeitung:
Brodard & Taupin, La Flèche,
Frankreich
Printed in France

ISBN 3-404-21205-3

Der Preis dieses Bandes
versteht sich einschließlich der
gesetzlichen Mehrwertsteuer.

Inhalt

Albert Camus

Die Boote

Ein Kind stand in der Lichtung, nicht weit vom Wasserbecken. Ohne Unterlaß von einem Rinnsal zum Kräuseln gebracht, kam die Wasserfläche nur an den Rändern zur Ruhe, und nur da konnte man über lange grüne Pflanzen meditieren, die immer in Bewegung waren, an ihren Wurzeln jedoch stets von einem beharrlichen Zauber zurückgehalten wurden. Es war später Nachmittag. Nach der Sonne war der Schatten jetzt wohltuend. Aus den umliegenden Wäldern strömten wunderbare Düfte, die sich über die kleine Lichtung legten. In dem immer noch sehr klaren Himmel stand ein fahler Mond, wie verloren.

Das Kind war hierher gekommen, um allein zu sein. Aus seinen linkischen und ungeschickten Gesten jedoch sprach eine gewisse Unruhe. Die große träumerische Stille aus dem Wald schien das Kind weniger zu erfreuen als zu beängstigen. Sie mutete trügerisch, wie vorgetäuscht an, als solle sie etwas Seltsames und Übernatürliches verbergen. Die Einsamkeit, die es hier gesucht hatte, berührte es nun unangenehm. Nur wenn man spielt oder glaubt, kommt es einem zugute, allein zu sein.

Die Sehnsucht hatte das Kind wieder ergriffen. Vor seinen Augen ergoß sich das Rinnsal in das Becken, ohne zu zögern. Sein Weg führte, unverrückbar und zielsicher, von dem Moos, aus dem es rieselte, in das Wasserbecken, in dem es sich verlor. Da beugte sich das Kind vor und trank, ohne Durst zu haben, von dieser sich unaufhörlich erneuernden Sicherheit.

Und das war die *Kommunion*. Göttliche Helfer hoben das Schweigen auf. Die vage Harmonie nahm Formen an, festigte sich und wurde zu dem wunderschönen Lied des

Waldes, das das Kind hörte, entzückt und ängstlich zugleich, endlich allein:

Que triste et grave est le don, cela, fille
de ceux qui croient, je le connais.
Fleurs et ruisseaux, dans l'ombre du présent
tout s'étale et s'enlace, ténèbres et feuillages.
J'aurais voulu partir mais pour être attaché,
je vois le ciel trop haut.
A voir comme les désirs meurent qui regardent en
arrière qui donc pourra renaître?
Non. Non. Que tout s'étonne — de chaque chose
de chaque naissance et de chaque mort.
La vie est trop courte qui regrette et désire; hélas
je cois à l'Amour, et qu'importent mes racines.
Je sais que tout arrive et que le communiel
instant loin de s'attendre se gagne.
Et lorsque la nuit tombe, c'est l'aube
qu'il faut atteindre.

Daß traurig ist und schwer die Gabe, das weiß ich,
Tochter derer, die glauben.
In der Finsternis der Gegenwart alles sich dehnt und
umarmt, Blumen und Bäche, Schatten und Blätter.
Gerne hätte ich Abschied genommen, aber festgewurzelt
seh' ich den Himmel zu hoch über mir.
Sieht man die Sehnsucht sterben im Blick auf die
Vergangenheit, wer könnte da wiedergeboren werden?
Nein. Nein. Es staune nur jeder — über alle Dinge
über jede Geburt und über jeden Tod.

Das Leben ist zu kurz zwischen Reue und Sehnsucht; leider
glaube ich an die Liebe, und was kümmern mich meine Wurzeln.
Ich weiß, daß alles geschieht und daß die Kommunion
sich nicht erwarten läßt, man gewinnt sie.
Und wenn die Nacht hereinbricht, bleibt nur der Morgen,
den man erst erreichen muß.

Dann schwieg der Wald wieder, und es herrschte die folgenden Stunden hindurch ein Schweigen voller Sinnentaumel und Verzückung, bis der Abendvogel, endlich erschöpft, seine Freude zu den Sternen hinaufsang. Hingerissen von dem Zauber, wußte das Kind, daß man in den Abendstunden nicht zu verzweifeln brauchte. Und das Kind stürzte sich, in beherrschter Ekstase weinend, in den Wald, um zum Rand auf der anderen Seite zu laufen, bis zur Dämmerung, die man erreichen mußte.

Das Kind läuft in der Nacht. Es hat vergessen, wie die fruchtbaren Hänge bei Tageslicht aussehen. Die Wälder um das Kind sind verzaubert von dem gegebenen Versprechen. Im strahlenden Dämmern des Morgens, ganz am Ende der Nacht, ist die Liebe verbannt. Aber die Dunkelheit sinkt in den Schlaf. Bleibt nur die sehnsüchtige Hoffnung auf die Liebe, die da kommen wird. Lang war der Tag gewesen, voller Bedauern, das im Moment keine Rolle mehr spielt. Vergessen ist der heilige Horror der Nacht, vergessen in der frischen Freude der Liebe, die sich jetzt aufmacht und zuschlägt.

Voller Erwartung hellt sich der Wald auf, und man kann

alles erkennen wie bei Sonnenlicht. Hier die Spuren von Hundemeuten, Vorzeichen des nahenden Winters. Da ein herbstliches Rotbraun, gleichgültig verstreut.

Das Kind läuft, hält inne, horcht. Regen fällt jetzt, ein feines Rieseln auf die Wipfel der Bäume. Im Plätschern des Waldes reden die Blätter. Schatten und Wind dringen durch die Löcher der Nacht. Verzückt macht sich das Kind wieder auf und läuft in die friedliche Stille. Schmerzen, Schweigen, fahle Blässe, all dies ist gänzlich abgestorben. Alles macht sich jetzt los, fängt an zu glänzen in braunem Feuer. Zuletzt naht freudiges Erwachen, die Freude blumengeschmückter Tische, der Tische unter den Lauben. Nacht in den Wäldern. Die Bäume werden bald aufwachen. Die Kiefer ist unruhig, und die Eiche brummt, knarrt, knirscht. Aber das Kind geht weiter. Sein Weg führt ins Leben hinein. Besser noch, das Leben selbst liegt auf seinem Weg. Das Kind lernt die Erwartung, die Freude der Sinne und die Neuheit. Jetzt geht es am See entlang, den es vom Tag her kennt mit seinem Blumengürtel und mit seinen grünen Schatten auf dem Grund, Ophelias Leichentuch. Am Tag mußte man durch das graugrüne Wasser der Erinnerung steuern, wo Gräser das Vorwärtskommen behindern. Alles mit der Vergangenheit Belastete dauert so lang! Das Kind weiß, daß seine Jugend die Wahrheit ist und daß man sie eilends verlieren muß, um von der Lust zu kosten, die im Verzicht liegt.

Die Dämmerung, endlich die Dämmerung, voller Vögel und feuchter Düfte, die sich rundende Dämmerung, aus deren Tiefe das Kind sein Schicksal kommen sah. Eine Bestimmung, ernst und träumerisch ...

Manchmal, oft, läuft auf dem sich kräuselnden Wasser gegen Abend eine Reihe von Booten aus, verteilt sich und fährt dem Horizont entgegen. Nichts Besonderes, doch beeindruckend.

Zaghaft, hat der Abend kaum angefangen. In der Ferne verlieren sich die Boote, und die Anteilnahme, mit der man ihnen nachsah, nimmt zu mit ihrem Verschwinden. Dann beginnt das große Abenteuer. Dann hält der Geist Wache und genießt das Fieber seiner aufregenden, schmerzlichen und sehnsuchtsvollen Fragen.

So habe ich schon oft den Wunsch nach einem Märchen verspürt, das nur ein Anfang war und das auf wunderbar unvollendete Weise in der Schwebe blieb.

Aus dem Französischen von Rudolf Brenner

Heinrich Böll

Es wird etwas geschehen

Eine handlungsstarke Geschichte

Zu den merkwürdigsten Abschnitten meines Lebens gehört wohl der, den ich als Angestellter in Alfred Wunsiedels Fabrik zubrachte. Von Natur bin ich mehr dem Nachdenken und dem Nichtstun zugeneigt als der Arbeit, doch hin und wieder zwingen mich anhaltende finanzielle Schwierigkeiten – denn Nachdenken bringt sowenig wie Nichtstun –, eine sogenannte Stelle anzunehmen. Wieder einmal auf einem solchen Tiefpunkt angekommen, vertraute ich mich der Arbeitsvermittlung an und wurde mit sieben anderen Leidensgenossen in Wunsiedels Fabrik geschickt, wo wir einer Eignungsprüfung unterzogen werden sollten.

Schon der Anblick der Fabrik machte mich mißtrauisch: Die Fabrik war ganz aus Glasziegeln gebaut, und meine Abneigung gegen helle Gebäude und helle Räume ist so stark wie meine Abneigung gegen die Arbeit. Noch mißtrauischer wurde ich, als uns in der hellen, fröhlich ausgemalten Kantine gleich ein Frühstück serviert wurde: Hübsche Kellnerinnen brachten uns Eier, Kaffee und Toaste, in geschmackvollen Karaffen stand Orangensaft; Goldfische drückten ihre blasierten Gesichter gegen die Wände hellgrüner Aquarien. Die Kellnerinnen waren so fröhlich, daß sie vor Fröhlichkeit fast zu platzen schienen. Nur starke Willensanstrengung – so schien mir – hielt sie davon zurück, dauernd zu trällern. Sie waren mit ungesungenen Liedern so angefüllt wie Hühner mit ungelegten Eiern. Ich ahnte gleich, was meine Leidensgenossen nicht zu ahnen schienen: daß auch dieses Frühstück zur Prüfung gehöre; und so kaute ich hingebungsvoll, mit dem vollen Bewußtsein eines Menschen, der genau weiß, daß er seinem Körper wertvolle Stoffe zuführt. Ich tat etwas, wozu mich normalerweise keine Macht dieser Welt bringen würde: Ich trank auf den nüchternen Magen Orangensaft, ließ den Kaffee und ein Ei stehen, den größten Teil des Toasts liegen, stand auf und marschierte handlungsschwanger in der Kantine auf und ab.

So wurde ich als erster in den Prüfungsraum geführt, wo auf reizenden Tischen die Fragebogen bereitlagen. Die Wände waren in einem Grün getönt, das Einrichtungsfanatikern das Wort ›entzückend‹ auf die Lippen gezaubert hätte. Niemand war zu sehen, und doch war ich so sicher, beobachtet zu werden, daß ich mich benahm, wie ein Handlungsschwangerer sich benimmt, wenn er sich unbeobachtet glaubt: Ungeduldig riß ich meinen Füllfederhalter aus der Tasche, schraubte ihn auf, setzte mich an den nächstbesten Tisch und zog den Fragebogen an mich heran, wie Choleriker Wirtshausrechnungen zu sich hinziehen.

Erste Frage: Halten Sie es für richtig, daß der Mensch nur zwei Arme, zwei Beine, Augen und Ohren hat?

Hier erntete ich zum ersten Male die Früchte meiner Nachdenklichkeit und schrieb ohne zu Zögern hin: »Selbst vier Arme, Beine, Ohren würden meinem Tatendrang nicht genügen. Die Ausstattung des Menschen ist kümmerlich.«

Zweite Frage: Wie viele Telefone können Sie gleichzeitig bedienen?

Auch hier war die Antwort so leicht wie die Lösung einer Gleichung ersten Grades. »Wenn es nur sieben Telefone sind«, schrieb ich, »werde ich ungeduldig, erst bei neun fühle ich mich vollkommen ausgelastet.«

Dritte Frage: Was machen Sie nach Feierabend?

Meine Antwort: »Ich kenne das Wort Feierabend nicht

mehr – an meinem fünfzehnten Geburtstag strich ich es aus meinem Vokabular, denn am Anfang war die Tat.«

Ich bekam die Stelle. Tatsächlich fühlte ich mich sogar mit den neun Telefonen nicht ausgelastet. Ich rief in die Muscheln der Hörer: »Handeln Sie sofort!« oder »Tun Sie etwas! Es muß etwas geschehen – Es wird etwas geschehen – Es ist etwas geschehen – Es sollte etwas geschehen.« Doch meistens – denn das schien mir der Atmosphäre gemäß – bediente ich mich des Imperativs.

Interessant waren die Mittagspausen, wo wir in der Kantine, von lautloser Fröhlichkeit umgeben, vitaminreiche Speisen aßen. Es wimmelte in Wunsiedels Fabrik von Leuten, die verrückt darauf waren, ihren Lebenslauf zu erzählen, wie eben handlungsstarke Persönlichkeiten es gern tun. Ihr Lebenslauf ist ihnen wichtiger als ihr Leben, man braucht nur auf einen Knopf zu drücken, und schon erbrechen sie ihn in Ehren.

Wunsiedels Stellvertreter war ein Mann mit Namen Broschek, der seinerseits einen Ruhm erworben hatte, weil er als Student sieben Kinder und eine gelähmte Frau durch Nachtarbeit ernährt, zugleich vier Handelsvertretungen erfolgreich ausgeübt und dennoch innerhalb von zwei Jahren zwei Staatsprüfungen mit Auszeichnung bestanden hatte. Als ihn Reporter gefragt hatten: »Wann schlafen Sie denn, Broschek?«, hatte er geantwortet: »Schlafen ist Sünde!«

Wunsiedels Sekretärin hatte einen gelähmten Mann und vier Kinder durch Stricken ernährt, hatte gleichzeitig in Psychologie und Heimatkunde promoviert, Schäferhunde gezüchtet und war als Barsängerin unter dem Namen *Vamp 7* berühmt geworden.

Wunsiedel selbst war einer von den Leuten, die morgens, kaum erwacht, schon entschlossen sind, zu handeln. »Ich muß handeln«, denken sie, während sie energisch den Gürtel des Bademantels zuschnüren. »Ich muß handeln«, denken sie, während sie sich rasieren, und sie blicken triumphierend auf die Barthaare, die sie mit Seifenschaum von ihrem Rasierapparat abspülen: Diese Reste der Behaarung sind die ersten Opfer ihres Tatendranges. Auch die intimeren Verrichtungen lösen Befriedigung bei diesen Leuten aus: Wasser rauscht, Papier wird verbraucht. Es ist etwas geschehen. Brot wird gegessen, dem Ei wird der Kopf abgeschlagen.

Die belangloseste Tätigkeit sah bei Wunsiedel wie eine Handlung aus: wie er den Hut aufsetzte, wie er – bebend vor Energie den Mantel zuknöpfte, der Kuß, den er seiner Frau gab, alles war Tat.

Wenn er sein Büro betrat, rief er seiner Sekretärin als Gruß zu: »Es muß etwas geschehen!« Und diese rief frohen Mutes: »Es wird etwas geschehen!« Wunsiedel ging dann von Abteilung zu Abteilung, rief sein fröhliches: »Es muß etwas geschehen!« Alle antworteten: »Es wird etwas geschehen!« Und auch ich rief ihm, wenn er mein Zimmer betrat, strahlend zu: »Es wird etwas geschehen!«

Innerhalb der ersten Woche steigerte ich die Zahl der bedienten Telefone auf elf, innerhalb der zweiten Woche auf dreizehn, und es machte Spaß, morgens in der Straßenbahn neue Imperativa zu erfinden oder das Verbum *geschehen* durch die verschiedenen Tempora, durch die verschiedenen Genera, durch Konjunktiv und Indikativ zu hetzen; zwei Tage lang sagte ich nur den einen Satz, weil ich ihn so schön fand: »Es hätte etwas geschehen müssen«, zwei weitere Tage lang einen anderen: »Das hätte nicht geschehen dürfen.«

So fing ich an, mich tatsächlich ausgelastet zu fühlen, als wirklich etwas geschah. An einem Dienstagmorgen – ich hatte mich noch gar nicht richtig zurechtgesetzt – stürzte Wunsiedel in mein Zimmer und rief sein: »Es muß etwas geschehen!« Doch etwas Unerklärliches auf seinem Gesicht ließ mich zögern, fröhlich und munter, wie es vorgeschrieben war, zu antworten: »Es wird etwas geschehen!« Ich zögerte wohl zu lange, denn Wunsiedel, der sonst selten schrie, brüllte mich an: »Antworten Sie! Antworten Sie, wie es vorgeschrieben ist!« Und ich antwortete leise und widerstrebend wie ein Kind, das man zu sagen zwingt: Ich bin ein böses Kind. Nur mit großer Anstrengung brachte ich den Satz heraus: »Es wird etwas geschehen«, und kaum hatte ich ihn ausgesprochen, da geschah tatsächlich etwas: Wunsiedel stürzte zu Boden, rollte im Stürzen auf die Seite und lag quer vor der offenen Tür. Ich wußte gleich, was sich mir bestätigte, als ich langsam um meinen Tisch herum auf den Liegenden zuging: daß er tot war.

Kopfschüttelnd stieg ich über Wunsiedel hinweg, ging langsam durch den Flur zu Broscheks Zimmer und trat dort ohne anzuklopfen ein. Broschek saß an seinem Schreibtisch, hatte in jeder Hand einen Telefonhörer, im Mund einen Kugelschreiber, mit dem er Notizen auf einen Block schrieb, während er mit den bloßen Füßen eine Strickmaschine bediente, die unter dem Schreibtisch stand. Auf diese Weise trägt er dazu bei, die Bekleidung seiner Familie zu vervollständigen. »Es ist etwas geschehen«, sagte ich leise. Broschek spuckte den Kugelstift aus, legte die beiden Hörer hin, löste zögernd seine Zehen von der Strickmaschine.

»Was ist denn geschehen?« fragte er.

»Herr Wunsiedel ist tot«, sagte ich.

»Nein«, sagte Broschek.

»Doch«, sagte ich, »kommen Sie!«

»Nein«, sagte Broschek, »das ist unmöglich«, aber er schlüpfte in seine Pantoffeln und folgte mir über den Flur.

»Nein«, sagte er, als wir an Wunsiedels Leiche standen, »nein, nein!« Ich widersprach ihm nicht. Vorsichtig drehte ich Wunsiedel auf den Rücken, drückte ihm die Augen zu und betrachtete ihn nachdenklich.

Ich empfand fast Zärtlichkeit für ihn, und zum ersten Male wurde mir klar, daß ich ihn nie gehaßt hatte. Auf seinem Gesicht war etwas, wie es auf den Gesichtern der Kinder ist, die sich hartnäckig weigern, ihren Glauben an den Weihnachtsmann aufzugeben, obwohl die Argumente der Spielkameraden so überzeugend klingen.

»Nein«, sagte Broschek, »nein.«

»Es muß etwas geschehen«, sagte ich leise zu Broschek.

»Ja«, sagte Broschek, »es muß etwas geschehen.« Es geschah etwas: Wunsiedel wurde beerdigt, und ich wurde ausersehen, einen Kranz künstlicher Rosen hinter seinem Sarg herzutragen, denn ich bin nicht nur mit einem Hang zur Nachdenklichkeit und zum Nichtstun ausgestattet, sondern auch mit einer Gestalt und einem Gesicht, die sich vorzüglich für schwarze Anzüge eignen. Offenbar habe ich – mit dem Kranz künstlicher Rosen in der Hand hinter Wunsiedels Sarg hergehend – großartig ausgesehen. Ich erhielt das Angebot eines eleganten Beerdigungsinstitutes, dort als berufsmäßiger Trauernder einzutreten. »Sie sind der geborene Trauernde«, sagte der Leiter des Instituts, »die Garderobe bekommen Sie gestellt. Ihr Gesicht – einfach großartig!«

Ich kündigte Broschek mit der Begründung, daß ich mich dort nicht richtig ausgelastet fühle, daß Teile meiner Fähigkeiten trotz der dreizehn Telefone brachlägen. Gleich nach meinem ersten berufsmäßigen Trauergang wußte ich: Hierhin gehörst du, das ist der Platz, der für dich bestimmt ist.

Nachdenklich stehe ich hinter dem Sarg in der Trauerkapelle, mit einem schlichten Blumenstrauß in der Hand, während Händels *Largo* gespielt wird, ein Musikstück, das viel zu wenig geachtet ist. Das Friedhofscafé ist mein Stammlokal, dort verbringe ich die Zeit zwischen meinen beruflichen Auftritten, doch manchmal gehe ich auch hinter Särgen her, zu denen ich nicht beordert bin, kaufe aus meiner Tasche einen Blumenstrauß und geselle mich zu dem Wohlfahrtsbeamten, der hinter dem Sarg eines Heimatlosen hergeht. Hin und wieder auch besuche ich Wunsiedels Grab, denn schließlich verdanke ich es ihm, daß ich meinen eigentlichen Beruf entdeckte, einen Beruf, bei dem Nachdenklichkeit geradezu erwünscht und Nichtstun meine Pflicht ist.

Spät erst fiel mir ein, daß ich mich nie für den Artikel interessiert hatte, der in Wunsiedels Fabrik hergestellt wurde. Es wird wohl Seife gewesen sein.

Gerhart Hauptmann

Das Meerwunder

In einer italienischen Stadt am Mittelmeer, die ein freundliches Hafenviertel besitzt, lernte ich einen jugendlich aussehenden Mann kennen. Er stand mit den Droschkenkutschern auf du und du, erwies aber im Gespräch einen Bildungsgrad, der mein Erstaunen erregte.

Nachdem wir einmal Bekanntschaft gemacht hatten und Begegnungen an den Kaianlagen und auf der Piazza fast täglich stattfanden, war es mir leicht, ihm näherzukommen. In seiner Kindheit, erzählte er, hatte die Kirche sich seiner, da er arm und verwaist war, angenommen und ihm seiner Begabung und Neigung gemäß die Erziehung gegeben, die sie ihren Priestern zuteil werden läßt. Aber der Priesterzögling war vor Erlangung der höheren Weihen abgesprungen.

Das Studium der Alten in Sprache und Literatur, sagte Filippo Otonieri, habe ihn frei gemacht.

Ich selbst war damals ein noch junger Literat, doch erlaubten mir meine Erfolge, in einem guten Hotel zu wohnen und im Smoking zu dinieren. Dadurch in allem verwöhnt, was Körperpflege anbelangt, konnte ich nur vermöge einer gewissen Selbstverleugnung mich näheren Umgangs mit Otonieri erfreuen. Da er, außer von einem Gericht Makkaroni hie und da, nur von Salami, Brot und einem Schluck Wein lebte, entströmte seinem Munde beim Sprechen gewöhnlich jener bekannte Knoblauchgeruch, der einem Menschen mit verfeinertem Geruchssinn Gespräche mit ihm hätte verleiden können, wäre er selbst Sokrates gewesen.

Ich weiß nicht wie, jedoch ich kam darüber hinweg.

Ich nahm bei ihm italienischen Sprachunterricht. Die Stunden, die von mir honoriert wurden, fanden auf mehr oder weniger weiten Spaziergängen statt. Am Schlusse wurde meistens eine bessere Trattoria aufgesucht, in der ich Otonieri zu Gast hatte.

Einmal brachte er mir ein vergilbtes Oktavbüchlein mit Kupferdrucken aus dem siebzehnten Jahrhundert mit. Ich hatte meine Freude daran. Es war natürlich, daß sich unsere Unterhaltung eine Weile um das weite Gebiet des Antiquitätenhandels bewegte und überhaupt um die Liebe zu sogenannten Raritäten, um Sammler und Sammelwut. Bald wurde mir klar, daß Otonieri selber von dieser Liebe und Sammelwut besessen war und sich nicht wenig auf seine Erfahrung und sichere Hand in diesem Gebiet einbildete. Wenn ich ihn einmal besuchen wolle, erklärte er, so könne ich, falls ich Interesse dafür hätte, allerlei hübsche Sächelchen bei ihm finden, die er zusammengebracht habe.

Er verbesserte sich sogleich und ergänzte: nicht er allein.

Einige Tage danach folgte ich seiner Einladung. Dort, wo die Stadt in die Landschaft überging, stand ein weißgetünchter Würfel, der an eine Automobilgarage erinnerte. In der Tat befand sich neben zwei kleinen Gelassen nur ein garagenartiger, durch Oberlicht erhellter Raum darin. Die beiden Kämmerchen wiesen kaum Spuren eines Bewohners auf, obzwar sie Otonieris Heim darstellten. Der garagenartige Raum, zu dem man auf einer schmalen Treppe hinunterstieg, zeigte an der kahlen, ebenfalls weißgetünchten Hinterwand die Inschrift: Klub der Lichtstümpfe.

Nachdem ich einen Blick darauf geworfen und hernach mit fragendem Ausdruck mich an Otonieri gewandt hatte, erklärte er mir, daß er seit einigen Jahren Kustos im Klub der

Lichtstümpfe sei, einer Vereinigung, die er vor fünf oder sechs Jahren mit einigen Freunden begründet habe. Ich fand und erwiderte ihm demgemäß, als Mitglied einer solchen Vereinigung zu gelten könne doch für ihn, bei seiner Jugend, nicht in Betracht kommen. »O doch, ich komme sehr in Betracht«, begann er seine Erwiderung. »Erstlich bin ich beinahe vierzig Jahre, und wenn ich auch zehn Jahre jünger wäre, würde ich dennoch in Betracht kommen. Ich fasse das Leben im Bilde eines herunterbrennenden Lichtes auf. Ist aber einmal ein Licht angesteckt, so ist es nicht mehr ein ganzes Licht, und mag es mehr oder weniger heruntergebrannt sein, so kann man es immer einen Stumpf nennen. Einmal war ich Kellner in einem kleinen Hotel, das noch kein elektrisches Licht kannte. Jeder Gast bekam zwei neue Kerzen ins Zimmer gestellt. Oft genug wurden sie, kaum einige Zoll lang heruntergebrannt, zurückgelassen. Sie wurden zu kläglichen Stümpfen aller Art in ein und denselben großen Wäschekorb geworfen und in Abwaschwinkeln, Kellern, Bodenkammern, Schuhputzräumen und noch ganz anderen Lokalen verbraucht. Die repräsentativen Räume, Zimmer, Salons und Säle des Hotels, blieben ihnen für immer verschlossen.

Ich gebe zu, ich bin vielleicht noch nicht bis zur Hälfte heruntergebrannt, dennoch ist mein Ausschluß aus der Front des Lebens längst eine Tatsache. Wenn Sie uns aber einmal die Ehre Ihres Besuches in einer Klubsitzung gönnen wollen, so werden Sie erkennen, was wir, und am meisten die kürzesten Stümpfe, für das Verlorengegangene einsetzen. Auf Grund unserer kynischen Philosophie, die wir mit einer Art magischen Mantels aufputzen, ergänzen wir das Verlorene nicht nur, sondern schwelgen in einer Luzidität, welche von der Wirklichkeit nie erreicht werden kann.«

Nach dieser Erklärung, die begreiflicherweise mir manches zu denken gab, fing der Kustos seine Führung durch eines der sonderbarsten Museen an, die ich zeit meines Lebens durchforscht habe. Mehrere polierte Bretter übereinander zogen sich längs der Wände herum, die mit allerhand Gegenständen besetzt, bestellt und belegt waren. Zunächst fand sich da Büchermakulatur in allen Sprachen, eine verstaubte, moderduftige Bibliothek, in der sicherlich mancher Fund zu machen gewesen wäre. Fragmente von Dante, Petrarca, Boccaccio, Cervantes, Lope de Vega, Shakespeare streifte mein flüchtiger Blick. Darüber ging Otonieri hinweg, als ob er sich wenig dafür interessiere. Dagegen wies er mir plötzlich einen alten Stiefel auf, den, wie er sagte, Kolumbus bei seiner ersten Entdeckungsreise getragen hätte. Hier stutzte ich, aber doch wohl mehr bei dem echten Schweißtuch der heiligen Veronika, das einem bedruckten Schnupftuch aus deutschen Kattunfabriken zum Verwechseln ähnlich war. Einen gebogenen Knochen nahm er als Rippenstück einer Seeschlange und erklärte zugleich, das zweite Exemplar dieser Art werde in einem Museum zu Hammerfest aufgehoben. Da der Katalog dieser Sammlung über dreitausend Stück zählte, muß es genügen, durch das Gesagte von ihrem Charakter einen Begriff zu geben. Sie wies Pilgerflaschen, Narrenschellen, Fuhrmannspeitschen, Rapiere und alte Reitersäbel, einen Steigbügel des Prinzen Eugen, Halstücher und Hüte, unzählige große und kleine Dinge auf, und ich will nur noch ein Schiffsjournal erwähnen, das aus einem gesunkenen Schiff, der sogenannten ›Seekatze‹, stammte, die mir später bedeutsam wurde, und eine hölzerne Galionsfigur, unter der ein Schild mit dem Namen ›Chimaera‹ zu sehen war.

»Leider ist der Besitzer dieser beiden Gegenstände, der ›Chimaera‹ und des Schiffsjournals, schwer erkrankt, und wir müssen fürchten, ihn zu verlieren.« Mit diesen Worten schloß Otonieri seine hie und da gegebenen Belehrungen ab.

Als ich ihn daraufhin vielleicht mit einem gleichsam gefrorenen Lächeln forschend anblickte, weil ich wirklich nicht wußte, ob er seinen Scherz mit mir trieb oder nicht, stimmte er zwar in mein Lächeln ein, ja lachte sogar herzlich und laut mit mir, als ich mir diese Freiheit gestattete, ging aber sofort danach in einen tiefen Ernst über. »So leicht, wie Sie zu glauben scheinen«, sagte er, »bricht man den Stab über uns Lichtstümpfe nicht. Nach dem, was Sie hier gesehen haben und wie Sie es hier gesehen haben, liegt es allzunahe, uns für ausgemachte Narren zu halten. Aber solche Narren schlechthin sind wir nicht. Wenn nicht alle Narrheit, was ich nicht weiß, zwei Seiten hat, unsere Narrheit hat zwei Seiten. Was Sie hier sehen, ist der Avers unserer Münze. Wenn man mit seinem Studium verhältnismäßig rasch zu Ende ist, so dauert es mit dem Revers um so länger, weil – Sie mögen getrost wieder lachen – der Revers der Inbegriff dieser Weisheit ist.

Bevor unser Orden jemand zum Mitglied macht, muß der Ansucher eine Lehr- und Probezeit meist von mehreren Jahren hinter sich haben. In besonderen Fällen, bei außergewöhnlicher Eignung, kann Ballotage auch schon früher beantragt werden, wo dann Mehrheit der weißen Kugeln die Annahme entscheidet. Man muß nun einmal, will man uns verstehen oder gar unserer Eudämonien teilhaftig werden, längere Zeit in der Atmosphäre unserer besonderen Welt geatmet haben.«

Zeit zu einer Vorbereitung, selbst wenn sie nur ein halbes Jahr dauern sollte, stünde mir nicht zur Verfügung, sagte ich. Wenn es aber Otonieri ernst gewesen sei mit der kürzlich geäußerten Einladung, einem Klubabend beizuwohnen, würde mir das eine besondere Ehre sein.

»Dazu ergibt sich schon morgen«, sagte der Kustos, »eine gute Gelegenheit. Mausehund allerdings, der Besitzer des Schiffsjournals und der Galionsfigur, wie ich schon sagte, ist leider krank. Er hatte, bevor er bettlägerig wurde, zum erstenmal auf den morgigen Tag einen Vortrag angesagt. Wir sind alle der Meinung, daß dieser Vortrag einen Höhepunkt in unseren Annalen darstellen würde. Unser Protokollführer, ein ehemaliger Bankbeamter, außer Stellung, weil er Kleinigkeiten veruntreut hat, forderte darauf sogleich zwanzig Lire von mir, um einige Ries Papier zu kaufen. Ich hoffe, daß ihm das Geld nicht unversehens anderweitig durch die Finger gelaufen ist.

Geben Sie sich übrigens, was den Gesamtavers unseres Klubs betrifft, den Sie ja morgen erleben werden, keinen Illusionen hin. Durch reine Wäsche, ungeflickte Hosen, unzerrissene Schuhe oder Schuhe überhaupt, durch gewaschene Gesichter und Hände, geputzte Nasen, gekämmtes Haar, volle Börse und dergleichen glänzen unsere Mitglieder nicht. Im ersten Augenblick werden sie denken, geradezu unter schlechtes Gesindel geraten zu sein. Auch an ein Irrenhaus werden Sie denken, obgleich Leute mit einer erwiesenen psychiatrischen Diagnose von der Mitgliedschaft ein für allemal ausgeschlossen sind.«

»Dieser Mausehund«, sagte ich, »scheint doch ursprünglich ein Deutscher zu sein«, was der Kustos bejahte.

»In vielen Hafenorten, werden Sie finden«, fuhr er fort, »sind einzelne dorthin verschlagene Deutsche sitzengeblieben, völlig aufgenommen und einverleibt in die autochthone Bevölkerung. Viele wissen kaum noch, wie sie dahin gekommen sind. Manchmal wird so ein blonder Junge, etwa ein desertierter Matrose, von irgendeiner italienischen Fischerfamilie mit einer närrischen Liebe betreut, so daß man versucht ist, an einen jungen Kuckuck zu denken, den etwa ein Finkenpärchen ausgebrütet hat und der nun das Nest ungebührlich beengt.

Unser Logenbruder Mausehund ist eine seit undenklichen Zeiten hier ortsbekannte Persönlichkeit, von der man nicht annimmt, sie sei irgendwann nicht hier gewesen. Er hat nie einen Groschen erbettelt, ein Almosen nie angenommen, obgleich manche, durch sein ärmliches Äußere irregeführt, ihm dergleichen anbieten. Denn sicher ist keines seiner Kleidungsstücke, Kalabreser, Radmantel, ein roter Schal um die Hüften, der das Beinkleid hält, ausgenommen die Leinwandschuhe, unter einem halben Jahrhundert alt – wovon er sich aber ernährt, weiß keiner.

Ist er aufgelegt, so kann es vorkommen, daß er, etwa unter den Fischern der kleinen Flotte, die im Hafen liegt, plötzlich ein Goldstück zückt, einen Louisdor oder einen Dukaten, Geld, das nicht mehr im Kurse ist, und dafür die ganze Gesellschaft traktiert.«

»Es handelt sich also bei Ihren sogenannten Lichtstümpfen um einen Kreis von Originalen?« bemerkte ich, was Otonieri mit Ja und mit Nein beantwortete: »Irgendwie freilich, muß ich zugeben, ist jeder von uns ein Original, aber im Geiste des Klubs sind wir unverbrüchlich ein und dasselbe.« Ich bat, mir vom Geiste des Klubs doch nach Möglichkeit einen Begriff zu geben, denn ich möchte seiner morgen auch einigermaßen teilhaftig sein. Die Antwort war: Mysterien blieben nun freilich Mysterien, etwas Gründliches ließe sich da kaum mitteilen. Das beste würde sein, ich gäbe mich morgen dem, was ich sehen und hören würde, geduldig und gläubig hin. In jedem Fall möge ich es ernst nehmen. »Unsere Gemeinschaft«, erklärte er weiter, »baut sich auf gegenseitigem Vertrauen auf. Zweifel des einen von unseren dreißig Mitgliedern gegen ein anderes sind völlig unzulässig und ziehen den Ausschluß des Zweifelnden nach sich, unweigerlich.« Er machte ein Kompliment gegen mich: »Gäste natürlich ausgenommen.«

Otonieri besaß Besucherkarten. Ich wollte nicht fragen, was das ›Re‹ unter seinem Namen bedeute. Am nächsten Tage bei der Eröffnung der Sitzung, der Otonieri präsidierte, erfuhr ich es. Ich mußte bemerken, daß ihn die Mitglieder seines Klubs ›Re‹, also ›König‹ nannten. Hier war er der König, er war der Re.

Ich wurde von ihm etwa einem Dutzend, ich sagte getrost Bassermannscher Gestalten vorgestellt, die mir nicht anders erschienen, als er vorausgesagt hatte. Es wird im einzelnen später von ihnen zu sprechen sein. Ein Umstand drängte sogleich das Interesse an ihnen zurück, den der Re mitteilte, nachdem er mit dem Zepter Heinrichs IV., durch Canossa berühmt, die Tagung eröffnet hatte. Nämlich das in Aussicht stehende Erscheinen Mausehunds.

Das Erstaunen war allgemein, da in dem kleinen Hafenörtchen bereits Gerüchte von seinem Ende kursiert hatten.

Nach kurzer Zeit trat dann in der Tat der Kranke, ja Totgeglaubte ein. Natürlich, daß er lebhaft begrüßt und beglückwünscht wurde. Man nannte ihn aber nicht Mausehund, sondern Cardenio, ein Name, von dessen vielfacher Wiederholung die Wände des hallenden Raumes Echo warfen.

Cardenio dankte auf spanisch mit den Worten: »Muchas gracias.« Ohne Zweifel war dieser Mann eine Merkwürdigkeit. Schon im ersten Augenblick, als ich ihn sah, wußte ich, daß meine Neugier und mein Besuch sich gelohnt hatten. Er stammte irgendwie, wenn nicht leiblich, so doch ideell, aus der Mancha her, jenem spanischen Landstrich, der den berühmtesten unter allen Rittern hervorbrachte, den von der traurigen Gestalt. Nun war ich schließlich doch nach Kleidung, gesellschaftlichem Rang und überhaupt als Fremder eine Erscheinung, die ihm auffällig sein mußte, aber sein Auge glitt mit königlicher Grandezza über mich hinweg. Um so bequemer wurde es mir, ungestört scharf aufzuhorchen, ebenso zu beobachten, ja sogar mir Notizen zu machen, wozu mich Otonieri, als ich mich von seinem Blick ertappt glaubte, sogar durch ein ernstes Kopfnicken ermunterte.

Cardenio machte auf mich den Eindruck, als sei er von dem Verlangen beseelt, um jeden Preis etwas Versäumtes nachzuholen, eine unumgängliche Pflicht zu erfüllen, sozusagen vor Toresschluß. Was das Versäumte war und worin diese Pflicht bestand, werde sich, wie ich glaubte, bald enthüllen. Und ich täuschte mich darin nicht. Schon bei seinem Eintreten hefteten sich seine düster glimmenden Augen, wie ich deutlich bemerkte, auf die Galionsfigur, deren bemaltes Antlitz der grauenvolle Ausdruck eines wirrsäligen inneren Lebens schien, nicht ohne verführerische Züge. Später, als er sich niederließ, seinen braunen Umhang gravitätisch zurückwerfend, ebenso, als er sich wieder erhob und das zermürbte, zerschlätterte Schiffsjournal an sich nahm, um dann wieder mit seinem Raub in den Sessel zurückzusinken, befand er sich mit dem hölzernen Bilde gleichsam in einer magischen Kommunikation, was sich in unwillkürlichen Lippenbewegungen und bedeutsamen Blicken ausdrückte.

Von diesem Schiffsjournal, das vielfach versiegelt war und die Aufschrift ›Seekatze‹ trug, hatte Otonieri mir manches erzählt. Bei seinem Eintritt in die Gesellschaft der Lichtstümpfe war es von Mausehund ebenso wie das Holzbild feierlich deponiert worden. Es sollte zeit seines Lebens hochgehalten, aber nicht geöffnet werden. In feierlicher Sitzung hatte die Loge die Verpflichtung auf sich genommen, dieser Bestimmung Cardenios und auch der weiteren nachzukommen, wonach die Zeremonie des Siegelbruchs erst dreimal vierundzwanzig Stunden nach Eintritt seines Todes erfolgen durfte. Kein Wunder also, daß sich meiner wie aller übrigen Zeugen eine merkbare Erregung bemächtigte, als der Testator selbst vor unseren Augen die Schnüre seines Testaments zerriß, die Siegel ungeduldig zerbrach, in dem aufgeschlagenen Buche blätterte und dann wie in einen unergründlichen Abgrund hineinstarrte.

Ich weiß nicht, was für Kräfte von diesem wie dem Grabe entstiegenen Menschen ausgingen, ich weiß auch nicht, was ihm das Schiffsjournal bedeutet hat, da es nur belanglose Bleistiftnotizen enthielt, wie ich mich später überzeugt habe, und nichts, was mit dem, das wir zu hören im Begriffe standen, zusammenhing. Und doch schien Cardenio die von uns allen gehörte und von mir nach Vermögen festgehaltenem Erzählung beinah daraus abzulesen. Er bot dabei einen wunderlichen, fast gruseligen Anblick, da ihm, wie schon gesagt, etwas Exhumiertes anhaftete.

Was sich zutrug, bevor der erste Laut über Cardenios Lippen trat, schien mir und den übrigen Anwesenden gleich merkwürdig, gerieten wir doch alle in eine Art magischen Zwang hinein, einen Zustand, der uns nicht nur für Außergewöhnliches, sondern für Übernatürliches empfänglich machte. Die Lippen nämlich des Vereinsmitgliedes bewegten sich, als ob Geisterhände die Zulänglichkeit einer Klaviatur prüfen wollten, auf der die Sinfonie oder Sonate eines jenseitigen Meisters gespielt werden sollte.

Und übrigens schien der so Besessene aus Asche zu sein. Der Hut, den er auf dem Kopfe behielt, der Mantel, das Röckchen, die Bekleidung der dünnen und langen Beine, die Farbe der Haut, des spanischen Bärtchens, der Brauen waren gleichsam graugelbe Asche.

Während ich den Augenblick kaum erwarten konnte und vor jeder möglichen Störung zitterte, die Cardenio ablenken könnte, schlug plötzlich der Hammer des Re auf den Tisch, und dieser, Otonieri, mein Freund, hielt es für angebracht, den Versammelten seine Stellung zum Bewußtsein zu bringen. »Ich begrüße«, sagte er, »mit besonderer Freude unseren Vereinsgenossen Cardenio, der im Begriff steht, eine Schuld an den Klub mit Zins und Zinseszins abzutragen. Die Statuten der Lichtstümpfe sehen vor und haben zur Bedingung gemacht, daß jedes Mitglied einmal im Jahr das Wort zu ergreifen hat, um die unwahrscheinlichste Geschichte, die ihm begegnet ist, zu erzählen. Cardenio hat dies niemals getan, und wir Lichtstümpfe sind übereingekommen, ihm diese Unterlassung nicht in das Schuldenkonto aufzunehmen. Erstens teilte er in Wort und Tat Unwahrscheinlichkeiten, sozusagen in kleiner Münze, in Menge aus, und dann war uns das versiegelte Geheimnis eines Lebens in dem nun eröffneten Schiffsjournal anvertraut. Heut nun, ich spreche im Sinne aller, belohnt sich die Ausnahme von der Regel, die wir gemacht haben. Man soll ein Prinzip nicht übertreiben, es verwandelt sich sonst in sein Gegenteil. Es ist mit allen guten Dingen das gleiche, ob es die Arbeit, die Liebe, der Verstand, die Disziplin oder der Zucker bei Konditorwaren sei, obgleich er doch ihr Wesen ist. Ein gesundes Prinzip ist zugleich Natur. Was Cardenio heute tut, was er heute freiwillig tut, krönt, möchte ich sagen, unsere Grundsätze, indem er ihnen sozusagen naturgesetzlichen Charakter gibt.

Es bleibt mir nur übrig, Cardenio den Dank der Vereinigung auszusprechen, und – ich erteile ihm das Wort.«

Etwas ganz anderes, als man erwartete, war die erste Manifestation Cardenios. Wenn die sachliche Rede Otonieris es nicht bereits zum Teil getan hätte, würde der Bann von den ersten Worten Cardenios und durch sein Gebot »Nostrano!« gebrochen worden sein. Man wiederholte: »Nostrano! Nostrano!«, was wiederum die geweißten Wände echoten. Ich erkannte sogleich, wie wenig die allgemeine Zustimmung der armseligen Lichtstümpfe eine wirkliche Aussicht auf den Göttertrank zu stützen vermöchte, zögerte aber noch, meine Börse zur Verfügung zu stellen, da ich nicht wußte, ob nicht etwa imaginierter Nostrano hier der gemeinte war und echter einen Verstoß bedeutete. Schon aber hatte Cardenio mit der lässigen Hand eines Grandseigneurs einige Goldstücke hingeworfen. Alles Hin und Her wurde schnell geklärt, und während der Mann, aschenhafter Gestalt, der zur stillen Freude aller wieder einmal Gold ausgeschieden hatte, weiter im schweigenden Leerlauf seiner Lippen verharrte, waren eine Menge Flaschen Nostrano aus dem benachbarten Weinhaus herbeigeholt und mit heiligem Eifer entkorkt worden. Man stieß zunächst auf den Spender an, dem sich, nachdem er dankend getrunken, mit einem sprudelnden Ruck die Zunge entband.

»Ich lüge nie!« war Cardenios erste Expektoration. Expektorieren bedeutet aushusten, und es ist nicht zu leugnen, daß die nun folgende Geschichte mit einem Aushusten ihren Anfang nahm. Ein Beweis dieser Tatsache war noch das mit Nostranoflecken durchsetzte Schiffsjournal, als ich es studienhalber Wochen danach durchblätterte. Damit aber erschien das Husten ein für allemal abgetan. Erstaunlich genug, da eine hohle Stimme allzu deutlich verriet, daß die Lunge des Sprechers zerrüttet war. Selbst dieser hohle, anfangs fürchterliche Klang aber veränderte sich allmählich ins Weiche und Schmiegsame, bis sich zu guter Letzt eine Art des Vortrags herausgebildet hatte, die den Hörer durchaus gefangennahm.

»Wie wurde ich«, fragte Cardenio, »eigentlich ein Sonderling und gewann die Reife, unter euch aufgenommen zu werden, um hier, liebe Logenbrüder, bis auf den Stearinfleck am Schluß herabzubrennen?« Und er fuhr fort: »Aus so und so vielen Gründen, pflegt man in solchen Fällen zu sagen und nennt ihrer meistens drei, weil Drei eine heilige Zahl bedeutet. Erstens also: ich wurde ein Sonderling, weil ich Sonderbarstes erlebt habe. Zweitens: weil das Leben nach dem

Erlebnis nur noch Erinnerungswerte besaß. Und drittens: weil ich von allen, denen gegenüber ich die Torheit beging, mein Erlebnis preiszugeben, als Lügner gebrandmarkt wurde.

Ich sehe von der dadurch bedingten Diffamierung ab. Sie ist nebensächlich. Das Bedürfnis, mich mitzuteilen, war das Bedürfnis nach Erleichterung: indem ich mir Mitwisser machen wollte, suchte ich für das Gewesene eine neue und starke Idealität, die für mich zugleich eine Art zweiter Realität bilden sollte. Statt dessen wurde die Sache selbst, deren Erinnerung meinen höchsten Besitz bedeutete, durch frivolen Unglauben, ja geradezu Hohn in Frage gestellt. Diese Gesinnung des Zweifels, ähnlich einem Höllensteinstift, drang bis zu jenen Gehirnzellen, die das Wunder meines Lebens enthielten.

Hier setzte der Kampf um mein Dasein ein.

Gewiß, er hat seltsame Formen gehabt. Er ist eine äußerst verwickelte Sache, die schwer zu entwirren ist. Wenn man jemandem die reine Wahrheit nicht glaubt, hat man kein Recht, sich zu beklagen, falls er es mit der Lüge versuchen will. Ich sage nicht, ob, in welchem Ausmaß und mit welchem Erfolg dies geschehen ist. Wie es aber auch sei: in dieser Halle, in eurer Gesellschaft, unter den Augen unseres Königs wurde in mir die Wahrheit zu einem alldurchdringenden Dasein erweckt, wenn ich sie auch in der Furcht meines Herzens nur versiegelt und als Geheimnis unter euch niedergelegt habe. Daß ihr sie gläubig ehren würdet, im Verschluß oder nach Eröffnung der Siegel, wußte ich.«

Unter den Lichtstümpfen ging ein Hüsteln herum. Sie erwarteten, wie mir vorkam, Dinge zu hören, die mit einem

Schlage alles Geheimnisvolle von diesem bisher undurchdringlichen Menschen hinwegnehmen würden.

»Wenn ich nun die Siegel meines Testamentes persönlich erbrochen habe und im weiteren sogar mein Schweigen darüber brechen will, so bedeutet das ein Vertrauen zu euch, das Gott selbst bewundern würde. Mehr Glauben und Vertrauen in seine Würde und Güte, müßte er sich gestehen, habe er selbst nie verlangt, um seinen Kindern die Himmelstür zu entriegeln. Gebe ich euch damit doch, bevor ich abscheide, das Urteil über Wert oder Unwert meines Lebens, ja über Leben und Tod meiner Seele nochmals in die Hand. Ich weiß, ihr vertretet die edelsten Grundsätze, eure Seelen haben sich befreit vom Schmutz der Wirklichkeit, ihr habt erkannt, daß die Wahrheit nur im Geiste zu finden ist. Und sie ist nirgend anders zu finden. Aber ich muß eurem gläubigen Sinn immerhin Leistungen zumuten, die mit ernsthafter Erprobung, ja einer schweren Prüfung gleichbedeutend sind. Mag sein, es ist ein Fürwitz von mir: als ich auf meinem Bette lag, habe ich hin und her erwogen, ob ich nicht schweigenden Mundes, wie ich meist unter euch gelebt, dahingehen soll. Aber ich habe mich anders entschieden. Ich konnte nicht ohne meine Beichte, also unverrichteter Dinge, von dannen gehen und ohne den reinen Abschluß, der ganz und für immer vom Diesseits befreit.

Weh mir und weh euch«, schloß Cardenio, »wenn ihr mir etwa nicht glauben könnt!«

Otonieri, der Re, ergriff das Wort. Er sah den Abend gefährdet, wenn Cardenios Zweifel sich steigern sollten. Er dachte gewiß auch an mich dabei. War ich nun einmal eingeladen, so fühlte er sich in gewissem Sinne für das Gelingen des Abends verantwortlich. Und gerade weil sich alles über Erwarten angelassen, zitterte er, es könne doch noch einen banalen Verlauf nehmen und damit der große Eindruck, den er bei mir zweifellos feststellen konnte, leiden oder verlorengehen.

»Hier wird geglaubt«, sagte er und fuhr also fort: »Hier wird an alles geglaubt und an nichts gezweifelt. Unsere Wahrheit ist Wahrheit im Geist.

Ein Glaube an Dinge, die auf der Hand liegen, kann kein Glaube sein. Die allerhöchsten Dinge, die wir nennen, sind beschränkt im Geist. Nicht das Wissen trägt sie, sondern allein der Glaube. Der Glaube, nicht Atlas ist es, der den Himmel trägt.«

Ich hatte den Eindruck, daß Otonieri bei dieser Gelegenheit nun auch seine vom Priesterseminar her stammende scholastische Gelehrsamkeit und seine philosophisch eigenwilligen Erkenntnisse ins Licht setzen wollte. »Der Mensch«, sagte er, »ist ein Zoon noumenon, ein anschauender Intellekt. Die Noumena, die Verstandesdinge, sind trotzdem Gegenstände oder können es sein, Gegenstände einer Anschauung, freilich nicht der eigentlich sinnlichen. Wir hier bilden gleichsam einen Mikrokosmos freiwollender, ewiger Intelligenzen, und unsere Welt, ins Universum hinausprojiziert, wird doch einem alles umfassenden Spiegel gleich, wird ganz und gar geistige Intuition, die überall erleuchtend in den Makrokosmos einmündet. Unsere Schutzpatrone, außer Platon und Aristoteles, sind Philon, Plotin, Proklos, Thomas und Augustin, Gelehrte, denen ich meine Persönlichkeit gleichsetze. Meine und unsere Erkenntnis steht in keinem Punkte hinter der ihren zurück.

Vertraue also, Cardenio! Sprich!«

Bedeutete das für Cardenio eine Ermutigung?

»Ich verlange heut nicht euren Klubglauben«, sagte er, »sondern den Glauben an eine große Offenbarung, also an eine große und höhere Wahrheit, an der nichts Täuschung ist. Schon im Ephebenalter ist es mir, und ich denke auch euch andern, klar gewesen, daß jeder Mensch einmalig ist, nie vorher gewesen und nie wiederholbar, für ewige Zeit. Auf die Würde und das Wunder dieser ungeheuren Tatsache berufe ich mich, ehe ich fortfahre. Hierauf allein, auf nichts anderes kommt es an. Was ich euch jetzt eröffnen werde, stammt aus dieser Einmaligkeit. Es ist durchaus nicht der ganze Inhalt und das ganze Wesen meiner Einmaligkeit. Das Abenteuer der Einmaligkeit ist nicht zu erschöpfen, es geht über alles kollektivistische Wesen weit hinaus. Und wenn ich wie Scheherezade tausendundeine Nacht hindurch statt zu schlafen erzählen würde von dem Wunder, in dem das Ganze des menschlichen Wesens allein und restlos beschlossen ist, so würde ich über die Anfänge nicht hinauskommen.

Es kann also nur eine Episode meines Daseins in Raum und Zeit bedeuten, was ich mitteilen will. Wenn es trotzdem den Wert einer hohen Wahrheit und Offenbarung hat, so darum, weil irgendwie im Teil das Ganze enthalten ist. Ihr werdet euch selbst davon überzeugen.

Ich stamme vom Prinzen Heinrich dem Seefahrer, der ein Sohn Johanns I., Königs von Portugal, gewesen ist. Die Entdeckungsreisen und Entdeckungen, die unter seiner Führung gemacht wurden, sind bekannt. Mein Urahn war nicht sein legitimer Sohn. Meine Mutter gehörte dem Stamme der Guanchen an, die auf den Kanarischen Inseln saßen. Sie waren ein kraftvoller Menschenschlag, den man, blond und blauäugig wie er ist, dem Blute nach für germanisch hält. Besiegte Vandalen und Westgoten, heißt es, sollen sich geflüchtet haben und nach den Kanarien verschlagen worden sein.«

Eine Bewegung der Weichheit bemächtigte sich nach diesen Feststellungen Cardenios, in der für Augenblicke seine ganze makabre Dämonie unterging. Es kam mir vor, als wenn seinen Blick Tränen verschleierten, als er ihn wiederum auf das Holzbild richtete.

»Du!« sagte er, »du weißt es, was alles mit der Bark, die du ziertest, untergegangen ist. Ich hatte ihr in einem Augenblick wildester Abenteurerlust, die um jeden Preis eine neue Welt suchte, alles anvertraut, was sich unter dem Schutze unserer Penaten an alten Familienstücken und dokumentarischen Herkunftstnachweisen angesammelt hatte. Freilich, nicht nur Abenteurerlust aus dem Blut meines Urahns, sondern auch Schmerz, ja Verzweiflung war Ursache dafür. Ein Schicksal hatte mein ganzes Dasein umgewühlt.

Nicht nötig zu sagen, daß ich das Kapitänspatent für Große Fahrt habe. Ich war noch nicht dreizehn Jahre, als ich zum erstenmal von einem solchen Patent erfuhr und von den zwei Worten ›Große Fahrt‹ auf rätselhafte Weise getroffen und erregt wurde. Was liegt nicht alles in diesen zwei Worten: Große Fahrt! Man könnte das eigene Leben – es wird ja gern mit einer Reise verglichen – als das bezeichnen. So dachte ich aber als Knabe nicht. Ich sah die große Seereise vielmehr als wirklich und auf eine fast schmerzhafte Weise verlockend. Das feste Land erschien mir fortan beinahe als eine Banalität. Man wanderte oder rollte lärmend auf schlechten und guten Straßen hin, oder man stieß mit jedem Schritt auf Hindernisse. Das Meer, so dachte ich mir, ist die Weite an sich. Man bedient sich des unsichtbaren Windes, der die Segel schwellt, und Unfaßbares drängt das Schiff ins Unendliche. Das Meer ist die überall offene Pfadlosigkeit. Sich auf dem Meere Wege zu suchen müßte eitles Bemühen bleiben. Von der Sonne am Himmel erfragen wir sie und mehr noch des Nachts von den himmlischen Sternen. Dort, zwischen den Sternen, laufen eigentlich unsere Wege hin, und insofern wir sie mit dem Geiste beschreiten, haben wir erst unsere irdische Wasserbahn bestimmt. Kurz und gut, alles, was man auf dem Land unternehmen konnte, erschien mir als Knaben kleine Fahrt, die große Fahrt ging ins Grenzenlose.

Man hat mich wieder und wieder gefragt, warum ich in den fünfundzwanzig Jahren, die ich hier bin, niemals ein Boot betreten habe. Weil mir durch Umstände, die ich erzählen werde, am Schluß meiner großen Fahrt, um die es hier geht, das Element verleidet ist. Auf meiner ersten Reise als Kapitän hatte ich einem Seemann im Hafen von Sydney sein Weib abspenstig gemacht. Sie war auf ebensolche Weise sein Weib, wie sie meines gewesen ist. Die Kirche hat nichts damit zu schaffen. Der törichte Mensch, dem sie vor mir angehörte, hatte sie mir durch eine Seemannsgeschichte interessant gemacht: sie sollte Fischblut in sich haben.

Fischblut hatte diese Seekatze, wie ihr Vorbesitzer sie nannte, nun freilich nicht: es war sehr heiß und von Wind und Woge, die wirklich ihr Element waren, keineswegs abgekühlt. Vielmehr schien, es sei in den Spelunken der Hafenviertel, darin sie jahrelang zu Hause gewesen war, bis zu den gefährlichsten Siedegraden nur immer weiter und weiter erhitzt worden. Sie selber stand in Gefahr, daran zu verbrennen, kam mir vor.

Wie gesagt, übernahm ich nun diese Seekatze und hatte mehrere Jahre hindurch mit ihr als Kapitänsfrau an Bord Glück in Geschäften und gute Fahrt. Ich leugne nicht, daß ich ihr hörig war, ja, in qualvoller Eifersucht hatte ich sie meist mit der ganzen Mannschaft vom Steuermann bis zum Schiffsjungen in Verdacht. Als wir im Hafen von Hamburg eine Ladung Orangen löschten, machte ich, ohne daß meine Frau eine Ahnung davon hatte, kurzen Prozeß, verkaufte mein Schiff und beschloß, der Seefahrt Valet zu sagen. Fast gleichzeitig erwarb ich eine Hallig, ein Inselchen, mit einem kleinen Anwesen, wo ich ungestört von der Welt und der eigenen Eifersucht mit meiner Frau zu leben gedachte. Sie war von alledem verdutzt, doch sie fügte sich ohne Besinnen sogar in den kirchlichen Segen unsrer Vereinigung. Ihr werdet nun fragen, wieso ich denn meinen ganzen Lebensplan so von Grund aus verändern, ja in sein Gegenteil umkehren konnte. Die Veränderung meines Wesens mußte vorausgehen, und das hatte eine alles andere beherrschende und verdrängende Liebe bewirkt. Alle tausend Begehrlichkeiten meiner Natur waren im Begehren nach meiner Geliebten untergegangen. Ohne ihren Besitz war mein Leben keines mehr, mit ihm entwertete sich jeder andere.

Die Veränderung meines Wesens war da, aber der Rückschlag sollte bald eintreten. Das Leben zu zweien auf der

Hallig erwies es bald, daß ich kein gewöhnliches Menschenkind, sondern wirklich etwas wie eine menschliche Seekatze, einen menschlichen Fisch zum Weibe hatte. Während der ersten vier Wochen ging alles gut, aber die Einsamkeit inmitten des Wattenmeeres, nur noch von einem alten Knecht und seiner Frau mit uns geteilt, schien sie nach und nach krank zu machen. Ihre Haut wurde bleich, es ging eine Kälte von ihr aus, obgleich ein phosphoreszierendes Glimmen ihr dunkles, stechendes Auge belebte. Aber wie es bei Liebenden ist, die Heftigkeit meiner Begierden nach ihr fühlte ich fast im gleichen Maße zunehmen, wie die rätselhafte Entfremdung wuchs. Ja, sosehr ich erschrocken war, konnten mich doch die elektrischen Schläge nicht abkühlen, die eines Nachts ihr Körper wie der eines Rochens austeilte.

Des öfteren fuhr sie in einer kleinen Bark aufs Wasser hinaus, und zwar so weit, daß ich sie selbst mir dem Fernrohr nicht zu entdecken vermochte. Dagegen half weder Bitte noch Gebot. Sie fand Mittel und Wege, besonders des Nachts, wenn der Mond am Himmel stand, die meiner Wachsamkeit hohnsprachen und dem Aufpasserdienst, den ich mit den alten Hausleuten organisiert hatte.

Bisher war sie immer zurückgekehrt, aber ich blieb mißtrauisch. Ich glaubte zu spüren, daß der Gedanke an Flucht sie beschlichen hatte.

Ich will euch mit Einzelheiten nicht langweilen. Stellt euch vor, welchen Zustand ich auf der verlassenen Hallig zu überwinden hatte, als ich eines Morgens, nachdem meine Frau zweimal vierundzwanzig Stunden ausgeblieben war, ihre angeschwemmte Leiche am Strande fand.

Auf diesen Zustand muß ich nun eingehen.

Nehmen wir an, es brenne in unserm Geist ein natürliches Licht. An seine Stelle trat von Stund an ein mystisches. Die Welt erlitt dadurch allenthalben eine Veränderung, ja, sie war eine andere geworden. Es war ein Licht, das sich mit der Finsternis auf andere Weise als Sonne und Mond zu vermählen, ja andere Gebiete der ewigen Nacht zu erhellen schien. Ich bin, indes ich unter euch sitze, wiederum ganz darin eingesponnen und eigentlich eurer Welt entrückt.

Als ich mein Weib beerdigt hatte, habe ich, wie ich beschwöre, weit draußen auf dem Wasser ein markdurchdringendes höhnisches Lachen gehört, was mir die gewollt-ungewollte Überzeugung aufdrängte, daß ich von einem dämonischen Wesen gefoppt worden war. Ich wußte nun, glaubte zu wissen, die Seekatze oder Chimaera sei nicht tot, sondern habe nur eben den Weg in ihr Element zurückgefunden. Und ich sagte mir plötzlich: ja – es gibt sie noch heute, es gibt noch Meerweiber.«

Mit diesen Worten erhob sich Cardenio und trat unter einem ingrimmigen Grimmassieren seines Aschengesichts dicht unter die Galionsfigur, wie ein Lehrer vor seine Wandtafel. Auch eines dünnen Stöckchens bediente er sich, um eine Erklärung, die zu erwarten stand, durch einzelne Hinweise deutlich zu machen. »Sie weiß alles und mehr als ich«, fuhr er fort, »sie lebt, ob sie auch scheinbar nur aus Klötzen von Lindenholz zusammengesetzt und gebildet wäre. Ich selber habe sie noch auf der Hallig in einem Zustand erleuchteten Wahnsinns geschnitzt. Erklärt es euch, wie ihr mögt und könnt: Chimaera selbst hat Modell gestanden. Während des Vierteljahres, in dem das Holzbild entstanden ist, habe ich mit Dämonen gerungen. Sie machten mitunter einen so betäubenden Lärm des Nachts, daß ich vor mein Haus hinaustreten und mir solche Ruhestörungen verbitten mußte. Ich habe in die Augenhöhlen, wie ihr seht, große schwarze Kugeln aus Glas eingesetzt. In ihnen verbergen sich magische Kräfte. Ich habe das Haupt mit einem dicken blauschwarzen Zopfe gekrönt, das bleiche ovale Angesicht mit ganz besonderer Liebe gebildet. Auch unter dem Kinn die milchweiße Brust.

Ich weiß heute noch nicht, ob du ein guter Dämon oder ein höllischer Sukkubus bist, verfluchte und geliebte Seekatze! Trotzdem gehöre ich dir in Leben und Tod!«

Der Re griff ein. Es war mir klar, warum es geschah. Es sollte bei Cardenio etwas Ähnliches erreicht werden wie durch einen kühlen Wasserguß. Ohne eine Dusche bestand Gefahr, daß eine gewisse Anlage des Erzählers, die man kannte, in eine Überreizung ausarten würde, die sich von der eines Geisteskranken kaum unterschied.

Otonieri dekretierte demnach:

»Alle Schiffermärchen sind wahr. Das uns Bekannte, erklärt ein Philosoph, aus dem Ganzen der Natur verhält sich wie eine kleine Insel des Ozeans gegen den Ozean. Auch ich habe Reisen gemacht und mehr noch Studien. Auch meine allezeit offenen Augen haben mich vielerlei gelehrt. Warum sollte es keine Sirenen und Nereiden gegeben haben? In abertausend Sagen, in Stadt und Land, Fluß, Weiher, Teich und Tümpel leben sie. In den zweitausend Jahren nach Christi Geburt tauchen sie immer wieder auf, mit ein und zwei Fischschwänzen. Unzählige Miniaturen und Tafeln der Maler zeigen sie, ebenso abertausende Steingebilde der gotischen und romanischen Dome. Auf den braunen Segeln der

Schiffer und Fischer von Venedig sind sie zu sehen, gemalt und eingewirkt.

Ihr habt vom Geheimnis der Südsee gehört. Sie ist heute noch ganz und gar ein Geheimnis. Wer könnte ahnen, was in ihren Tiefen verborgen liegt und was diese Mutterlauge aller und jeder Kreatur noch an Lebensgestalten hervorzubringen fähig ist. Entbinden wir nur unsere Phantasie und machen sie zum Erkenntnisorgan: das ist der höchste und letzte Sinn unsres Lebens.«

Cardenio wurde blaurot im Gesicht. Wir erschraken alle, ich wenigstens ganz gewiß, als er die Worte »Ich erzähle keine Schiffergeschichten!« förmlich herausbrüllte. Die meisten der Vereinsgenossen erhoben sich, und bald gelang es, ihn zu beruhigen.

»Ich hatte von einer Bark gesprochen«, fuhr er fort. »Damals, nachdem ich dies Kultbild, darf ich wohl sagen, auf der Hallig vollendet hatte, erwarb ich die Bark, und im Hafen von Hamburg geschah in Gegenwart der neu geheuerten Mannschaft die Nagelung, will heißen, Chimaera wurde am Bug der Bark, dicht unterm Bugspriet, festgemacht.

Das Schiff erhielt ihren Namen: ›Seekatze‹.

Bei der Feier, die darauf folgte und bei der sehr viel Rum in Gestalt von Grog vertilgt wurde, stießen wir auf die Seekatze an, die allgemein als lebendig und als unsere Patronin betrachtet wurde. Es war in der Mannschaft keiner, der nicht einen übermenschlichen Einfluß auf den Gebieten der weiten Wasserwüsten von ihr erwartete. Wozu hatte sie denn sonst ihre Fischschwänze? Sie war Patronin, war unsere Projektorin.

Nach allem, was ich bereits erzählt habe, mögt ihr wenigstens ahnen, was sie mir im besonderen bedeutete.

Ich habe vorhin zu dieser dämonischen Frau die Worte gesagt: ›Du weißt, was alles mit der Bark, die du ziertest, untergegangen ist.‹ Und sie weiß es, kann ich versichern. Sie weiß alles, sogar über euch, nicht nur über mich, weil sie ein Doppelwesen ist. Wer es bezweifelt, möge nur auch bestreiten, daß unsere Seele im Fleisch gebunden ist. Mir ist es eben gelungen, durch meine Art von Nekromantie Chimaeras Seele an Holz zu binden.

Ich weiß nicht, ob ich an meine Macht geglaubt habe, als ich das Holzbild einer Toten schuf. Was sich darin als Geisterbann verwirklicht hat, hat jedenfalls alles überboten, was ein Totenbeschwörer heraufbeschwören kann. Und in der Tat, Chimaera war tot, als menschliches Wesen war sie gestorben, nur daß ebendieses menschliche Wesen bloß ein Teil ihres wahren Wesens zu gelten hat. Freilich, auch der andere, der dämonische, der göttliche Teil hat nicht mehr seinen vollen und reinen Bestand, nachdem sich das Meerweib, was sie ja wirklich war, mit der Menschheit vermischt und den Tod als Mensch unter Menschen erlitten hatte.

Nur so viel sage ich von der Fahrt, daß wir von Stund an, als wir in See stachen, günstigen Wind hatten. Durch die Nordsee, den Kanal, den Golf von Biskaya lief die Bark fliegende Fahrt, an den Kapverdischen Inseln vorüber rauschte sie wie ein brünstiger Schwan mit Gott weiß welcher Knotengeschwindigkeit. Seltsam der Zustand, in dem ich mich damals befand. Ein Trieb, eine Sucht, etwas Unwiederbringliches wiederzugewinnen, beherrschte mich unter Qualen seelischer und fast körperlicher Art. Aber zugleich befand ich mich in einem immerwährenden Rausch von Glück, dem Kern des Unergründlichen näherzukommen. Es war keine Seereise, die ich tat wie die andern vorher. Als ich diesmal die Anker gelichtet, war ich befreit von der alten Welt und befand mich in einer, die ich mit einigem Recht als Zwischenreich bezeichnen könnte. Es war eben das Reich meiner Galionsfigur, nur daß ich von der Seite des menschlichen Lebens, sie von der Seite des menschlichen Todes mit ihm verbunden war.

Es ist gleichgültig, wie und wo mein Schiff unterging. Genug, es versank alles mit ihm, was ich als Erbgut meiner Familie bezeichnet habe, und alles, was ich bis dahin erworben und als Kaufgeld wie als Frachtgut in die Bark gesteckt hatte. Die Barsumme, die ich als Kapitän mitführte, hatte ich allerdings beim Verlassen des Wracks zu mir genommen, und es war mir mit vieler Mühe gelungen, mein Idol vom Bug des sinkenden Schiffes zu lösen und in meinem Boote unterzubringen.

Ich übergehe das meiste, was bei einer Verzweiflungsfahrt im Rettungsboot nach einem Schiffbruch unumgängliches Beiwerk ist. Ohne den unentwegten Humor des Kochs und ein Fäßchen Rum, das wir mit uns hatten, würden wie nie und nirgend mehr gelandet sein. Bald nachdem wir uns rudernd mehr und mehr von der Stelle entfernt hatten, wo mein Vermögen in Gestalt eines traurigen Wracks hoffnungslos gegen das Versinken ankämpfte, verschwand auf Nimmerwiedersehen das andere Rettungsboot, das ich dem Steuermann übergeben hatte. Wir in dem unsern waren sechs Mann.

Der Durst kann zum Mord, der Hunger zum Kannibalismus führen. Gott sei Dank, so weit kam es nicht. Aber wir hatten drei tüchtige Kerls von Matrosen verloren, als wir nach einer Fahrt von sieben Tagen und Nächten Boden unter den Füßen fühlten. Der eine ist über Bord gesprungen, der andere hörte plötzlich, vom Schlage getroffen, zu rudern auf, den dritten mußten wir über Bord stoßen, da er einen Tobsuchtsanfall bekam und uns sonst allen unfehlbar den Untergang bereitet hätte.

Wie die Insel hieß, auf der wir nach einer Woche gelandet oder besser gestrandet sind, weiß ich nicht. Es ist auch für meine Erzählung gleichgültig. Wollte man sich allerdings eine Zauberinsel ausmalen, so würde die stärkste Phantasmagorie, verglichen mit ihr, zur Ohnmacht verurteilt sein: Tote Vulkane, kalte Laven, stachelige Kakteen, riesige Schildkröten, meterlange vorsintflutliche Meerechsen, der urzeitliche Drusenkopf, Tigerhaie in den Buchten, die aus dem Wasser emporfahren, junge Seelöwen packen und mit ihnen zur Tiefe stoßen. Von Fischen aber und Vögeln an Zahl und Art eine rätselhafte Unendlichkeit. – Das war nun eine Umgebung, die meinem Zustand durchaus entsprach. Auf diesem Südsee-Eiland landen und stranden schien nur die Verwirklichung meines schon auf der Hallig vollzogenen Übertritts aus der Welt gemeiner Wirklichkeit in eine andere zu sein, die man wohl eine übersinnliche nennen mag, aber besser noch eine, die anderer und höherer Sinne bedarf, um erkannt zu werden.

Auch meinen beiden Schicksalsgenossen konnte ich anmerken, daß sich ihnen die Grenze zwischen dem, was bisher als wirklich galt, und dem andern, was sie als unwirklich hinzunehmen gewohnt waren, verwischt hatte. Am meisten war dies beim geretteten Maat, einem Schweden, der Fall, der zu träumen behauptete und die wirklichen Gegenstände um sich her mit wirrem Protest und Gelächter für äffenden Alpdruck nahm. Dies konnte wohl manchem so leicht passieren wie ihm, wenn sich ihm nach der übermenschlichen Anstrengung einer siebentägigen Fahrt im kleinen Boote heimische Drosseln, Finken und viele fremdartige Vögel auf Schultern, Arme und Hände setzten und furchtlos trinkend den Rand des gefüllten Wassereimers besetzt hielten, den er trug.

Diesen Schweden übrigens haben wir leider – oder sage ich Gott sei Dank? – bald eingebüßt. Er ist von einer Streife ins Innere der Insel nicht wiedergekehrt. Zehn Jahre später habe ich ihn im Gewirre von Piccadilly getroffen und angesprochen, aber der Schuft erkannte mich nicht, denn er war immer noch nicht wieder vernünftig genug geworden, um Träumen und Wachen zu unterscheiden.

Blieben demnach als Rest der Besatzung der Koch und ich. Er führte den Namen Sarrazin. Wir beide stimmten recht gut miteinander. Mit dem sachlich gebliebenen Teil unseres Wesens ergänzten wir uns. Er gehörte zu jenen Naturen, die den Leben in jeder Lage mit Gleichmut gewachsen sind und immer bereit, darauf zu verzichten. Beim Gemüseputzen, Kartoffelschälen, Schotenauspalen, Eieraufschlagen, Hühnerschlachten und -ausweiden hatte er seit dreißig und mehr Jahren über das Dasein nachgedacht, und das Endergebnis war immer das gleiche. Er pflegte zu sagen: Die Geburt ist eine . . . . . ., die Zeugung eine . . . ., der Tod desgleichen. Und auf diese Meinung versteifte er sich.

Bei alledem hatte der alte Bursche Humor, er strotzte

förmlich von lustigen Einfällen. Ohne seinen unerschöpflichen Witz und sein Fäßchen Rum hätten wir wohl nie mehr festen Boden getreten. An Gott und Teufel glaubte er selbstverständlich nicht, obgleich gerade der Teufel ihm unverkennbar und immer wieder boshaft aus beiden Augen schielte und ›Hol' mich der Teufel!‹, ›Hol' dich der Satan!‹, ›Teufel noch mal!‹ und so fort seine ständige Rede war. Es gibt keinen noch so zynischen Menschen, der nicht trotz grundgründlichster Verachtung der Welt ein besonderes eigenes Rezept hätte, sie zu verbessern. So hatte denn auch Sarrazin seine Utopie, mit der er die Welt verglich und vergleichend als unentsprechend verwarf; er hatte die Fehlerquelle entdeckt, die ihrer Miserabilität zugrunde lag, und er hielt es für möglich, zur Fehlerquelle umzukehren und von dort aus für die Menschheit den rechten Weg zu finden.

Ich komme nun, meine lieben Lichtstümpfe, einen Augenblick auf die Theorie Sarrazins. Der Mensch sei ein Tier, sagte er, und habe den falschen Weg einzuschlagen begonnen, als er von seinem Eigendünkel bestimmt wurde, sich für etwas Höheres zu nehmen als ein Tier und auf die Tierheit in sich und um sich herabzublicken. Es war seiner Ansicht nach der Augenblick, wo er den freien und leichten Gang über die Muttererde einbüßte und zu hinken begann. Er nannte sich Mensch und betrachtete sich als bevorzugtes göttliches Wesen, das zur Beherrschung aller übrigen Kreatur bestimmt wäre. Mit dieser Überheblichkeit seines geistigen Wesens überhob sich zugleich sein eines Bein, während das andere nicht nur die alte Länge behielt, sondern zusehends schrumpfte, da die ganze Schwere des Körpers unzählige Male des Tages aus der Höhe seiner Überhobenheit darauf herunterfiel. ›Hätte der Mensch sich als Tier begriffen‹, argumentierte Sarrazin, ›sich als Tier ins Bewußtsein gefaßt, so hätte er seine Entwicklung in die höhere Tierheit erstreben und durchführen können. Wir würden dann keine falsche Moral als Widernatur mit allen ihren verderblichen Folgen erzeugt haben. ›Wir hätten dann auch nicht‹, fügte er an, ›die unzähligen Krücken gebraucht – wir nennen sie Zivilisation –, die unser eines Bein immer länger, das andere immer kürzer machen, so daß wir im großen ganzen hinkende Krüppel geworden sind.«

Diese Mitteilung Cardenios aus dem philosophischen Hausrat des Kochs überraschte mich, weil ich Ähnliches auch gedacht hatte: deshalb jagte mein Bleistift bei diesen Eröffnungen fieberhaft über die Blätter meines Notizbuches hin. Und so konnte ich noch das Folgende festhalten:

Der Mensch auf seiner gegenwärtigen Entwicklungsstufe sei bereits mehrere Millionen Jahre alt. Bei der Bevorzugung vor dem meisten anderen Getier hätte er sich, bewußt in der tierischen Richtung kultivierend, zu einer Art Universaltier entwickeln können. Er hätte dann vielleicht den Geruchsinn eines Hundes, die Flügelkraft einer Schwalbe, die Schnelligkeit einer Gazelle oder eines Wildpferdes, das Auge eines Adlers erworben. Er wäre im Meer gleich wie in der Luft zu Hause gewesen. Er hätte dann mit der zehnfachen Schnelligkeit von Delphinen die Erde umkreist. Selbst in der größten Tiefe der Ozeane hätte er wahrscheinlich ebensowenig wie über dem Wasser und über der Erde Licht gebraucht, weil er die Fähigkeit beliebigen Selbstbeleuchtens besessen hätte.

Ich aber setzte hinzu: das Menschentier hätte dann, mehr als heut der Mensch den Menschen, das Menschentier als einzigen Feind gehabt, was bei der ungeheuren Kraft und Ballung der Natur, in diesem Fall, die grausige Macht und Leidensfähigkeit der Natur, also sein Schicksal, ins Unbegreiflich-Fürchterliche gesteigert haben würde. Somit hatte der Koch sein cum grano salis gutes Prinzip zur Absurdität übersteigert: ohne diese Übersteigerung könnte es allerlei Segensreiches heraufführen, unter anderem durch Abbau einer gewissen Übermoral und quälenden Übergeistigkeit, die sinnlose Schmerzen und Leiden schafft und von der manche ein Liedchen zu singen wissen.

»Wir stimmten also, ich und der Koch, der Koch und ich«, fuhr Cardenio fort, »recht gut miteinander und ergänzten uns auch in praktischer Tätigkeit. So hatten wir uns am geeigneten Ort, etwa hundert Meter über dem Meeresspiegel, eine Schutzhütte mit ziemlichen Glück zurechtgemacht. Wir nannten den Prachtbau unsere Bark. Zu dieser Bezeichnung hatte die Ironie des Kochs geführt, und immer wieder behauptete er, daß es die alte ›Seekatze‹ sei, in der wir ununterbrochen mit hundert Knoten Geschwindigkeit unter vollen Segeln dahinrauschten.

Um diesen Eindruck zu verstärken, hatte er eines Tages zu meiner Überraschung auch die da mit ihrer schwarzen Zopfkrone, ihren zwei weißen Brüsten und ihren zwei Fischschwänzen über dem spitzen Giebel der Bark angebracht. Ihr wißt bereits, welch mysteriöser Doppelcharakter sie war und wie ich sie anzusehen mich gewöhnt hatte. Sie hatte mein Schiff ins Verderben geführt. Das würde mich schwerer und tiefer enttäuscht haben, wenn ich sie für einen Schutzgeist, also für einen guten Dämon genommen hätte. Das war sie mir nicht. Ich sah voraus und wartete eigentlich mit einer gewissen krankhaften Spannung darauf, daß sie mir Abenteuer ganz neuer Art und nicht etwa ein plattes Gelingen bescheren würde. Natürlich waren die Nerven des Kochs, desgleichen die meinen, durch die erlittenen Nöte, Ängste und Strapazen krankhaft erregt. Uns so nahm ich als Wahrheit hin, was der Koch behauptete: ein sardonisches Lächeln habe den hölzernen Mund Chimaeras verzogen, als er sie über der Hütte festmachte.

Schon in den ersten Tagen und mondhellen Nächten, in den folgenden mehr und mehr, übte diese verwünschte Puppe auf allerlei Getier der Insel eine höchst wunderliche Anziehungskraft. Sarrazin wollte das im Anfang der grellen Bemalung zuschreiben, kam aber sehr bald unter dem Zwang höchst seltsamer Umstände von dieser seichten Vermutung ab. Chimaera lockte Vögel an, wobei allerdings die kluge Neugier der gefiederten Kleinwelt dem fremden Gebilde gegenüber in Anschlag zu bringen ist. Bald aber kamen der Koch und ich überein, es herrsche ein schwebendes Treiben, Picken, Zwitschern und Flattern um das Bild, das zu erklären die gewöhnlichen naheliegenden Gründe nicht ausreichten. Wäre hier unter den Vögeln Hungersnot und Chimaera aus Brot oder Kuchen gewesen, so hätte man eine Zeitlang den aufgeregten Zudrang verstehen können. Auch dann aber würde man sich über das Gemisch von Arten, die sich vertrugen, Falke, Eule, Drossel, Fink, kopfschüttelnd gewundert haben.

Wir hörten das brausende, zwitschernde Treiben, solange wir in der Hütte waren. Traten wir unter die Tür, verscheuchten wir es. Am besten ließ es sich aus der Ferne durch das Zeißglas beobachten und dann wiederum besonders des Nachts, wenn das Mondlicht grell auf dem Holzbild lag und es gleichsam aus einsamer Höhe durch klare Luft bis herunter zum Strande leuchtete. So konnte man sehen, glaubte vielleicht zu sehen, wie etwas Fremdartig-Sinnvolles um das Idol sich ereignete. Eine Eule strich ab, die andere zu. Die eine schien von Chimaera beauftragt zu sein, die andere, soeben auf ihrer Schulter angelangt, ihr eine Nachricht ins Ohr zu raunen. Je mehr wir zuschauten, um so deutlicher erkannten wir oder glaubten zu erkennen, eine sinnvoll dienende Beschäftigung unter allem, was kreucht und fleucht, denn auch meterlange farbige Eidechsen gingen in Chimaeras Umkreis ab und zu, und drachenartige Drusenköpfe nahmen sich, gelegentlich in der Krone ihrer Zöpfe sitzend, wie eine königliche Helmzier aus.

Kaum eine Woche aber vor Vollmond trat etwas ein, wodurch uns unsere Chimaera anscheinend das Gruseln lehren wollte. Wir spürten plötzlich den unwiderstehlichen magischen Druck ihrer Gegenwart. Über eine Felsenkante blickten wir in eine Bucht, und plötzlich belebte sich nachts diese schwarze Bucht durch das Geheul und Gebell unzähliger Seehunde. Kleinere Robben, Walrosse, Seelöwen, Seekühe tummelten sich dort in wachsender Anzahl herum und machten einen ohrenbetäubenden Lärm.

Obgleich der Gedanke sinnlos war, fürchteten wir manchmal, sie würden uns in unserer für sie doch gänzlich unzugänglichen Höhe angreifen; dermaßen steigerte sich das Toben, das, wie wir in unserer Erregung glaubten, gegen uns gerichtet war. Wir waren in eine Urwelt verschlagen, und so verloren wir die Maßstäbe, mit denen die Zivilisation so sicher hantiert.

Und nun in der wütenden Überreizung unserer Schlaflosigkeit schoben wir diese unerträgliche Peinigung irgendwie auf die Bosheit der Galionsfigur, sprangen vom Lager, rannten ins Freie hinaus, legten eine Leiter an und warfen ihr knallend ein schweres Focksegel über.

Der Lärm in der Bucht verstummte im Augenblick.

Mit der Zeit gewöhnten wir uns wie an vieles andere unseres neuen Zustandes auch an das Robbenkonzert und dachten nicht mehr daran, unsere hölzerne Seekatze oder Nereide zu verhängen. Wir hatten uns leidlich eingerichtet: der dunkelhaarige, an Gestalten aus Tausendundeiner Nacht erinnernde Sarrazin hatte auf seine Weise mit erstaunlicher Umsicht für eine Robinsonade vorgesorgt, so daß wir auf lange hinaus mit den Segnungen einer Bratpfanne, eines Suppentopfes, einer Teetasse, einer Kaffeemaschine rechnen konnten. Hie und da ein oder zwei Gläser Grog lieferte das Rumfaß, aus dem wir uns, wenn wir nur wollten, das Delirium tremens antrinken konnten. Den Koch befähigte ein Geruchsinn von rätselhafter Schärfe, eßbare Früchte und Kräuter aufzuspüren. Ihm hatten wir auch die Entdeckung der eiskalten Quelle zu verdanken, an der wir uns allzeit mit frischem Wasser versorgen konnten. Das war ebenso nötig für den Tag, da wir äquatoriales, also tropisches Klima hatten, wie der heiße Grog für manche recht kalte Nacht.

Wochenlang allerdings war die Hitze durchgehend, so daß ein Schutz vor ihr weder tags noch nachts und weder im

Freien noch in der Hütte zu finden war. Der Vollmond selbst schien sie auszustrahlen.

In einer solchen Nacht wurden die lärmenden Seehunde plötzlich still. Kalte Kompressen um den Kopf, saßen wir in Gesprächen wach, da man auf Schlaf nicht hoffen durfte. Wir hatten zwischen uns ausgemacht, nichts zu berühren, was mit unserm Schiffbruch und unserer Lage zu tun hatte, weil wir uns in der ersten Zeit durch immerwährendes Erwägen unserer Rettungsmöglichkeit bis zum Wahnsinn zermürbt hatten. Nun aber begingen wir die Inkonsequenz, ein nahendes Schiff zu vermuten und spähend vor die Hütte zu treten, wo aber selbst mit dem Zeißglas nichts zu entdecken war.

Mochte nun ein Tigerhai unter die Robben gefahren sein oder was immer, es war uns gleichgültig, da wir eine erregte Hoffnung getäuscht sahen. Anders als wir geendet, also erheblich niedergeschlagen, setzten wir unsere Gespräche fort.

Der Koch ritt immer sein Steckenpferd und wollte auch jetzt nicht heruntersteigen. Mehr in der Tierheit ruhend als heut, erklärte er, würden wir der Schwierigkeit unserer Lage ganz anders und besser gewachsen sein und uns nach der Widernatur der Zivilisation nicht zurücksehnen. Was er sagte, konnte für mich nicht zutreffen, da ich ein ganz besonderes Schicksal mit einer ganz besonderen Erwartung in mir trug, Umstände, die ihm fremd geblieben wären, selbst wenn ich sie nicht so vollständig, wie ich tat, verschwiegen hätte. Freilich, was bedeuteten schließlich solche Äußerungen Sarrazins, da sein Humor im großen und ganzen nicht gelitten hatte. Er brachte denn auch, seine Phrasen abbrechend, die Herdglut mit einem Federwisch bewedelnd, ein Feuer in Gang und hatte im Handumdrehen auf unserer Pfanne ein Gericht aus vielerlei Vogeleiern fertig. Essen und Trinken erhalte den Leib, sagte er, gebe Mut und schütze vor Langerweile.

Auf dem Wege vom Herd zum Tisch stutzte der braune Kerl, die Pfanne mit dem duftenden Mahl am Stiel haltend. Seine grauschwarzen Haare sträubten sich. Schweigend wies seine Linke gegen das Dach, wo sich schleifende, trappelnde, gurrende und piepsende Geräusche hörbar machten. ›Nun ja, die Seekatze‹, sagte ich, ›hält wieder einmal eine ihrer nächtliche Assembleen ab. Das ist man doch nachgerade gewohnt, Sarrazin.‹ Er winkte mir Schweigen, um weiterzulauschen.

Ebenso außergewöhnlich scharf wie sein Geruchssinn war das Gehör Sarrazins. Er hörte in Wahrheit das Gras wachsen. Mitunter machte er mir von Eindrücken dieser Art Mitteilung, die ich nur als Halluzinationen verstehen konnte. Etwas dergleichen geschah wiederum.

›Horchen Sie, horchen Sie, Kapitän‹, sagte Sarrazin. So hätte er komisch wirken müssen: die Haltung wie ein Bild im Panoptikum, die Augen wie künstlich bewegt und eingesetzt, die noch brutzelnde Pfanne in der Rechten. Allein mir starben die Hände ab, ich fand sein Betragen schauerlich. ›Es geht irgend etwas vor, Kapitän‹, fuhr er fort. ›Die Teufelin da auf dem Dach will sich losmachen, die Teufelin will in das Wasser zurück.‹«

Cardenio schwieg. Er fuhr mit der Totenhand von unten nach oben über Stirn und Glatze hin, er schloß die Augen, wie wenn er sich gleichzeitig sammeln und Mut machen wollte. Ich habe notiert, daß ihm Schweißtropfen über das Gesicht rannen. Dann aber nahm das Antlitz einen unaussprechlichen Ausdruck an, der es schön, der es jung machte. Ein kindliches Lächeln umspielte die Mundwinkel des alten Hidalgo so rätselvoll, wie ich es sonst nur noch einmal erblickt habe: bei einem träumenden Säugling, zwei Monate alt, wo es mir eine Offenbarung schien, eine Erinnerung an verlassene Himmel.

Aber Cardenio atmete schwer. Er keuchte, als dieses Lächeln vorüber war. Es schien ihn ein Schwindel zu befallen, weshalb man ihn stützte und in seinen Lehnstuhl zurückbrachte. Er stürzte ein Glas Nostrano hinunter und konnte fortfahren.

»Der Koch stand, wie ich euch erzählt habe, liebe Lichtstümpfe, nachdem er etwas behauptet hatte, was nur mit Wahnwitz zu erklären ist, nämlich daß ein Holzbild von einem Balken sich selbsttätig losmache – ein Holzbild von einem Balken: bedenket das! Mich lange deshalb zu verwundern, blieb keine Zeit, da Sarrazin seine Pfanne fortschleuderte und, wie von einer Unfaßbarkeit berührt, wie jemand, der erstickt, nach Atem, vergeblich nach Worten rang.

In der nun folgenden Stille, die wie ein Bann oder Alp auf uns lag, wußten wir nicht, ob uns einer jener gefährlichen Zustände, die wir fürchteten und um deretwillen wir unsere Schweigegesetze beobachtet hatten, doch in seine Gewalt bekommen habe oder ob das, was wir fühlten und vor allem hörten, wirklich war: im ersten Falle hatte sich einer für den anderen in ein fremdes, grauenvolles Gespenst verwandelt, im andern Fall mußte ein Mensch, mußte ein Weib, und zwar eine Sängerin, eine, die unerhörte, nie vernommene Klänge in der Kehle hatte, nahe sein.

Daß die Sage von den Sirenen keine Mythe ist, mußte mir in der gleichen Sekunde überwältigend aufgehen.

Sicherlich hatte der Koch so gut wie ich den Gesang gehört. Aber der Blick, den er nun auf mich richtete, ein gräßlicher und gehässiger Blick, schien zu fragen, ob ich ihn gehört habe. Mit dem Zweifel darin verband sich die Hoffnung, es möge nicht so sein.

Blitzschnell drangen nunmehr in mein Gehirn allerlei Erklärungsversuche, darunter auch dieser: es könne in der Bucht ein Luxusdampfer vor Anker gegangen sein, er könnte eine Operndiva an Bord haben. Was der Koch vermutete, weiß ich nicht, aber sicherlich konnte ihn so wenig wie bei mir eine platte Deutung wie diese der unbegreiflichen Erfahrung gerecht werden, die wir gemacht hatten. Noch war ich mir nicht schlüssig geworden, als Sarrazin bereits mit einem Sprung aus der Tür war.

Ich wußte genug von den gefährlichen Anfällen, denen Schiffbrüchige unserer Art unterworfen sind, um das Schlimmste für ihn zu befürchten. Stürzt sich jemand wie er blind und rasend in die Nacht hinaus, so hat man Grund, mit seiner Wiederkehr nicht zu rechnen. Aus solchen Zuständen gibt es höchstens ein kurzes Erwachen, wenn nach dem Sturz vom hohen Steilufer die Woge über ihrem Opfer zusammenschlägt.

Ich selber war eigentümlicherweise grade durch das Verhalten des Kochs zur Vernunft gebracht. Wir waren einfach, so sagte ich mir, durch einen satanischen Kniff um die Furcht unserer Diätetik der Seele betrogen worden. Nunmehr allein, hatte ich die Aufgabe, das Schicksal des Kochs von mir fernzuhalten.

Um mich sachlich zu unterrichten, trat ich ins Freie hinaus. Chimaera hing unbeweglich an ihrem Ort mit nur einem kleinen Kauz als Gesellschafter. Mein bewaffnetes Auge sah nichts als die graue, dämmrige Öde der See und die leere Bucht, die übrigens so durchsetzt von Klippen war, daß sich ein Schiff nicht hineinwagen konnte.

Und doch, mochte das Verhalten des Kochs immerhin Geisteszerrüttung gewesen sein, es gelang mir nicht, das, was mir als Sirenengesang die Seele umwühlte, für ihren Ausfluß zu halten. Es gab keinen Wahnsinn, konnte keinen geben, durch den eine solche Erscheinung entbunden würde. Wenn ich auch vielfach in Schmökern las, man wisse nur etwas von der eigenen Vorstellung, nicht aber von ihrer Ursache: ich konnte mich nicht dazu verstehen, mich bei dem Gedanken zu beruhigen, der gehörte Gesang habe seinen Ursprung nicht außer mir, sondern allein in meinem Innern.

Nein, mir hatte vielmehr die überall um mich entbundene Allnatur durch den Gehörsinn Berührung mit einem unbekannten Gebiet gewährt und zugleich unstillbare Sehnsucht in mir erzeugt, sein Geheimnis zu ergründen.

Wie alle hatte ich einen Vater«, sagte Cardenio. »Als er auf dem Sterbelager wenige Tage vor seinem Ende mit gefaßter Seele den Tod erwartete, wachte er einmal aus kurzem oberflächlichem Schlummer auf und beteuerte mir, der an seinem Bette saß, daß er etwas unaussprechlich Schönes, etwas undenkbar Himmlisches eben erlebt habe. Um es wieder zu gewinnen und festzuhalten, legte er seine Kopfkissen so und so zurecht und damit seinen Kopf, weil er es an eine gewisse Lage der Kissen und des Kopfes gebunden glaubte. Zum zweiten Male jedoch wurde ihm die beseligende Tröstung nicht.

Es bestand, wie ich glaube, zwischen meiner Erfahrung und der, die mein Vater gemacht hatte, in Ursprung und Ausdruck eine Wesensähnlichkeit und zugleich Gegensätzlichkeit. Das Geläut der Sirenenstimme hatte nichts mit Schwäche und Todesnähe zu tun, sondern es sprach von Kampf und Leben. Nicht der Zephir süßseliger Paradiesruhe, mit Wonnen ohnegleichen geschwängert, lag darin, als Versprechen an eine müde Seele, sondern man könnte es eher einem brünstigen Weckruf gleichsetzen, dem die göttliche Kraft entströmt, ohne die ihm der Geweckte nicht folgen kann. Während ich wiederum den Gesang vernehme, der unvergeßlich und unverlierbar ist, wird es, je mehr ich in mich hineinhorche, um so schwerer, euch auch nur ein schwaches Echo davon zu vermitteln. Die Stimme war weiblich, das mögt ihr festhalten. Aber ihre Koloraturen voll strömender Melismen gingen von der Höhe des Soprans bis zum tiefsten heroischen Alt. Tagelang konnte ich nicht begreifen, um so weniger, je länger die Erscheinung hinter mir lag, wie sich das gleichsam unendliche Phänomen in einer Sekunde verwirklichen konnte.

Mit diesen Tönen wie in unmeßbaren Pfeilern baute sich eine andere Welt, ein Weltendom, durch welchen gleichmäßig und erhaben der Strom unendlichen Werdens, unendlichen Schwindens hindurchrauschte. Dabei riß sich der Raum der Götter, der Raum der Dämonen auf, die mit mehr behaftet sein mußten als Todesmut, da sie nur Leiden, nicht Tod kannten. Irgendwie war in diesem Gesang eine wilde, alles zum Kampfe herausfordernde, unendliche Trostlosigkeit. Er mußte mein Ohr verwandelt haben, bevor es ihn, ohne zerstört zu werden, vernehmen konnte. Es lag etwas

Freches, Furchtloses in dem Gesang, er erhob sich, so schien es, über einen Fluch, den er ewig bekämpfte. Keine Verhüllung, keine Beschönigung kannte diese urgewaltige, fluchbeladene allmächtige Welt, aber sie war nicht glücklos zu nennen. Sie erzwang sich mit den Waffen unendlicher Kräfte ihr furchtbares, ihr verderbliches Glück, und es war ein dämonischer Jubel deshalb, der sich, gesättigt mit Hohn, in diesen Gesang mischte.«

Cardenio priemte wie alle Seeleute. Indem er jetzt mit Entrüstung und Ekel einen braunen Speichel von sich spie und, mit der Fußsohle auf ihn tretend, gleichsam alles zertrat, was er selber sowie was um ihn war, schloß er seine Beschreibung des Gesanges mit diesen Worten:

»Pfui Teufel, pfui Teufel! Wie jämmerlich, wie erbärmlich, wie miserabel leben wir!«

Die Gesellschaft der Lichtstümpfe brach unisono in ein lautes Gelächter aus. Ich hatte den Eindruck, sie waren froh, durch das Ausspucken des Erzählers und seine Beleidigung des Klubs diese Gelegenheit zu erhalten. Hatte doch die Schilderung des Gesangs ihre Aufmerksamkeit auf die bisher schwierigste Probe gestellt und ebenso ihre Fassungskraft, die dem neuesten Abschnitt der Erzählung in keiner Weise gewachsen war. So aber waren sie rege geworden und erhoben die Gläser, um im allgemeinen Zudrang mit dem Sprecher anzustoßen, was dieser als Begeisterung deuten konnte.

Und wahrlich, meine eigene Auffassungsfähigkeit ließ mich vor dem zuletzt Gehörten vielfach im Stich. Und weil ich wissen wollte, ob der Vereins-Protokollführer, genannt Annibale, besser im Bilde sei und gegebenenfalls aushelfen könne, sah ich mich lebhaft nach ihm um. Ich fand ihn, und seine und meine Augen trafen sich. Als ich kopfschüttelnd meinen Bleistift erhob, womit ich meine Unfähigkeit zu folgen ausdrücken wollte, gab er die gleiche Geste zurück und zuckte hoffnungslos mit den Achseln.

Es konnten aber in diesem Bericht trotzdem einige seiner Notizen benutzt werden. Er gewinnt dadurch keine Vollständigkeit, aber doch annäherungsweise Richtigkeit. Leider kann er von dem pathetischen Feuer keinen Begriff geben, in das Cardenio-Mausehund sich verstieg, noch von den höllischen Strahlen, die dabei zwischen seinen Wimpern hervorschossen.

Ich setze seine Erzählung fort:

»Die Nacht bis zum Morgen war immerhin eine der erregtesten. Die Fundamente, die ebensowenig ein Geist wie ein Haus entbehren kann, waren ins Wanken geraten. Vom Morgen aber, vom Licht des Tages, von der Sonne erwartete ich neue Fassung und Festigung.

Den Verlust des Kochs, wunderlicherweise, beklagte ich nicht, eher war ich froh, mit seiner Gegenwart nicht mehr rechnen zu müssen. Warum ich plötzlich so und nicht wie früher zu ihm stand, hing irgendwie mit dem Erlebten zusammen. Somit war ich denn keineswegs erfreut und beinahe entsetzt, als der Verlorengegebene im Dämmer des Morgens hereinstürzte und wortlos auf sein Lager sank.

Unser Verhältnis war in der Tat, wie die nächsten Wochen immer deutlicher zeigten, abgekühlt. Es war Entfremdung eingetreten mit allen ihren Begleiterscheinungen, wortkargem Wesen, ja einer Art von Schweigsamkeit, die deutlich zeigt, daß man lieber allein wäre.

Also lag etwas zwischen uns. Es konnte die Furcht vor den Mächten sein, die in uns schlummerte und die jeden von uns, wie wir wohl gespürt hatten, in einem nicht vorauszusehenden Augenblick zur Gefahr für den andern machen konnte.

War Urfeindschaft zwischen uns ausgebrochen oder in uns bloßgelegt? Jener Instinkt, der etwa den Hund zum tödlich hassenden Gegner des Bären macht? Dann waren vielleicht die Verkleidungen unserer Seelen in demselben Fall wie unsere Kleider, die in morschen Fetzen mehr und mehr von uns abfielen und den Körper entblößten.

Vielleicht gab es etwas, das jeder dem andern verbergen wollte. Es hatte zum Beispiel keiner von uns den andern gefragt, ob er in der bewußten Nacht den Sirenengesang gehört habe. Vom ersten Augenblick an behauptete sich immerwährend das Hindernis.

Früher machten wir gemeinsame Ausflüge. Nun blieb Sarrazin Stunden, halbe und ganze Tage weg.

Heimlich verfolgte ich den Koch. Was hatte ich eigentlich für ein Mißtrauen? Ich weiß keine Antwort, ich wußte es nicht. Furcht konnte eine der Ursachen sein. In seinem dumpfen und möglicherweise kranken Hirn konnte die Absicht entstehen, mich aus dem Wege zu schaffen. Ein solcher Gedanke war Widersinn und mochte für Sarrazin Selbstmord bedeuten. Indes, man weiß, daß ein Geisteskranker auf die Stimme der Vernunft keine Rücksicht nimmt. Hier wollte ich möglicherweise vorbeugen.

Nein, der stärkste Beweggrund meiner immer leidenschaftlicher durchgeführten Spionage schien Eifersucht. Mir war, als wolle er mir irgendwie und bei irgendwem den Rang ablaufen.

Kein Wunder, wenn Sarrazin mit meinem Zeißglas die Kimme der See immer wieder absuchte: wir erwarteten beide das Rettungsschiff. In menschenferner Einöde ausgesetzt, pflegten wir dieses Durchforschen der Weiten als unsere liebste Beschäftigung. Konnte doch jede, die nächste, die übernächste Sekunde die Wendung bringen. Eher fiel es schon ein wenig auf, wenn er seine Beobachtungen nicht von der Plattform unserer Bark oder höher oben anstellte, sondern unten am Strand, ja wohl gar an der Seehundsbucht, wo überragende Klippen die Aussicht raubten.

Hier bevorzugte er, wie ich feststellte, eine Nische im Fels, von der er mitunter stundenlang auf ein und denselben Punkt starrte. Ich wollte dahinterkommen, was er dort sah, und es gelang mir eines Tages, unbemerkt seinen Platz einzunehmen, als er zu Hause betrunken im Schlafe lag. Es war nicht schwer, in der Blickrichtung, die er bevorzugte, den Eingang in eine Höhle festzustellen, deren Wölbung dicht über dem Wasserspiegel einem kleinen Boote die Einfahrt ermöglichte, freilich nur bei ruhiger See. Stärkerer Seegang schloß nach gleichmäßigen Intervallen das Tor, und zwar nicht selten mit einer gewaltigen, schußartigen Detonation.

Es kam eine Nacht, in der ich Sarrazin mit hohem Fieber daheim wußte. Wir hatten Vollmond. Die Nacht war aufregend, die Seehunde tobten in der Bucht und um den Eingang der Höhle herum.

Ich konnte von meinem Beobachtungsplatz auch die Bark sehen und, mit einer beinahe unverständlichen Deutlichkeit, meine Galionsfigur. Wer war sie nun eigentlich, diese Chimaera, diese Seekatze? Und die, nach der sie gebildet war? Wer ist jene Kapitänsfrau gewesen, die ihr erster Besitzer in einer Hafenspelunke aufgelesen hatte? Lag ihr Übergang zu mir im Plane der Vorsehung? Oder habe ich etwas an mir gehabt, was schon das Meerweib lüstern gemacht hatte? Sie hatte ihre dämonische Seele in Holz gebannt, sie hatte uns mancherlei Zeichen gegeben. Mein Schiff war dahin, wir hatten sie an die Hütte gehenkt. Stillstand, schien es, kannte sie nicht. Immer war sie in mystischer Fahrt sozusagen. Was war hier Leben, was war Tod? Sie war eine Tote und trotzdem lebendig. Dort hing sie noch immer, wie gesagt, trotz der Entfernung unheimlich nah. Ich sah, wie die Eulen im Mondschein ab- und zuflogen. Und siehe: das fahle Haupt, die funkelnden Augen, der weiße Leib belebten sich. Sarrazin hatte es mir geschworen, daß gewisse große Seevögel nachts ihr Fische zutrügen, eine Behauptung, die gespielter oder wirklicher Wahnwitz war. Ist sie ein Vampir? dachte ich und erinnerte mich an die Gepflogenheiten des Aberglaubens, wo man Gräber öffnet und Leichen pfählt, weil man annimmt, daß sie in Nächten aufstünden und schlafender Menschen Blut tränken. Hing sie vielleicht dort oben am Kreuz, um etwa im nächsten Augenblick sich, spottend der Kreuzigung, mit einem Brunstschrei loszulösen?

Dem Felsen entströmte zitternde Glut, das Meerwasser war ein heißes Bad. Wenn ein Mensch in der Lage wie ich Phantasien und Wirklichkeiten vermischte, so läßt sich das wahrlich leicht erklären. Ich fürchtete jeden Augenblick, meine vampirische Seekatze werde sich loslösen und auf Fledermausflügeln, gierig nach meinem Blute, herabschweben. Es konnte also auch eine durch meinen erregten Zustand bedingte Täuschung sein, wenn ich plötzlich wiederum den Gesang zu vernehmen glaubte, der mich und den Koch so verändert hatte.

Freilich, was man gemeinhin Täuschung nennt, war die Erscheinung nicht. Was an ihr Täuschung war, hatte eine Verbindung mit einer realen Macht geschlossen, die mich höchst unsanft anpackte. Der übermenschliche Klang und Gesang, den ich nun wiederum vernahm, schien mich mit seinen fast mechanisch spürbaren Schallwellen aller Schwere zu entkleiden und machte mich widerstandslos bis zur Hilflosigkeit. Die magische Macht dieser unsichtbaren Sängerin wuchs und wuchs in wenigen Minuten so unwiderstehlich an, daß ich für die Aufnahmefähigkeit nicht nur meines Gehörs, sondern auch meiner Seelenkräfte bangte. Und wenn es Worten niemals gelungen ist, die flüchtigen Tiefen und noch so kurzen Tonrätsel irdischer Meister wiederzugeben, wie sollte es mir gelingen an diesem mich völlig übermannenden Phänomen? Dieser Gesang kam aus einer Welt, der meine schwache Natur nicht gewachsen war: deren Erbärmlichkeit aber nahm beschämende Formen an, als ich mich, ähnlich als stünde ich mitten in einem Wirbelsturm, an Gesträuchen und Felsen angstvoll festklammerte, bis ich, wie ein dürres Blatt, widerstandslos landeinwärts getrieben wurde.

Ich war über und über mit kaltem Schweiß bedeckt, als ich in unserer Hütte landete. Sarrazin lag in der Koje und röchelte. Mein Eintritt belebte nur seine Träume, erweckte ihn nicht. – Da lag dieser einst gesunde, so heitere Mensch und war einer Krankheit anheimgefallen, die ihn von innen her schon fast zerstört hatte. Ich aber hatte mir zu gestehen, daß ich nicht frei von der gleichen Krankheit war und von dem gleichen Dämon besessen, wenn ich ihm auch vielleicht noch erst in einem geringeren Grade als der Koch verfallen war. Da schwur ich mir, den verborgenen Dämon mit höchster Entschlossenheit niederzukämpfen, mit der Wurzel auszurotten auch jenen Geist des Fürwitzes und der Lüsternheit, der, gefährlich verlockend, eine Art Neugier ist, ein Versprechen, daß selbst die Krankheit etwas Wunderbares enthüllen werde.

Die sicherste Rettung auch vor diesem beinahe unabwendbaren Übel war natürlich ein Schiff. Und mit der plötzlichen Hoffnung, ein Segel oder den Rauch eines Dampfschiffes zu entdecken, trat ich wieder ins Freie hinaus. Eine körperliche Spannung dehnte, so daß mich die Rippen schmerzten, meine Brust wie gegen Fesseln, die sie zusammenschnürten. Ich wollte sie sprengen, wollte wieder frei, vernünftig und nüchtern sein.

Leider unterstützte, was ich sah, nur sehr schwach meine Anstrengung. Das Wunder, das mich süß und vielleicht tödlich belastete, erlosch wie die Kerze im Tageslicht, denn nun war das Wunder lückenlos überall ausgebreitet. Oben die Milchstraße, das Sternbild des Schiffes und das südliche Kreuz. Das wirkte auf mich ein, als ob ich in einer Moschee wäre und die Sterne wie Lampen an unsichtbaren Schnüren aus der blauschwarzen Kuppel herunterhingen. Unten das unendlich gebreitete Meer, jener Große oder Stille Ozean, der die südliche Hälfte der Erde beinahe überdeckt. Fast ertrage ich die bloße Erinnerung an die Schönheit des Meeres, an die Tiefe des Meeres nicht und an seine Furchtbarkeit. Und ebensowohl könnte ich sagen, ich verschmachte ohne die Größe des Meeres, ich verschmachte ohne die Weite des Meeres und nach den furchtbaren Rätseln des Meeres. Es ist nicht anders, so wahr mir Gott helfe! Was liegt noch alles in ihm verborgen, in dieser Mutterlauge aller und jeder Kreatur, in der sich noch immer bewegt und ausgetragen wird, was kein noch so wilder Phantast zu erdichten verstünde.

Nun, mit dem trotz allem festgehaltenen Gedanken, mich zu ernüchtern und ein Schiff zu sehen, legte ich meine Augen an die Okulare des Zeißglases. Ich richtete es eine Zeitlang nach Süden, Osten und Westen hin, bis mich von der glänzenden Straße, welche der Vollmond aufs Wasser warf, eine gewaltige Blendung traf. Und dort sah ich etwas, ihr lieben Lichtstümpfe, was mir die Furcht vor der möglichen Umnachtung meines Geistes keineswegs von der Seele nahm, sondern sie fast durch Gewißheit ersetzte, daß diese Umnachtung bereits vollständig war ...«

Hier unterbrach Otonieri den Erzähler Cardenio unter Zustimmung aller Lichtstümpfe. »Auch bei uns, lieber Vereinsbruder«, sagte er, »nimmt diese beklemmende Spannung zu. Würdest du nicht die Güte haben, diese Spannung, diese Umstrickung unserer Brustkästen etwas aufzulockern? Du lebst ja noch, bist also aus dieser schweren Prüfung deiner Verstandes- und Nervenkräfte hervorgegangen. Sage es, denn du weißt es ja, was es mit dieser Stimme auf sich, was es mit dem Verhalten deines Kochs auf sich hat und was die Linsen deinen Glases dir gezeigt haben.«

Wie ein Nachtwandler, den man aus dem Schlafe

geschrien, zitterte nach diesen Worten Otonieris, des Re, Cardenio.

»Ich schwöre!« schrie er, »und will es beschwören, daß ich ein Meerweib sah. Auch damals konnte ich daran nicht zweifeln. Aber eben die unabweisbare Tatsache und ihre Stärke warf mich zunächst in Bestürzung und Ratlosigkeit. Im Anfang dachte ich, es sei ein Seelöwe. Auch bei dieser Robbenart war ein Mondscheintaumel, eine sich gleichsam in Verzückung auslebende Trunkenheit wie hier nicht unmöglich. Aber etwas, das mir sogleich befremdlich war, sprach dagegen. Das seltsame Lebewesen tauchte wie die Robbe im Glitzern des Mondes unter und auf, aber es hatte Glieder wie Arme, mit denen es große silberne Fische immer aufs neue, aus der Tiefe zurückkehrend, lachend um sich schleuderte. Und ich hörte ein Lachen, wahrhaftig. Es war, wollt ihr glauben, jenem ähnlich, das ich auf der Hallig vernahm, als ich die angetriebene Leiche meines Weibes am Strande entdeckt hatte.

Nun also, ich schraubte an meinem Glase herum und konnte bald deutliche Formen erkennen. Und da sich das Ungeheuer, immer spielend und springend und Kobolz schießend, auf mich zubewegte, konnte sehr bald kein Zweifel mehr standhalten. Erstlich sprach ich laut meinen Unglauben aus, dann mit wachsendem Staunen die nicht mehr zu leugnende Tatsache, dann wiederum Zweifel, wiederum Unglauben, um endlich in einer Empfindung zu verstummen, die unaussprechlich ist.

Es ist kein Kleines, wenn man, von der Natur überführt, das gänzlich Neue und Wunderbare verwirklicht sieht. Mag sein, man ist vor dem Vorhang herumgeschlichen und hat allerlei hinter ihm geahnt, ist auch vielleicht von magischen Strömungen aus dem Jenseits berührt worden, dennoch ist das Geheimnis gewahrt. Alles dies aber galt nicht mehr. Hier war ein Geheimnis innerhalb der unendlich geheimnisvollen, unergründlichen Fülle der Natur wirklich preisgegeben. Ich stand mit beiden Füßen in einer Region, zu der es mich dunkel getrieben hatte. Alle Götter tragen das Merkmal der Sterblichkeit, heißt es, alle Sterblichen das Merkmal des Göttlichen. Die Abermillionen Jahre der Erdgeschichte, die wildere, mächtigere Ballungen brauchten, um lebensfähige Wesen zu schaffen, als sie heute am Werk sind, hatten also eines dieser nie gesehenen, überall geglaubten Geschöpfe doch zurückgelassen.

Ich hatte es im Gefühl, es müsse diese wundervolle Kreatur für den Kampf, in den die Erdgeschöpfe nun einmal geworfen sind, mit ganz andern Kräften ausgestattet sein als wir. So schätzte ich auch den Kampf, den sie kämpfen mußte, um so viel furchtbarer. Kurz, ich brachte sogleich den gehörten Gesang, dessen Wesenheit ich vergeblich zu schildern versuchte, mit ihr in Zusammenhang.

Sagt mir etwas über den Sinn der Welt. Sagt mir etwas über die Schickung, in die wir hineingeworfen sind. Sagt mir, warum der Seeigel sich in die Kalkriffe dieser Südsee bohrt, innen wächst und eine Höhle höhlt, in die, ein und aus, das Wasser strömt. Er wird wie eine Orange groß und verläßt nie mehr bis zum Tode seine Höhle. Sage mir, Allmächtiger, warum dies geschieht, warum dieses arme Wesen sich hinter kleiner Öffnung im Dunkel verstecken und vom Zustrom des

Wassers in seine Nacht ernähren muß! Warum ist es da, warum muß es leben?

Ist es auf Warten angewiesen, wie ja so vieles auf Erden auf Warten angewiesen ist? Lautet die Antwort ›Ja‹: auf was wartet es? Und, frage ich, auf was warten wir alle? Auf den Frieden nach dem Kampf? Das ließe sich hören, liebe Lichtstümpfe! Dann müßte es etwa Welten geben, wo alles, was hier durch Kampf, Raub und Mord im Zwange qualvoller Triebe nur kläglich und spärlich verwirklicht wird, in unendlicher Fülle des Friedens sich Göttern darbietet.

Ich komme von meiner Erzählung ab«, fuhr Cardenio fort, »und gerade in einem Augenblick, wo mein Erlebnis in die erste schwere Krise tritt. Von der Wundererscheinung hingenommen, mit dem Glase am Auge in sie vertieft, hörte ich plötzlich röchelndes Atmen. Solche durch Selbsttäuschung entstehenden Geräusche erlebt man viel in der Einsamkeit, wie ich aus Erfahrung wußte. Obwohl ich darum die Täuschung, wofür ich das Röcheln hielt, nicht weiter beachten wollte, warf ich mich jäh wie geschleudert herum und sah die höllische Fratze Sarrazins, der wie sein eigenes Gespenst mich anstarrte.

Es begann ein Ringen, das nicht um einen olympischen Ölzweig ging, sondern um etwas unausgesprochenes anderes: auf Leben und Tod.

Nicht lange war der Ausgang des Kampfes zweifelhaft. Der Überfall war, wie es bei einem Koch naheliegend ist, mit einem spitzen Messer erfolgt. Sarrazin hätte, bevor ich mich wandte, zu einem Meuchelstoß in meinen Rücken ausholen können. Er tat es nicht – das war sein Verderben. Sofort richtete ich meinen Gegenangriff auf die blitzende Waffe in seiner Hand und packte sein Handgelenk mit beiden Fäusten. Der verzweifelte Druck, den sie ausübten und durch den die Finger des Mordbuben kraftlos wurden, zwang Sarrazin, das Messer fahren zu lassen: es flog in großem Bogen davon.

Ich mag damals wohl ein starker und ziemlich entschlossener Mensch gewesen sein, obgleich ich an Raufereien wenig Geschmack hatte. Der schwammige, durch seinen Beruf etwas verfettete und verweichlichte Koch konnte nicht ernstlich gegen meine stählernen Muskeln und Sehnen aufkommen. Ich schlug ihn nieder und schnürte ihm die Hände und Füße, so lange, bis er bewußtlos war: das verlangte, es ging nicht anders, meine persönliche Sicherheit.

Eine Stunde später, als er wieder zur Besinnung gekommen war, begann eine peinliche Inquisition. Ich hatte ihn auf sein Lager geschleift: ich mußte wissen, was ihn zu seinem tückischen Überfall veranlaßt hatte. Es mochte das Fieberdelirium sein. Delirium hin, Delirium her: es war für mich die gleiche Gefahr, ich durfte mich ihr nicht nochmals aussetzen. Und übrigens faßte ich den Verdacht, daß er das Fieber ganz oder teilweise simuliert hatte, um, falls sein Anschlag mißlang, seine Verantwortlichkeit abzumindern.

Weshalb wollte er mich nun aber hinwegräumen? Etwa weil ihm meine Person seit jener Nacht, wo wir zum erstenmal den Gesang hörten, widerwärtig, ja unerträglich geworden war wie mir die seine? Und wirklich, es fehlte damals nicht viel, so wäre ich aus Ekel und Abscheu und einem noch andern – Gott weiß welchem andern! – Gefühl an dem Gefesselten zum Mörder geworden. Dabei hätte ich vollauf recht gehabt, mich nicht als Mörder zu fühlen, sondern als

Rächer und als Richter, überdies war ich ja zur Notwehr gezwungen.

Ich betäubte den Koch mit Veronal, zumal er mir immer verwirrter antwortete. Ich konnte ja mein Verhör nicht ins unendliche fortsetzen. Als er glücklich in Schlaf gesunken war, warf auch ich mich aufs Lager.

Da kam es mir vor – ich mochte wohl in eine Art Halbschlummer eingegangen sein –, da kam es mir vor, als ob ich geweckt würde. Als ich auffuhr und krampfhaft aufhorchte, war im Ohre die Erinnerung an einen gräßlichen, Mark und Bein durchdringenden, übel krähenden Schrei. Die Stimme hatte die Worte geschrien: ›Ich will kein Mensch sein!‹ oder so. Und wirklich, während ich noch zweifelnd darüber nachdachte, wurde mit den gleichen Worten ein zweiter, noch viel wilderer Schrei ausgestoßen. Holzbilder, dachte ich, können nicht schreien, strafte jedoch meinen Unglauben Lügen, indem ich aufsprang, vor die Tür der Hütte trat und meinen Blick auf Chimaera heftete. Sie hing wie immer und regte sich nicht.

Aber sie hatte die Augen geschlossen.

Und nun, wie jemand, der durch Schließen der Augen seine Kräfte zu größerer Leistung sammeln will, schien sie in sich hineinzulauschen, um festzustellen, ob sie für eine ihr verhängte furchtbare Pflicht genügend gesammelt sei. Und jetzt riß sich ihr Mund gewaltig zum dritten Rufe des gleichen Protestes auf, der weithin über den Wogen verhallte. Der Sinn jedoch dieses gräßlichen Schreis ›Ich will kein Mensch sein!‹ hatte die grausigsten Tiefen in sich, weit über den Wortlaut des Wunsches hinaus: er lehnte die Menschheit nicht nur ab, sondern warf sie dem Schöpfer als ein aufgezwungenes, qualvoll Abscheu erregendes Höllengeschenk vor die Füße. ›Ich will kein Mensch sein!‹ war Empörung gegen die dünkelhaften Götter, war ein laut hinausgekreischtes Wort der Aufkündigung gegen das Übermächtige, die offene, haßerfüllte Anklage. – Ich schlug mir die Hände vor die Stirn und kann mich an weiter nichts erinnern.

Ich fand mich wieder auf dem Gesicht liegend, als die Sonne schon hoch am Himmel stand.

Der Schrei und die Worte jedoch, die er formte, lebten fort in mir. Ich hatte lange daran zu zehren und darüber nachzudenken: wie ein Blitz für eine Sekunde lang das schwärzeste Nichts der Nacht zum Tage macht und über Nähe und Ferne, Berge, Täler, Flußläufe, Wälder, Haine und Ortschaften, kurz alle unzähligen Einzelheiten einer Erdenlandschaft das Licht der Mittagssonne verbreitet – so wirkte hier eine schwarze Gewalt, welche im Gegenteil die Mauer trügerischen und schönfärberischen Lichtes durchschlug und alles Schwarze, Infernalische am Schicksal und Geschick des Menschen zum Bewußtsein brachte. Wenn ich nun an mein früheres Leben unter Menschen dachte und mir wie gewöhnlich alles vor die Seele stellte, was ich von Kindesbeinen an erfahren hatte, sah ich alles und alles fratzenhaft. Ich sah nur das Häßliche, Widerwärtige, und daß ich je etwas für schön gehalten hatte in dieser allseitig grausigen Welt und Menschenwelt, konnte ich, so verwandelt, nicht mehr begreifen.

Ich will euch mit Einzelheiten nicht aufhalten, ich könnte sonst auf das durch und durch kalte, grausame, mörderische Handeln der Menschen hinweisen und wie sie über dies gar nicht verhüllte Tun den Mantel der frechsten Lügen breiten. Ich könnte auf das Geplärr guter Lehren hinweisen, das doch nichts anderes als das Beingeraspel gefräßiger Heuschreckenschwärme ist. Kurz, den hellen, heitergläubigen Wimpel des Menschheitsschiffes sah ich nicht mehr, dafür einen schwarzen, in Blut gefärbten.

Ich habe nur wenige Schritte bis dorthin, wo ich euch und der menschlichen Gesellschaft Valet sage. Seit ich den Ruf ›Ich will kein Mensch sein!‹ zuerst vernahm, blieb dieser Satz mein schweigend bewahrtes Losungswort bis heut. Und heut soll er meinen nahen Zufallstod mit meinem begründeten Willen vereinen.

Lange schon, ohne daß ihr es ahntet, liebe Lichtstümpfe, hatte ich mein Menschenlos von mir geworfen. Es ist auf jener Hallig gewesen, auf der ich ein Glück verewigen wollte, was niemals gelingen wird: Damals, als jenes Meerweib, das ich dem Kapitän in Sydney abspenstig gemacht hatte, auf dem Wege des Todes von mir ging, trat ich in ein Zwischenreich und habe euch das auch angedeutet. Aber nun muß ich euch auch bekennen, daß ich dieses Weib, dieses lodernde und zugleich fischschuppenfremde kalte Wasserweib mit einer aushöhlenden, einer verzehrenden Liebe geliebt habe. So ist es allen ergangen, die ihren vampirischen Kuß erlitten haben. So ging es dem letzten Besitzer, dem Kapitän, der, wie man mir sagte, nach der Erkenntnis, daß sie für ihn auf ewig verloren war, über Bord gesprungen ist.

Aber man liebt Chimaera nicht, ohne sie gleicherweise zu hassen. Sie entband einen Haß, welchen man recht wohl den Urhaß nennen kann, einen Haß, der am Grunde des Werdens unlöslich mit Liebe verbunden, ja ein und dasselbe gewesen ist. Es war etwas Furchtbares, als ich ihn wie ein fremdes, schauerlich-schlangenartiges, giftiges Tier aus der schwarzen Tiefe des Ozeans, ein Fabeltier, in mir auftauchen fühlte. Doch es war nun einmal nicht anders. Man konnte Chimaera, konnte die Seekatze nicht anders lieben als mit Haß. Und diese Haßliebe flößte sie unweigerlich ein, weil sie nur eben durch eine solche zu beglücken war.

Die Haßliebe stammt aus den wilden Verknäuelungen des Urkampfes in der Natur, der überall noch im Gange ist, – in unserem Sonnensystem wohl am wildesten in den geilen und brennenden Sümpfen des Planeten, den der Mensch Venus nennt. Vielleicht wird, es wäre denkbar, im Wollustkampf und Sterben der Haßliebe der Schrecken des Todes aufgehoben.

Aber diese Chimaera, diese wilde und arme Seekatze, teilte nicht nur Tatzenhiebe und Bisse aus und forderte dawider das gleiche, sondern nach und nach entstand in ihr ein edlerer Wesensteil, der mehr auf die Weise der Heiligen unter den Menschen litt. Sie empörte sich gegen die Natur, sie empörte sich gegen die Urnatur in ihr selber. Das Menschenwesen war ebendas, was sie letzten Endes gesucht hatte. Sie wurde fromm, sie ging zur Messe, aber ihrer Enttäuschung im höchsten Sinne konnte alles dieses nicht steuern. Das Menschentum, so erklärte sie, habe sie die ganze Furchtbarkeit des Daseins erst sehen gelehrt, ihr die ganzen irdischen und grenzenlosen Höllen erschlossen. Es habe ihr dann die Fata Morgana eines außer- und überweltlichen Seins, eine Einheit und Reinheit jenseits von allem vorgegaukelt; vorgegaukelt, das heißt: vorgelogen, eine Fata Morgana als Wirklichkeit. Da sei ihr denn in der Menschenwelt nichts anders als die Unendlichkeit und die Unentrinnbarkeit der Hölle zur Gewißheit geworden.

Ihr hättet es sehen sollen, wie Chimaera im Sarge lag. Wir hatten sie aufgebahrt in einer kleinen, altertümlichen Dorfkirche. Ein Fischer war da, der den Strang des blechernen Glöckchens zog, der Pastor und meine beiden Dienstleute. Beim Schall des Erzes rann Blut aus Chimaeras linkem Mundwinkel. Der Kopf lag hoch, und so verlängerte sich ein schwarzer Faden in sonderbaren Ringen und Schlingen über Hals und Brust. Und, bei meinem Eid!« – Cardenio hob die Hand zum Schwur – »in Blutschrift las ich schon damals die Worte des Schreis: ›Ich will kein Mensch sein!‹

Und welchen Ausdruck legte der Tod in Chimaeras Gesicht! Wißt Ihr, was eine Verdammte ist?! Ihr wißt es nicht. Dazu lebt ihr ein viel zu kleines, erbärmliches Leben. Das Antlitz Chimaeras, umwogt von der Finsternis ihres schwarzen Haares, war von dem furchbaren Trotz der Verdammten beseelt und vom Glorienschein der Verdammnis umwoben. Der Priester floh und bekreuzigte sich, sobald er nur seiner Amtspflicht genügt hatte.

Und darum: ich gehe den gleichen Weg wie sie und werfe es hin, mein Menschentum. Und wenn es mir nicht von der Schulter will, dieses Nessushemd, diese beißende Katze, diese Lüge der Lügen, so schüttle ich mich und schreie – vergebt es mir, ich muß es hinausschrein –: Ich will kein Mensch sein, ich will es nicht!«

Ich muß Atem holen, muß mich sammeln, indes ich mich dieses gruseligen Höhepunktes in Cardenios Vortrag erinnere. Ich war als erster hinzugesprungen, der Re und die andern folgten mir, weil viele unter uns überzeugt waren, daß Cardenio nach diesem Ausbruch und Aufwand an Kraft in Tobsucht verfallen würde, die andern, daß seine schreckliche Erregung auf einen apoplektischen Anfall hinauslaufen müsse. Er trat, Gott sei Dank, nicht ein. Dagegen wehrte Cardenio unsere Besänftigungsversuche ab, trocknete mit einem blutroten Seidentuch seinen geradezu schäumenden Mund und herrschte uns an, ihn nicht aufzuhalten, da er, solange das letzte Wort der Geschichte noch nicht gesprochen wäre, an das Leben gebunden sei.

Ich muß nun etwas über mich selbst einflechten.

Ich weiß nicht, was mit mir geschehen war. Das Leben da draußen, aus dem Otonieri mich aufgegriffen und in den Kreis seines seltsamen Klubs versetzt hatte, war nicht mehr. Vergeblich suchte ich es zurückzurufen. Schraubstockartig hielt eine gewisse magische Atmosphäre meine Schläfe eingepreßt. Es schien, als ob ich durch alle Sinne vergiftet wäre. Ich roch fauligen Tang, empfand den Geschmack von bitterem Seewasser, Tropenfeuchte und Schwüle lastete mir auf der Brust. Was ich hörte, immer zwischen die Worte des Redners hinein, waren Fetzen eines betörenden Sirenengesangs und das Gebell und Geheul vieler Seehunde. Schlimmer als alles war, was ich sah: Erscheinungen, die ich als Täuschung des Gesichts nehmen mußte, wenn ich nicht annehmen sollte, geisteskrank oder von einem Traume betäubt zu sein. Oder sie waren Wirklichkeit, und dann mußte ich freilich mein ganzes bisheriges, durch Ausschluß von seinem Wesen und seiner Tiefe erlangtes Wissen vom Leben wegwerfen. Wieder und wieder nämlich schossen bläuliche Stichflämmchen aus dem Munde und aus beiden Augen des Sprechers heraus, gleichsam von Gluten unter der Asche herstammend. Konnte es Menschen geben, die aus Asche bestehen und von deren ewiger Glut leben? so fragte ich mich und fand die Frage so natürlich wie die Möglichkeit. Da hätten wir ja, dachte ich, den unsterblichen Träger unsterblicher Höllenpein.

Hielt sich der Re ein Tuch vor den Mund? Hatten die Blätter des Protokollführers Feuer gefangen? Bewegten sich die Augen der Holzfigur, oder bewegten sie sich nicht? Legte sich nicht ein Dunst von Kohlengasen auf die Brust? War es so, oder täuschte ich mich? Ich will mich gern in dem allen getäuscht haben. Eines dagegen ist gewiß, daß dieser Cardenio sich zu infernalischer Größe aufrichtete, jetzt völlig ohne jede Spur von Lächerlichkeit und Dürftigkeit. Es hatte sich dieser Mann gewiß nicht aus seinem Bett erhoben, auf dem er als Kranker den Tod erwartete, viel eher war er aus einem Jenseits in das Diesseits zurückgekehrt.

Ahnte Cardenio meinen Gedankengang? Erkannte er auch, was unter den Hörern der eine oder andere Teil befürchtete? So schien es zu sein, denn er stürzte ein Glas Nostrano hinunter und erklärte, er werde nun ruhig fortfahren.

Ich war von seinem Ausbruch allzusehr hingenommen, um seiner Erzählung sogleich in der alten Weise folgen zu können. Meine Notizen beweisen das. Er sprach jedenfalls davon, daß er sich an die nahe Quelle begeben habe, um einen erneuernden und erfrischenden Trunk zu tun, und dabei etwa dieses erlebt habe:

Im Dämmer der Frühe löste sich nicht weit von ihm mit

einem durchdringenden, brüllenden Aufröcheln eine Robbe vom Boden los, ward flüchtig und kollerte förmlich den Abhang hinunter. Cardenio nahm, wie er sagte, mit dem ihm eigenen Jägerinstinkt die Verfolgung auf. So schnell er aber auch über Lavageröll zwischen allerlei Stachelpflanzen hindurch den Strand zu erreichen versuchte, um die Robbe dort abzufangen, sie kam ihm zuvor und tauchte erst in Rufweite vom Strande entfernt im Wasser auf, und dann, wie er behauptete, soll sie mit jenem Lachen gelacht haben, das er auf der Hallig nach dem Funde des Leichnams seiner Frau gehört haben wollte.

Jedoch, ich verfalle in Nüchternheit. Gott sei Dank erlaubt mir mein unter dem starken Eindruck der Wirklichkeit geführtes und bald darnach ergänztes Protokoll, Cardenio selbst wiederum das Wort zu geben.

Er steigt nach Verfolgung des rätselhaften Tieres also den Berg zu seiner Hütte hinan und macht in einer Wallung des Selbsterhaltungstriebes den Versuch, das beklemmende Rätsel-, Geister- und Wunderwesen abzuschütteln.

»Aber so leicht, wie ich dachte«, fuhr er fort, »fand ich mich aus den Dämonien, die mich nun einmal in Bann gehalten hatten, nicht heraus. Meine zopfumkränzte Chimaera wollte ihr hölzernes Dasein nicht wiederaufnehmen. Von der ersten Röte des Morgens angehaucht, hing sie wie immer am Giebel der Schutzhütte. Gewiß ist, daß sie immer dort hing, aber sie selbst war durchaus nicht wie immer: außer, wenn Tod und Leben, Fleisch und Holz, Bewegung und Starrheit dieselben Dinge sind. Ich stand, ich forschte, ich blickte sie an. Ich sah mir die Augen aus dem Kopfe und konnte nur immer das gleiche feststellen: es war eine Lebende, die dort hing! Jetzt zuckten die Schultern, jetzt rollten die schwarzen Glasaugen; die Fischschweife, wie an das Rudern gewohnt, taten krampfhaft kraftvolle Schläge, wovon die Konsole erschüttert wurde. Zwei Eulen wurden davon verscheucht. Aber auch die Hände meiner Chimaera regten sich und schließlich und endlich ihr Mund. Diesen verzog qualvoll, sardonisch ein Lächeln. Wahrlich, ein satanischer Zug, doch tötete er ihren Liebreiz nicht.

So war sie abstoßend und war anziehend, so wie es immer auf unseren gemeinsamen Reisen und auf der Hallig gewesen ist, nur daß sie jetzt jene fremde Glorie der Verdammten umstrahlte, die sie auf dem Katafalk in der Dorfkirche gezeigt hatte. Umwogt von der Finsternis ihres Haars, erneuerte sich auch jener bleiche und furchtbare Trotz, der sich, laut geworden in ihrem Ruf, nicht wieder verloren hatte.

Ich fing, dies schien mir durchaus natürlich, ein Gespräch mit Chimaera an, worauf sie die Antwort lange mit finster gezogener Stirn verweigerte. Als ich sie bat, von ihrem Platze herabzusteigen, tat sie wie jemand, der, erwachend, eine bequemere Lage sucht. Seltsamerweise wurde sie weich, je mehr ich mit zitternder Stimme ihr zuredete. Endlich wollte mir scheinen, sie weine still, es flössen Tränen aus ihren Augen.

Das alles setzte mich nicht mehr in Verwunderung. Mir war, als gäbe es nichts, als habe es nie etwas anderes gegeben als ebendiese Nacht und dämmrige Frühe mit unserer bitteren Gemeinsamkeit: ewige Nähe, ewige Ferne, ewiges Glück, ewiges Leid, Wiederfinden und Abschiednehmen schienen in ein und demselben Gefühl lebendig zu sein.

Das seltsame Marmorbild über einem Portal hier in der Nähe«, fuhr Cardenio gar nicht mehr diabolisch fort, sondern sich schneuzend und förmlich flennend, »das seltsamste Marmorbildwerk über einem Portal zeigt eine in voller Kleidung gekreuzigte Frau. So schien mir, daß Chimaera am Kreuze hinge. Sie war gekreuzigt durch Schicksalsbeschluß, dem grellen Mond und den stechenden Blitzen des Sternenhimmels, den brennenden Gluten des Tages unsterblich und ohne Erquickung preisgegeben.

›Wir liegen alle im Bett der Vergänglichkeit‹, sagte ich, gleichsam um sie zu trösten.

Ich weiß nicht, was noch gesprochen wurde, ehe eine schöne, hingebende Körperlichkeit mich in die süßeste aller Vergänglichkeiten auflöste.

Bald darauf hing Chimaera wieder am Kreuz.

Nun habe ich eine Überraschung zu verdauen. Ich könnte heute nicht mehr sagen, ob angenehmer, ob unangenehmer Art. Der Koch Sarrazin, den ich gefesselt und betäubt hatte und der, als ich ihn verließ, schlafend auf seinem Lager röchelte, mußte seine Fesseln gesprengt und sich frei gemacht haben, jedenfalls war er spurlos verschwunden. Ich suchte die Gegend nach ihm ab, fand aber bis zum Abend nur eine einzige Spur, nämlich in der Felsennische, von der aus er den Grotteneingang der Bucht zu beobachten pflegte, ein Stück von dem Tau, womit ich ihn gefesselt und das er abgestreift hatte.

Den ganzen Tag über hatten die Flossenfüßler, Seehunde und Walrosse, einen unbegreiflich großen Lärm gemacht, so daß mich beinahe die alte, von mir wie vom Koch längst verlernte törichte Angst beschlich, sie möchten unsere Schutzhütte angreifen. Immerhin kam ich darüber hinweg, da nach dem süßen Schlußerlebnis des Morgens eine Art heiteren Genügens mich beschlichen hatte und in mir gleichsam zufrieden summte.

Wie stand es aber um die Seejungfer? Nur durch einen Überfall wie den Sarrazins und solche Ereignisse, wie sie ihm nachfolgten, konnte das Bild im Zeißglas verdrängt werden: durch sie allein war es möglich, daß sich die Gewißheit seines Vorhandenseins wiederum in Zweifel auflöste. Endlich aber, als ich tagsüber alle erlebten Vorgänge überdachte, fühlte ich ihren Zusammenhang. Ich sah ihn nicht, ich fühlte ihn, woraus sich ergibt: das Wie war mir unbekannt geblieben, während das Was von mir klar und deutlich empfunden wurde.

Bei meinem Grübeln über das Wie hielt ich dafür, Chimaera und das Fischflossenweibchen draußen im Meer hätten einander angezogen, wobei mein hölzernes Kunstwerk in der Art eines Lockvogels gewirkt haben konnte. Sirenen treiben, man weiß es, mit Hilfe der unwiderstehlichen Angel ihres Gesanges Menschenraub. Und Menschen waren plötzlich in diesen entlegenen ozeanischen Gebieten aufgetaucht. Da hing ein Halbwesen bei den Menschen, und sie wurden anscheinend von ihm beherrscht. Von diesem verwandten Halbwesen bekam vielleicht eine jüngere, wilde, freie Sirene Witterung. Und sofort auch ergriff sie naturhaft ein Drang, die leckere Beute ihr abzujagen.

Oder trieb das Meerweib vielleicht ebenderselbe Vorwitz, ebendieselbe Neugier, welche die lebende Chimaera unseligen Angedenkens aus ihrem angeborenen Element unter Menschen getrieben hatte? Wollte sie eine Lust genießen, die sie nicht kannte, da sie vielleicht niemals einen Menschen umarmt, erstickt und sein Blut getrunken hatte? Wußte sie, wie der Mensch, der seine Liebesbeute ergreift, Hunger und Liebe auseinanderhält? Und wollte sie, von einem dunklen Erlösungsgedanken betört, sich an Menschen belehren? Nach dem, was ich kurz darauf entdeckte, falls es mit ihr zusammenhing, hätte sie diesen Gedanken nicht gefaßt. Über irgend etwas, das im Wasser schwamm, flatterten, sich balgend, die Seevögel. Ich stieg ins Boot, von einer Ahnung bewogen, die, ich weiß nicht wie, in mich kam.

Diese Ahnung trog mich keineswegs. Ich fand wirklich die schwimmende Leiche Sarrazins mit durchgebissener Kehle und auch sonst weidlich mitgenommen und aufgeschlitzt. Ich war froh, wieder aus seiner Nähe zu sein und, wie die Parsen, ihn den Geiern überlassen zu können. Fraß und Liebe, Liebe und Fraß, raunte mir eine Satansstimme bei der Rückfahrt immerwährend ins Ohr. Fraß und Liebe, Liebe und Fraß, aber mehr noch Fraß als Liebe. Fraß, Fraß und wiederum Fraß.«

Als Cardenio dies sagte, hatte er seine höllische Gravität und, sagen wir, seine infernalisch-skurrile Majestät reichlich wiedergewonnen. Seine Erwähnung vom Ende des Kochs, an sich überaus widerlich, erhob sich damit einigermaßen ins Gräßliche. Jetzt aber brach er in ein widerstandsloses, schadenfrohes und häßliches Gelächter aus, das ihn am Sprechen hinderte. Schließlich krächzte er diese Worte hervor: »Der Lumpenhund hat seinen Lohn erhalten.«

Er schneuzte sich, er beruhigte sich, goß Wein hinunter und fuhr dann fort:

»Ich bitte nun, liebe Lichtstümpfe, um eure ganz besondere Aufmerksamkeit. Ich bitte um mehr, denn der Teil meiner Beichte, in den ich nun eintrete, stellt an euren Glauben sowie an euren Respekt vor dem Geist höherer Wahrheit die bisher stärkste Anforderung. Meinethalben will ich euch träumen machen. Wirklichkeit oder Traum sind Worte, die man ohne Schaden für beide vertauschen kann. Der Vergänglichkeit unterliegen beide. Ich führ' euch also in ein Gebiet der Wahrheit und Unbegreiflichkeit. Das sind ja freilich die beiden Augen, welche überall die Natur auf uns richtet: Wahrheit und Unbegreiflichkeit.

Gleich nachdem ich Chimaeras, des Holzbildes, mystisch-ätherische Umarmung genossen hatte, zog in mich eine neue Unruhe, ja eine Regung der Reue ein, als ob ich jemand untreu geworden wäre. Der Sirenengesang, den der Koch und ich gehört hatten, hatte ihm eine tödliche Wunde, mir eine tiefe Qual uneingestandener leidenschaftlicher Sehnsucht zurückgelassen. Sie verließ mich nicht einen Augenblick. So wollte auch ich sie nicht von mir lassen. Mit der eifersüchtigen Angst, sie irgendwie abzuschwächen oder gar einzubüßen, pflegte ich sie. Ein Nichts, eine Unsichtbarkeit, einen fast wesenlosen Gegenstand behandelte ich, als ob es mein höchster und liebster Besitz wäre. Nun aber, ich hatte Verrat geübt, meine Reue wuchs, meine Selbstvorwürfe steigerten sich. Ich fühlte ein dunkles, verzweifeltes Wesen in mir zunehmen, ein Nicht-aus-und-ein-Wissen kam in mir auf. Es war das gefürchtete Ziel, wo sich Einsamkeit wie ein Fels auf den hoffnunglos Gescheiterten legt, ihn erstickt oder ihm eine letzte Flucht erlaubt, besinnungslos in den Rachen des Todes.

Das Ende Sarrazins wirkte ernüchternd und machte mich nachdenklich. Zugleich wurde ich auf gewisse Erscheinungen meiner durchseelten Körperlichkeit aufmerksam: es konnten Übertragungen von beruhigenden Gedanken sein, da sie in dieser Richtung sich merklich auswirkten. In Wahrheit würde ich sie als sanfte elektrische Schläge bezeichnen. Man hat mir erzählt, daß Schiffe, die ohne Bemannung sind, vom Lande aus durch elektrische Ströme gelenkt werden können. Eine ähnliche Lenkung fand, kurz gesagt, bei mir statt. Irgend etwas wirkte auf mich aus der Ferne in einem Sinn, der mir Vertrauen gab und der mich in stille Ergebung einlullte. Doch ich möchte diese Art der Ergebung anders bezeichnen: sie war still, aber mehr noch erwartungsvoll. Erwartungsvoller und gespannter, als je die eines Kindes am Schlüsselloch hinter der Tür einer Weihnachtsstube gewesen ist. Und sie war überdies feierlich, als ob mir der Einblick in die Welt eines anderen Planeten bevorstünde.

Währenddessen handelte ich wie ein Nachtwandler. Ich ruderte oder ruderte nicht, jedenfalls hatte ich wieder das Boot bestiegen und schwamm damit gegen die Walroßbucht, wo die lärmenden Tiere bei meinem Nahen stumm wurden. Bald befand ich mich unweit des Felsentors, das Sarrazins Augen Woche um Woche nicht loslassen wollten. Was ich, hindurchgelangt, finden würde, wußte ich und wußte ich nicht. Die Einfahrt geschah, als eine Flutwelle sich eben puffend zerschlagen hatte.

Nun, meine Lieben, wenn ich die Blaue Grotte von Capri nenne – gewiß ein himmlisches Wunder –, sie reicht nicht im entferntesten hin, euch einen Begriff von der meinen zu geben. Ich glitt geradezu auf einem leuchtend blauen unendlichen Himmel hin, auf dem ich mich anfänglich ganz allein fühlte.

Allmählich drängte sich mir ein Vorgang im kristallklaren Wasser auf, wo ein Wesen, gleich wie versilbert oder aus Silber, hin und wider schoß, sich im Kreise bewegte und schließlich hoch in die Luft aus dem Wasser fuhr, sich überschlagend zurückklatschte auf den Wasserspiegel und dann verschwand. Dabei sah ich genug, um jeden Zweifel an der Tatsache zu verlieren, daß ich ein Einzelwesen jener gleicherweise behaupteten und geleugneten Spezies lungen- und kiemenatmender Fischmenschen, nämlich ein Meerweib, vor mir gehabt hatte.

Ich hatte sie mit den Augen verfolgt, bis sie in die Tiefe entschwunden war, als sich plötzlich etwas blitzschnell, triefend und Wasser um sich sprühend, über dem Bug aufrichtete. Es war wieder die eben entschwundene Seejungfer. Beide Arme stemmte sie auf die Spitze des Bootes mit einem wilden, halb katzenartigen, halb zwitschernden Schrei, dessen gefährliche Forderung und Deutung mir das Blut in den Adern gefrieren machte. Dieser herrliche ozeanische Dämon in Weibsgestalt, über dessen Scheitel, Stirn, Antlitz, Schultern und Brüste Wasser einen Augenblick in Strömen schoß, erwies sich mir sogleich von der Art, daß, was Mensch heißt, nur im guten mit ihm anbinden konnte. Die furchtbar rätselhaft entfesselte, gnadenlose Allgrausamkeit der See sprach aus ihm. Konnte dieses Geschöpf jene Sängerin gewesen sein, die meine und meines Leidensgenossen Sinne verwirrt hatte? Viel eher schon jenes Raubtier, dem der Koch zum Opfer gefallen war.

Ob nun aber dieser Elementargeist das gleiche Wesen wie

die Sängerin sein mochte oder nicht, jedenfalls war er die Meerfrau aus meinem Zeißglas. Das bewies mir ihr Lachen, das ich wiedererkannte, von dem jetzt ohrenbetäubend die Grotte erscholl und Höhlung auf Höhlung, in die Tiefe des Berges sich fortsetzend, echote.

Da gestand ich mir freilich, daß ihr in der Nähe begegnen zu wollen arger Fürwitz war. Stand ich ihr aber nun einmal wie jetzt gegenüber, mußte ich der Lage gewachsen sein.

›Du wohnst in dieser Höhle?‹ begann ich und log sogleich weiter: ›Das wußte ich nicht. Habe ich unwissentlich gesündigt und bin in deinen geheiligten Bezirk eingedrungen, so sage mir, welche Sühne ich dafür geben kann. Ich werde sie willig und treulich bezahlen.‹

Ich fuhr fort: ›Wahrscheinlich verstehst du indes meine Sprache nicht und siehst im Menschen hassenswerte erbärmliche Wesen, Sterbliche, die schon im Leben hinsterben, worin ich mit dir einig bin. Du dagegen bist von der Gottheit selbst mit der Natur im Feuer gezeugt worden, im Blitz und Donner, der den Schoß der Erde selber mit dir befruchtet hat.‹

Ich sagte noch viel, ich weiß nicht, wer mir die Überfülle fremder berauschender Worte in den Mund gelegt, mit denen ich sie überschüttete.

Nachdem sie mehrmals ähnlich einem einfachen Kinde der Natur verlegen gelacht hatte, nahm ihr Aufmerken sichtlich zu, das wilde Übermenschliche trat zurück, und ein schamhaftes Rot übergoß ein mädchenhaft süßes Gesicht, als ich die bestimmte Erklärung ablegte, wie ich niemals unter Menschen und nirgend in allen Ländern der Welt ein Weib, ein Mädchen gesehen hätte, an Schönheit auch nur von ferne der ihren gleich.

Jetzt trat eine seltsame, durchaus nicht erwartete Wendung ein. Die Kraft entwich diesen schönen gestemmten Armen, diesem schönen Haupt, diesen blanken Hüften und Brüsten, die dem Traume eines griechischen Meisters an Fülle und Adel entsprossen schienen, und langsam, langsam ließ sich das wundervolle Geschöpf, wie um seine Erschütterung zu verbergen, unter die Wasserfläche hinab.

Als ich aber gegen den Ausgang zurückruderte, stieg sie dicht vor dem Boote wieder auf und stieß es mit großer Gewalt zurück. Zwar bestand der Liebreiz ihres Gesichts noch, aber Farbe und Ausdruck des Zornes hatten von ihm Besitz ergriffen.

Irgendein Mittel, sich der Gewalt eines solchen Wesens zu entziehen, gab es für Menschen nicht. Ich konnte mich eben nur Gott befehlen, wie ich, ein Häufchen Unglück, in meinem Boote saß. Ob diese gewalttätige Nereide meine Worte verstanden, ob sie selbst und in welcher Sprache reden konnte, wußte ich nicht. Als habe sie durchaus keine Eile, hatte sie ihr rastloses Hin und Her unter und über dem Blau der Wasserfläche wiederum aufgenommen. Diese Bewegung verglich ich mit einem Tanz: sie schien mir eine Art Selbstgenuß.

Ich fuhr nun, da ich nichts anderes zu tun hatte, damit fort, mir die Merkmale dieses Meerwunders einzuprägen. Fischschuppen, wie ich am Anfang glaubte, hatten die schlangenhaft schönen Beine mit den starken Endflossen nicht. Ihre glatte Haut, rot punktiert, war bräunlich grau und erinnerte an die der Forelle. Schnell und diesem kleinen Raubfische ebenfalls verwandt war die Art, mit der sie Bewegungen ausführte, im Technischen eine fast völlige

Unbegreiflichkeit. In etwas freilich ähnelte die Technik dem Kraul, dem modernen Schwimmen der beruflichen Sportsleute. Es war zu erkennen, wie die Schöne ihre Beine blitzartig bald von rechts nach links, bald umgekehrt umeinander ringelte. Es vollzog sich mit einer Schnelle, wie gesagt, daß der Vorgang für das menschliche Auge nur bei schärfstem Hinsehen deutlich wurde.

Der menschliche Teil des kraftvoll schönen Gebildes kündigte sich nahe unter der Teilungsstelle auf den Oberschenkeln an. Hier begann die zarteste Fleischfarbe, die an die Glasur gewisser großer Muscheln erinnerte. Dieses Rosenfarbene, Porzellanhafte dehnte sich über den ganzen vollen, ebenmäßigen weiblichen Körper aus, nur daß dieses porzellanhafte Kolorit von dem Auf und Nieder des Atmens und allen herrlichen Äußerungen wohlig sich genießender Kräfte belebt wurde.

Ich merkte wohl, daß mich die Nereide nicht, wie sie eine Zeitlang glauben machen wollte, vergessen hatte. Zum erstenmal wurde mein banges Warten in eine hoffnungsvolle Freude verkehrt, als sie, auf dem Rücken schwimmend, in einem Bogen aus dem Wasser schoß und, wirklich wie eine Kuhmagd lachend, wiederum auf das Wasser platschte, wo sie, wie von einem Spaß geschüttelt, mich wunderlicherweise ins Innere ihrer Mundhöhle sehen ließ. Es war das gleiche rosenfarbene Porzellan, in das ich hineinblickte, über Zahnreihen, die mir durch die Perlenhaftigkeit des köstlichen Materials unvergeßlich sind. Da begriff ich zuerst die kindhafte Unschuld dieses Naturwesens, ihre Drolerie, ihre kaum zu bändigende Lustigkeit und wagte es, ihm mit einer gewissen pantomimischen Übertreibung meine Bewunderung auszudrücken.

Da schwamm es nahe ans Boot heran und legte, wie um seine Huldigung zu empfangen, seine rosenfarbene Hand auf die Bordkante.

Da ich nun mehr und mehr das menschliche Weib mit allen seinen Eigenschaften in der Nereide zu spüren glaubte, hielt ich einen Handkuß für angebracht. Wer weiß aber, ob ich noch lebte, wenn ich nicht erst mit meiner Hand, und zwar auf die zarteste Weise, die ihre berührt hätte. Ich wurde nämlich sogleich, von einem elektrischen Schlage betäubt, ins Boot gestreckt. Hätte mein Mund dagegen die Hand der Nereide berührt, derselbe Schlag würde mein Gehirn zerstört haben. Ihr tolles Lachen, wie über einen gelungenen Streich, begleitete mich ins Unbewußte.

Bevor ich nach allerhand Träumen von Paradiesen auf dem Meeresgrund wieder ganz zu mir kam, war mein Gedanke: dieses junge Meerweib ist, ähnlich wie die Menschen im Besitz von Kräften, die es selbst nicht kennt. Ohne Wissen und Wollen hätte es mich beinahe umgebracht. Auch der Mensch hat die Kraft zu töten, aber die, Getötetes wiederzuerwecken, hat er nicht – man müßte denn Zeugung für eine solche Kraft nehmen. Und sei es auch ein Halbgott, der im Wasser lebt, die Südsee bewohnt und sich mit überlegener Macht allem Terror im Innern der Sintflutgewässer gewachsen zeigt und übrigens dem Menschen weit, weit überlegen ist: er kann ebensowenig wie dieser vom Tode erwecken. Dies nahm ich mir vor, ihr deutlich zu machen.

Als ich aber die Augen öffnete, hing ein tiefbesorgtes süßes Mädchengesicht dicht über mir. Wasser und blondes schweres Haar troffen zugleich auf mich nieder. Der Ausdruck des ovalen Gesichtes schien einem klugen Kinde von kaum vierzehn Jahren anzugehören, der zu heftigem Atmen geöffnete Mund verriet sowohl Spannung als Sorge. Nur das Auge schien ohne Alter und vielleicht deshalb ohne Seele zu sein. Und gerade durch die Unergründlichkeit seiner grünen Tiefe wurde der Eindruck von etwas wie göttlicher Blindheit erzeugt.

So erkannte sie auch nicht sogleich, daß ich die Augen geöffnet hatte. Oder hatte ich nur gezwinkert und so schon gesehen, was zu sehen war? Wie immer, ich fand jedenfalls für gut, noch eine Weile den Schlaf zu heucheln und wieder das Meerweib zu beobachten.

Hatte sie eigentlich einen Fischgeruch? Nein. Der Oberkörper, der allein ja mir nahe war, als sie, mit vollgerundeten Brüsten mich fast berührend, über mir hing, war ohne Arom, wie Elfenbein. Bei den Dauerbädern im salzigwarmen Äquatorialwasser konnte das wohl nicht anders sein. Daß sie beiläufig Fische oder andere Meertiere griff, das Beste mit schnellem Biß verschlang, das übrige aber von sich warf, glaubte ich unter und über dem Wasser erkannt zu haben.

Nach kurzem Erwachen muß ich wieder in Bewußtlosigkeit verfallen sein. Als ich abermals erwachte, lag ich noch immer im Boot, seltsamerweise im freien Meer und unweit des Strandes vor Anker, ebendort, wo es nach dem Schiffbruch zuerst gelandet war.

Es war kurz vor Nacht, doch noch heller Tag. In den Tropen vollzieht sich bekanntlich der Übergang in die Nacht ohne Dämmerung. Mich beherrschte eine nicht unangenehme, nie gefühlte schwere Müdigkeit, der ich, ins Innere der Hütte gelangt, ohne weiteres nachgeben mußte. Wie lange ich schlief und auch sonst geschlafen habe, konnte ich, nunmehr allein auf der Insel, nicht feststellen. Immerhin mochte es eine Spanne von mehreren Tagen gewesen sein.

Liebe Freunde, seltsam genug: wir können uns selber die Wahrheit von etwas gestern Erlebtem nur mit Hilfe von vielerlei Zeugen beweisen. Eine gestrige Wirklichkeit ist ein heutiger Traum. Aber irgendwie wissen wir doch den wirklichen Traum der Nacht von der Wirklichkeit zu unterscheiden, wenn dies auch ebenso nur noch im Wachtraum vorhanden ist. Nein! Ich hatte das Höhlenerlebnis durchaus nicht geträumt, ich wußte vielmehr, und das Wissen saß mir im Blut, daß mir vielleicht als einzigem unter lebenden Menschen eine ungeheure Offenbarung zuteil geworden war. Aber, das war meine nächste Erkenntnis, die wie ein Richtspruch über mir lag: ich bin des Todes, wenn das Tor in dies andre Reich sich fortan nicht mehr öffnet.

Etwas jedoch, das diese Befürchtung zunichte gemacht hätte, ereignete sich in den ersten Tagen nicht. Dennoch ging ich meistens trällernd wie in Ahnung eines kommenden Glücks herum, eines Glücks allerdings, dessen besondere Art und Möglichkeit ich mir nicht vorstellen konnte. Mein Zustand ähnelte dem eines Nachtwandlers. Statt des Mondes schien bei mir wiederum jene leitende Fernwirkung tätig zu sein, von der ich schon einmal gesprochen habe. Sie bewog mich unter anderm dazu, den Bau einer zweiten Hütte an einer schöneren und versteckteren Stelle weiter vom Strand zu beginnen.

Wie gesagt, ging ich meistens trällernd und Liedchen summend umher, schwang auf ebendie Weise die Axt und trug, emsig wie ein Vogel zu Nest, allerlei Baumaterial zusammen. Trotzdem ist nicht erschöpfend, was ich von einem erwarteten Glück gesagt habe. Es war eher ein unvermeidliches Schicksal als ein Glück. Wie sollte ein klägliches Männchen, wenn es nicht flugs endete wie der Koch Sarrazin, und bei den nur menschlichen Maßen seiner Geistigkeit, dem Einbruch dieser entschleierten, dieser allseitig grundlosen neuen Erscheinungs-, Gefühls- und Gedankenwelt gewachsen sein?

Nun, mochte ich auch ein Opfer sein: jeder Rückblick auf die ja sowieso verlassene Menschenwelt erregte mir Gefühle der Erniedrigung. Ich konnte nie mehr dahin zurückkehren, bin nie mehr dahin zurückgekehrt. Der Mensch war mir fremder als eine Ameise, aber diese mir nicht so widerlich. Daß er den ganzen Planeten bekrochen hat, schlimm genug, dachte ich. Was schiert mich das. Er ist deshalb weder innerlich besser noch größer geworden. Er verehrt einen Gott und ergeht sich vor ihm in Demütigung. Das ist eine Form von Größenwahn, die das Universum vor Lachen sprengen könnte. Ich will kein Mensch sein und wollte kein Mensch sein, aus diesem und jenem und jedem Grund. Denn: ich kannte, im feurigen Hauch des Infernos gebadet, nicht himmlische, sondern höllische Seligkeit.

Es gibt kein Wort – auch das Wort tollkühn ist unzulänglich –, das die Summe meines Bewußtseins erschöpfend bezeichnen könnte. Was ist selbst der große Verbrecher anderes als ein kleiner, unappetitlicher menschlicher Wicht – aber meine Chimaera, meine Seekatze, fürchtete ich. Es kam so weit, daß ich in der Bark nicht mehr nächtigen mochte.

Es war in einer schlaflosen Nacht, als ein finstrer Gedanke über mich Herr wurde. Ich wollte die Seekatze aus der Welt schaffen. Sie erregte mir mehr und mehr nicht nur Furcht, da sie doch ein lemurisches Wesen war, dessen Machtkreis ich nicht überblicken konnte, sondern ich schämte mich geradezu, und besonders im Hinblick auf Kommendes, meiner Abhängigkeit, meiner Hörigkeit. Schließlich war sie ja doch ein Halbwesen, das in seinem vampirischen Liebeskuß mir Leichengift infizieren und Ärgeres als den Tod, das qualvolle Siechtum mitteilen konnte. Das Höhlenerlebnis hatte mir gezeigt, was Gesundheit ist, von der ich den rechten Begriff seit Chimaeras Eintritt in mein Leben denn doch wohl verloren hatte. Und außerdem, spürte ich deutlich, bildete die verwünschte Holzpuppe auf dem Wege zu dem Neuen, das mich nicht mehr loslassen wollte, das Hindernis. Mir war, als bestünde zwischen ihr und dem Lebensraume der Seejungfer eine Verständigung und als habe sie Macht, Wesen ihrer und ähnlicher Art in Furcht zu versetzen und fernzuhalten.

Wie ein Nachtwandler stand ich auf, trug allerlei brennbare Dinge zusammen, bis ein stattlicher Scheiterhaufen zustande gekommen war, und wollte eben Feuer anlegen, als mir wieder der gräßliche Schrei Chimaeras ›Ich will kein Mensch sein!‹ von der Bark her ins Ohr gellte. Er brachte mich zu mir selber und lähmte mich.

Ich konnte nicht zweifeln, daß sie vermöge ihrer übermenschlichen Sinne meine Absicht, ein Autodafé mit ihr als Opfer zu veranstalten, erkannt hatte und daß diese in ihren Augen alles überbietende menschliche Niedertracht, deren Erfinder der eigene Gatte war, ihrer Brust diesen abermaligen Ruf des Abscheus entriß. Ich ging also in mich und schlich erst wie ein verprügelter Hund zurück in die neue Schutzhütte, als ich den Scheiterhaufen mit Sorgfalt zerstreut und so die Spuren meiner verbrecherischen Absicht, deren ich mich jetzt schämte, verwischt hatte.

In der neuen Schutzhütte aber waren andere, in euren Augen nicht minder sinnlose Vorbereitungen im Gang. Ich hatte aus angeschwemmten Holz und Seegras eine weiträumige Laube mit Eifer und hübschem Gelingen errichtet und ihren Boden mit einer hohen Schicht ebenfalls von trockenem Seegras bedeckt. Das Ganze glich einer Polsterung, besonders als ich eines der geretteten Segel von meiner untergegangenen Bark darüber gespannt hatte. Warum ich ein solches Lager machte, scheint euch rätselhaft. Ich hätte es ebensowenig erklären können. Nein! Ich will bei der Wahrheit bleiben, liebe Lichtstümpfe: es hatte sich eine ganz bestimmte Erwartung in mir festgesetzt.

Ich war ein anderer, ein ganz andrer als der erste Robinson. Meine Ernährung war nicht schwer. Es gab Kaktusfeigen in Hülle und Fülle. Die zahmen Vögel ließ ich in Ruhe, sonst hätte ich Krammetsvögel für meinen Tisch mehr als genug gehabt. Nach Fischen brachte man nur zu greifen oder die Tümpel auszuheben, in die sie geraten waren.

Am Strande gaben mir verendete Robben Tran, so daß ich mit Hilfe von einigen Stoffresten immer Licht haben konnte. Eine Muschel voll Öl mit einem Docht hatte ich an der Decke der neuen Laube wie ein Nachtlicht oder eine Ampel aufgehängt.

Tage vergingen, und ich geriet tiefer und tiefer in die Umklammerung der Einsamkeit. Ich empfand sie jedoch nicht als etwas Quälendes, sondern als meinen höchsten Besitz. Mütter, die ein geliebtes Kind verloren haben, klammern sich an den wilden, herzzerreißenden Schmerz, der ihnen statt des Lieblings geblieben ist, und verteidigen dieses kostbare Gut wie Löwinnen gegen jeden und alles, was es ihnen nehmen zu wollen scheint. Aber ich, wie ihr ahnen werdet, liebte die Einsamkeit nicht nur, weil es mir Genuß bereitete, mich in sie zu verwühlen, sondern sie gab mir die Möglichkeit, meinem Höhlenerlebnis und der damit verbundenen Furcht und Hoffnung ohne Störung nachzuhängen. Das Schlimmste aber, von den möglichen Rapporten Chimaeras abgesehen, war für mich nunmehr der Gedanke, der früher die mit Sehnsucht erwartete Befreiung aus aller Not bedeutet hätte, es könne ein Schiff die Insel anlaufen.

Mitunter steigerte sich diese Furcht ins Alpdruckartige, wo ich dann mit einer der früheren ganz entgegengesetzten Empfindung den Horizont absuchte. Wut und Verzweiflung fielen mich bei dem Gedanken an, daß plump-brutales Menschenwort die Fülle meiner Gesichte verjagen und mich in das banale Dasein zivilisierter Menschheit zurückreißen könnte. Mit jedem Tag vermehrte sich der Reichtum meiner Einsamkeit. Er stieg am Ende ins Ungeahnte. Die persönlichen Grenzen weiteten sich und löschten endlich völlig aus, wodurch dann, ich möchte sagen, das Universum in mich eindringen konnte. Ein süßes Gefühl des Unbeengten, des Befreiten, ja gänzlich Freien beseligte mich, ein geradezu schöpferisches, übermenschliches, göttliches Freiheitsgefühl, das alles erlaubte, alles besaß oder doch geschenkt erhielt, sich mit allem verband, alles Erträumte wahr machte, alle Wünsche bejahte, aber doch, gleichsam ohne Leitung, geleitet wurde. Manchmal ließ mich ein höheres Sein völlig vergessen, wer ich, daß ich und wo ich war. Es war Selbstgenuß, es war Allgenuß, welchem mein ganzes Wesen frönte.«

Bis hierher gelangt, stockte Cardenio. Eine Zeitlang war es, als ob er sich und uns alle vergessen habe. Dabei ruhte sein Blick auf der Galionsfigur, die er fragend und nachdenklich anstarrte. Wir wußten nicht, welche Wendung das schließlich nehmen würde, und verhielten uns still, selbst das Räuspern vermieden wir, als ob unser Leben davon abhinge.

Als dies eine Weile gedauert hatte, streckte Cardenio seine Linke aus, ergriff seinen Radmantel, der ihm im Eifer der Erzählung entsunken war, näherte sich der Holzfigur und warf ihr das braune Kleidungsstück über den Kopf. Er tat es mit seltsamen Gesten der Sorgfalt und List, als ob er ein Tier mit dem Lasso einfangen wollte. »So«, sagte er dann, »so ist es recht. So habe ich es damals mit ihr gemacht, als das geschah, was ich jetzt erzählen möchte. Und nicht einmal erzählen könnte ich es in ihrer freien Gegenwart.

Und doch ist es nur ein Traum.

Ich hatte mich das erstemal auf meiner großen Seegrasmatratze ausgestreckt, einigermaßen feierlich, denn es war kein gewöhnliches Ruhelager. Das Ölflämmchen knisterte über mir. Kaum daß ich den Blick darauf richtete, überfiel mich auch schon der Schlaf; denn wirklich, ich schlief, wie ich heute weiß, obgleich ich es damals nicht empfand, weil meine Umgebung sich zunächst nicht veränderte. Es war ebendie Laube, die ich mir gebaut hatte, das Seegras mit der Segelbedeckung unter mir.

Da plötzlich lag irgend jemand neben mir, ein Wesen, ein Mädchen, ein junges Kind, das ich wohl beschreiben möchte, wenn ich auch nicht mehr hoffen oder erstreben kann, als euch nur ganz obenhin ein Bild zu geben.

Was zuvörderst das Blut betraf, so schien diese Fremde nur wenig in sich zu haben. Eine Haut wie die ihre ist von der größten Seltenheit. Am ehesten ließe sie sich mit einem grauen, abgeschliffenen Gestein, etwa Travertin, vergleichen: schwach bläulich, mit Flecken, als wären vergilbte Blätter darauf gefallen. Dies alles, mochte es immerhin etwas Lemurisches an sich haben und an Herbst, Tod und Gruft erinnern, war von einem magnetischen Reiz. Schien der zarte, ein wenig schlaffe Körper, den ein dünnes gegürtetes Hemd nur wenig verhüllte, innen ohne Wärme zu sein, so widersprach dem die Kohlenglut zweier Augen, wie ich deren nie zuvor und nachher je wieder erblickt habe.

Diese Fremde, die einer andern in keiner Weise glich, war doch, wie ich sicher wußte, die andre. Und hätte ich es nicht sogleich gefühlt, würden es mir ihre Worte verraten haben. ›Dies ist die erste‹, flüsterte sie mir heiß ins Ohr, ›von drei Nächten, die uns bewilligt sind. Dann trennen wir uns für ewige Zeiten.‹

Ich sage nicht, wie die Nacht bis zum Morgen verging. Zuletzt zerging mir das Bild in den Armen. Mir blieb noch im Wachen lange das süße Gefühl seiner vollen Körperlichkeit. Das ganze Erlebnis war ein Mysterium, das mich auf und ab im Bewußtlos-Bewußten körperlich-entkörpert umherbewegte. Der Bewegung, die an ein Getragensein von lauen Wasserwogens erinnern mochte, antwortete von meiner Seite eine letzte Hingegebenheit. Es sei genug! Es wäre Torheit, Worte in einer Sprache zu verschwenden, die unaussprechlich ist.

Nur eines meinethalben erwähne ich noch: den unfaßbar seligen Rausch der Farben, in den ich versunken war. Die

Segelbespannung, auf der wir lagen, hatte sich mit Sternen bestickt, man sah zwischen ihnen hindurch in blauschwarze Abgründe. Über uns wölbte sich wechselnd schwefliches Gelb, Grünspangrün, blutiger Purpur, feuriges Ziegelrot. Farben in ungeahnten brennenden Mischungen.

Vom Körper Astliks aber, so hatte sich der Dämon genannt, gingen durchsichtig silberne Strähnen von Phosphor aus, die meine trunkenen Handflächen selbstleuchtend und gleichsam durchsichtig machten.

Dies war ein Traum und war kein Traum. Als ich erwacht war, wollte ich nichts mehr vom Wachen wissen und beschloß, kein Glied zu rühren bis zu Astliks Wiederkehr.«

Unschwer zu sehen, was dieses Erlebnis für den Erzähler bedeutete. Er rang nach Atem. Es überkam ihn zum erstenmal eine gefährliche Atemnot, die uns um sein Leben besorgt machte, aber er konnte sie überwinden und fortfahren:

»Alles ist nichts, was ich seit diesem Traum erlebt habe, als die wilde und freie Meerfrau zu mir kam und sich in süßer Demut mir hinschenkte. Schon in der zweiten und dann in der dritten Nacht rückte sie ferner und ferner von mir, nicht mehr fähig zur letzten und ganzen Hingabe.

Ich rief mir zurück, was der Bote aus jener Welt, wo Hölle und Himmel verschmelzen, mir alles zuraunte. Er schilderte mir die heiligen Tiefen des Ozeans mit ihren Elementen, lieblichen Tälern, Hügeln, Felsengebirgen und Bergspitzen, sprach von den freien unendlichen Wonnen, deren die Kinder jener Bereiche zu genießen gewürdigt sind.

›Wir wissen‹, sagte er, ›nichts von Müdigkeit und bewegen uns mühelos über die Tiefen der Abgründe, über alle Gipfel hinaus. Fast ist die Oberfläche des Wassermeeres das Gebiet unserer höchsten Seligkeit, während ihr die des Luftmeeres nicht kennt. Alles Getier der kristallenen Höhen und Tiefen ist uns göttlichen Töchtern und Söhnen des Meeres untertan. Wir bedienen uns seiner im freien Spiel. Der Wal, das Walroß, die großen und kleinen Raubfische müssen uns auf Wink gehorsam sein. Ich nenne dir nur, ohne ihn dir beschreiben zu können, unsern Vater, der zugleich unser allgewaltiger Herrscher ist. Er ist die Freude und auch der Schrecken des Meeres, durch sich selbst und uns, seine Kinder. Wir sind ein unbändiges, wassergewaltiges Göttervolk. Wehe, wenn einmal die Wut uns packt und Nacht und Grauen um uns verbreitet! Wir winken den Stürmen und drehen mit unseren Fingern die Windhosen. Tornados, Taifune peitschen wir auf. Dabei reiten wir wilde, weißschäumende Rosse und Stiere, deren fliegende Mähnen den Schiffen Tod bringen. Und sieh: alles dieses gebe ich auf. Die unendliche Kraft, das unendliche Leuchten des blühenden Wassers, wenn die Sonne des Frühlings es küßt. Der Vater hat mich all dessen entkleidet. Und ich habe es hingegeben für dich.‹

Ich behandle den Traum als Wirklichkeit. Damals habe ich das gelernt, und heute im Alter rechtfertigt es sich immer mehr. Mein ganzes Leben ist mir ja doch zum Traume geworden.

Laßt euch ein Intermezzo berichten, das sich zwischen Astliks erstem und zweitem Besuch eingeschoben hat. Sein trauriger Held ist noch einmal der Koch Sarrazin. Er verlegte sich törichterweise, um mir womöglich noch etwas am

Zeuge zu flicken, auf die Gepflogenheit der Klopfgeister. O du verblendeter Sarrazin, du Tierapostel und kleiner Schuft, der du gewesen bist! Du wolltest mit mir in Wettbewerb um den herrlichen Dämon treten? Was weiß ein Molch von Cardenio, von dem Manne, der innerlich mit der silbernen Rüstung des Ritters ohne Furcht und Tadel bekleidet ist und dessen Seele von ihren Strahlen schimmert?! Was weißt du von einem Adel, der sich nicht vor Göttern, geschweige vor Menschen zu bücken hat!

Ich sagte zu Astlik in der zweiten Nacht: ›Geh in dein Element zurück!‹ Sie gab zur Antwort: ›Nicht ohne dich!‹ – Ich muß gestehen, daß es mich kalt überrieselte bei dem scheinbar unabwendbaren Ernst, mit dem sie die Worte sprach. Damals, noch keineswegs vorbereitet auf den Tod, glaubte ich, daß sie mich eher töten als loslassen wolle. Da sie aber jeden meiner Gedanken las, als hätte ich ihn laut ausgesprochen, erklärte sie mir, daß mir in ihrem Element der Tod nach Ablauf vieler Tausende von Jahren einmal bevorstünde, aber nicht im Augenblick, vielmehr würde sich im Augenblick mein menschliches Leben ins Göttliche steigern und so auch meine Liebeslust.

Wie sie den Gott des Meeres nannte, ist gleichgültig. Geringer als die des Zeus kann seine Macht nicht gewesen sein, und übrigens war ja Zeus nicht nur mit der Aerosphäre und der Lithosphäre, sondern auch mit der Hydrosphäre vertraut, er wäre sonst wohl nicht als Stier mit der Europa auf dem Rücken durchs Meer geschwommen. Dieser Meeresvater, erklärte Astlik, habe ihre Sehnsucht gespürt und ihr von der Menschwerdung abgeraten: ›Siehe dir die Gekreuzigte an der Schutzhütte an! Du kannst nur verlieren, um schließlich in einer üblen, dämonischen Haut oder in einem Stück Holz unterzukriechen. Bei dir wäre Abstieg, was bei dem Menschen Aufstieg bedeuten würde.‹ Und der Meeresvatergott hatte sich bereit erklärt, mich in ein Meerwesen umzuwandeln, in ein Meeresroß, einen fischschwänzigen Stier, einen Triton oder was sonst mir erwünscht wäre. Oder aber, so hatte er sich verbessert, wie Astlik schalkhaft hinzusetzte, weniger wie mir, sondern wie es ihr, nämlich Astlik, genehm wäre.

Als dieser Vorschlag geschehen war, revierte ein großer Vogel um unsere Laubhütte, unser blättergepolstertes Liebesnest. Sein Schatten drang geradezu durch das Dach, und vom Wind seiner Flügel fing die Matratze, in die wir gewühlt waren, gleichsam zu tanzen an, wir waren von trockenen Halmen umstoben. Zugleich aber drang ein mefitischer Dunst herein, der an eine Moschusratte oder verwandtes Getier erinnern konnte. Wer es sein mochte, ahnte ich wohl und gedachte gebieterisch aufzutreten. Astliks Hand verschloß mir den Mund. ›Schweig!‹ hauchte sie, ›schweig! und so weit es dir möglich, denke auch nichts! Auch für die draußen liegen die Gedanken offen da, diese Fähigkeit hat sie zurückbehalten.‹

Mäuschenstill aneinandergedrückt, suchten wir Sprache und Denken zu unterdrücken und fuhren in diesem Bemühen fort, bis sich das Flatterwesen mit einem letzten Geschrille, erinnernd an das von Fledermäusen, entfernt hatte.

Aus einer niedrigen Sphäre in eine höhere aufzutauchen erfordert einen ebenso großen, vielleicht größeren Entschluß als unterzugehen. Ich faßte den Entschluß und sagte ja. Allsogleich schwamm ich als Triton im Meer und hatte

Astlik auf meinem Rücken. Oh, meine lieben, lieben Lichtstümpfe! Das waren Minuten, halbe Stunden, Ewigkeiten eines unaussprechlichen Lebensgefühls! Lust ist nicht Lust, nämlich, liebe Lichtstümpfe, was ihr so nennt. Es ist jämmerliche, kraftlose, schäbig zusammengefaßte Lust. Es sind Reste, es sind Neigen, sind Überbleibsel von Lust, verdorbener Abfall vom Tische der Götter. Umwogt und umstoben von einem nächtlich flutenden Himmel unter uns, wühlend im Abglanz der Milchstraße, fuhren wir im Schrei und Rausch toller Wassergemeinschaft dahin. Strähnen von Feuer, herrliches Meeresleuchten, flossen überall um uns hin, unsere Leiber wohlig umbuhlend, statt sie zu verbrennen. Ich hielt eine große Muschel am Mund, mit der ich, wenn ich Pausbacken machte, wie eine ganze Menagerie von Raubtieren brüllen konnte, wobei mir Astlik, die nun üppige, strotzende Astlik, deren Fischschwänze mich umschlossen, Beifall jauchzte und mir Rücken und Fischschwanz klopfte. Dieser war stark wie der Leib einer Seeschlange. Wenn ich das Wasser kraulend schlug, so brausten wir fort wie vom Bogen geschossen, und selbst die Delphine blieben zurück. Wir wälzten uns bald in Tiefen, bald auf der Oberfläche der Gewässer herum. Um uns wieherten selige Sirenenrosse. Mit jeder Umarmung steigerten sich die Kräfte von neuem, und schließlich war alles durch eine göttliche Gesundheit gekrönt, gegen die alle menschliche Krankheit ist.

›So‹, sagte Astlik. ›Dies war die Probe: entscheide nun! Morgen komm' ich, die Antwort holen.‹ Sie hatte mich, den wiederum Mensch Gewordenen, mit diesen Worten wie ihr Kind auf unsere Laubmatratze zurückgelegt.

Sollte man denken, daß ich nach allem Erlebten nicht sogleich den rechten Entschluß zu fassen vermochte? Es heißt, der Gefangene verliebt sich in seinen Kerker, wenn er lange genug darin festgehalten worden ist. Konnte ich dem menschlichen Resteressen, den Beengungen und Beängstigungen, den Sorgen, den Schmerzen, dem ganzen Hokuspokus menschlicher Geistigkeit und chaotischer Unzulänglichkeit nicht absagen? Wollte ich nicht zehntausend Jahre weiterleben in göttlich-seligem Saus und Braus? Was mich zunächst daran hinderte, weiß ich nicht. Bald aber bin ich, sozusagen mit Pauken und Trompeten, zum rechten Entschluß durchgebrochen. Ade, ade! so sagte ich, auf Nimmerwiedersehen, o Menschenwelt! Zwar hatte Astlik mir erklärt, ich müßte die menschlichen Eierschalen noch einige Tausende von Jahren ins Göttliche mitschleppen, dann gebe mir der Dreibeherrscher von dreien Sphären, also Zeus oder wie er hieß, mit seinem Blitzstrahl den Götterschlag. Eine Wartezeit aber von der Art, wie ich sie doch eben genossen hatte, besaß naturgemäß keine Schrecken für mich. Nun, meine lieben Lichtstümpfe, wir sind Lichtstümpfe, unglückselige Halbwesen sind wir, weiter nichts. Das wahre Feuer der Erde kennen wir nicht, nicht die Lust, die sie hat und geben kann, freilich ebensowenig auch ihre Qual. Einmal bin ich aufgeflammt, brave Lichtstümpfe, und etwas dergleichen zu erleben, bin ich nahe daran.

Jetzt aber schreite ich fort zur Anklage.«

Mit den letzten Worten näherte sich Cardenio der verhängten Holzfigur, die er darauf feierlich abdeckte. Ich weiß nicht wieso, aber selbst meine Augen wollten erkennen, wie sich im bleichen Antlitz des zopfgekrönten Holzbildes ein leichter Schrecken zu erkennen gab. »Bevor ich herkam«, erörterte weiter Cardenio, »habe ich euch gebeten, genügend Holz in unseren Kamin zu tun, alles bis zum Anzünden fertigzumachen und besonders ein kleines Beil in die Nähe zu legen, da man es benötigen könne. Ihr habt gedacht, daß ich Fieber habe und frostig bin und deshalb wünschte, daß man dawider vorsorge.

Das ist ein Irrtum, es wird sich hier um mehr handeln.

Nämlich um Autodafé, eine Verbrennung, ein Strafgericht.«

Die Lichtstümpfe hatten in der Tat alles für ein großes Feuer in dem nach italienischer Art geräumigen Kamin zurechtgemacht, das sie auf Wink des Sprechers nun anzündeten. Dieser fuhr, als es brannte, fort:

»Als ich in der nächsten Nacht die Tochter des Meeres, die Nereide Astlik, erwartete, um mich auf immer ihr und ihrem Element anzuvertrauen, als ich in süßer Erwartung zitterte, legte sich plötzlich ein dunkles Etwas über mich und an meine Brust. Es war das Tier, der Vogel, das Flattergespenst, wie ich fühlte, das tags zuvor den Unterschlupf meiner Liebe umkreist hatte.

Von diesem allen ist zu sagen, daß er haarig, weich und wie mit hunderten Saugnäpfen saugend war, daß er mir seine stachelige Zunge in den Hals steckte, daß seine feuchte Nase Moschus um meine Augen blies und sein Rachen, in dem ich beinah stak, einen giftig betäubenden Atem ausströmte. Ich ward paralysiert. Ich sah dann noch, wie Astlik erschien, konnte mich aber weder rühren noch atmen noch sprechen. Ich war selber zu einem Stück Holz geworden.

Worauf ich mich dann mit dieser hier«, er wies auf die Galionsfigur, »in der Kabine eines Ozeandampfers wiederfand. Das war dein Werk, meine süße Chimaera, süße Seekatze«, wandte er sich wiederum an die Holzpuppe. »Und weil du mich nicht losließest, lasse ich nun auch dich nicht los! Du arme Patronin der Lichtstümpfe mußt mit mir durch den wahren großen Flammenschoß in die Ewigkeit. Vielleicht ist diese Strafe weniger als das, was sie wollte. Jedenfalls wird keiner von uns beiden von einem von uns mehr zu finden sein.«

Keiner der Lichtstümpfe sprach ein Wort, nur das Feuer knackte und knisterte. Man spürte, daß eine Art schauerliches Opfer gebracht werden sollte. Cardenio hatte Chimaera angefaßt und mit beiden Händen zum Feuer getragen. Vor dem Kamin ergriff er das Beil und zerkleinerte sie mit rasenden Schlägen zu Holzsplittern. So grausam erschien uns diese Tat, daß dem ersten Schlag ins Gesicht der Figur ein allgemeiner Aufschrei antwortete. Als Cardenio hierauf einen Augenblick innehielt, hörte man deutlich an die Wand pochen. Der schreckliche Opferpriester ward gelähmt davon. Daraufhin ging das Pochen um alle Wände hin.

»Schweig, verfluchter Hund!« rief Cardenio, und zu uns gewendet: »Es ist Sarrazin. Er haßt mich, er will nicht, daß ich frei werde. Doch ich werde frei, meine lieben Lichtstümpfe, sicherlich! Lebt wohl! Wir lösen uns auf in der Milchstraße!«

Darauf sank er auf einen Sessel, vornübergebeugt, und starrte unbewegt in die Flamme, bis der letzte Splitter verkohlt war, den er hineingeworfen hatte. Da ging eine Zuckung durch ihn hin, und auch er war, so schien es uns allen, zu Asche geworden.

Hermann Hesse

Eine Traumfolge

Mir schien, ich verweile schon eine Menge von unnützer dickflüssiger Zeit in dem lauen Salon, durch dessen Nordfenster der falsche See mit den unechten Fjorden blickte und wo nichts mich hielt und anzog als die Gegenwart der schönen, verdächtigen Dame, die ich für eine Sünderin hielt. Ihr Gesicht einmal richtig zu sehen, war mein unerfülltes Verlangen. Ihr Gesicht schwebte undeutlich zwischen dunklen, offenen Haaren und bestand einzig aus süßer Blässe, sonst war nichts vorhanden. Vielleicht waren die Augen dunkelbraun, ich fühlte Gründe in mir, das zu erwarten, aber dann paßten die Augen nicht zu dem Gesicht, das mein Blick aus der unbestimmten Blässe zu lesen wünschte und dessen Gestaltung ich bei mir in tiefen, unzugänglichen Erinnerungsgeschichten ruhen wußte.

Endlich geschah etwas. Die beiden jungen Männer traten ein. Sie begrüßten die Dame mit sehr guten Formen und wurden mir vorgestellt. Affen, dachte ich und zürnte mir selber, weil des einen rotbrauner Rock mit seinem hübsch koketten Sitz und Schnitt mich beschämte und neidisch machte. Scheußliches Gefühl des Neides gegen die Tadellosen, Ungenierten, Lächelnden! »Beherrsche dich!« rief ich mir leise zu. Die beiden jungen Leute griffen gleichgültig nach meiner dargereichten Hand – warum hatte ich sie hingeboten?! – und machten spöttische Gesichter.

Da spürte ich, daß etwas an mir nicht in Ordnung sei, und fühlte lästige Kälte an mir aufsteigen. Hinunterblickend sah ich mit Erbleichen, daß ich ohne Schuhe in bloßen Strümpfen stand. Immer wieder diese öden, kläglichen, dürftigen Hindernisse und Widerstände! Andern passierte es nie, daß sie nackt oder halbnackt in Salons vor dem Volk der Tadellosen und Unerbittlichen standen! Traurig suchte ich den linken Fuß wenigstens mit dem rechten zu decken, dabei fiel mein Blick durchs Fenster, und ich sah die steilen Seeufer blau und wild in falschen düsteren Tönen drohen, sie wollten dämonisch sein. Betrübt und hilfsbedürftig blickte ich die Fremden an, voll Haß gegen diese Leute und voll von größerem Haß gegen mich – es war nichts mit mir, es glückte mir nichts. Und warum fühlte ich mich für den dummen See verantwortlich? Ja, wenn ich es fühlte, dann war ich's auch. Flehentlich sah ich dem Rotbraunen ins Gesicht, seine Wangen glänzten gesund und zart gepflegt, und wußte doch so gut, daß ich mich unnütz preisgebe, daß er nicht zu rühren sei.

Eben jetzt bemerkte er meine Füße in den groben dunkelgrünen Strümpfen – ach, ich mußte noch froh sein, daß sie ohne Löcher waren – und lächelte häßlich. Er stieß seinen Kameraden an und zeigte auf meine Füße. Auch der andre grinste voller Spott.

»Sehen Sie doch den See!« rief ich und deutete durchs Fenster.

Der Rotbraune zuckte die Achseln, es fiel ihm nicht ein, sich nur gegen das Fenster zu wenden, und sagte zum andern etwas, das ich nur halb verstand, das aber auf mich gemünzt war und von Kerlen und Strümpfen handelte, die man in einem solchen Salon gar nicht dulden sollte. Dabei war ›Salon‹ für mich wieder so etwas wie in Bubenjahren, mit einem etwas schönen und etwas falschen Klang von Vornehmheit und Welt.

Nahe am Weinen bückte ich mich zu meinen Füßen hinab, ob da etwas zu bessern sei, und sah jetzt, daß ich aus weiten

Hausschuhen geglitten war; wenigstens lag ein sehr großer, weicher, dunkelroter Pantoffel hinter mir am Boden. Ich nahm ihn unschlüssig in die Hand, beim Absatz packend, noch ganz weinerlich. Er entglitt mir, ich erwischte ihn noch im Fallen – er war inzwischen noch größer geworden – und hielt ihn nun am vorderen Ende.

Dabei fühlte ich plötzlich, innig erlöst, den tiefen Wert des Pantoffels, der in meiner Hand ein wenig federte, vom schweren Absatz hinabgezogen. Herrlich, so ein roter schlapper Schuh, so weich und schwer! Versuchsweise schwang ich ihn ein wenig durch die Luft, es war köstlich und durchfloß mich mit Wonnen bis in die Haare. Eine Keule, ein Gummischlauch war nichts gegen meinen großen Schuh. Calziglione nannte ich ihn auf italienisch.

Als ich dem Rotbraunen einen ersten spielerischen Schlag mit dem Calziglione an den Kopf gab, sank der junge Tadellose schon taumelnd auf den Diwan, und die andern und das Zimmer und der schreckliche See verloren alle Macht über mich. Ich war groß und stark, ich war frei, und beim zweiten Schlag auf den Kopf des Rotbraunen war schon nichts mehr von Kampf, nichts mehr von schäbiger Notwehr in meinem Zuhauen, sondern lauter Jauchzen und befreite Herrenlaune. Auch haßte ich den erlegten Feind nicht im mindesten mehr, er war mir interessant, er war mir wertvoll und lieb, ich war ja sein Herr und Schöpfer. Denn jeder gute Schlag mit meiner welschen Schuhkeule formte diesen unreifen und affigen Kopf, schmiedete ihn, baute ihn, dichtete ihn, mit jedem formenden Hieb ward er angenehmer, wurde hübscher, feiner, wurde mein Geschöpf und Werk, das mich befriedigte und das ich liebte. Mit einem letzten zärtlichen Schmiedehieb trieb ich ihm den spitzen Hinterkopf gerade hinlänglich nach innen. Er war vollendet. Er dankte mir und streichelte mir die Hand. »Schon gut«, winkte ich. Er kreuzte die Hände vor der Brust und sagte schüchtern: »Ich heiße Paul.«

Wundervoll machtfrohe Gefühle dehnten meine Brust und dehnten den Raum von mir hinweg, das Zimmer – nichts mehr von ›Salon‹! – wich beschämt davon und verkroch sich nichtig; ich stand am See. Der See war schwarzblau, Stahlwolken drückten auf die finsteren Berge, in den Fjorden kochte dunkles Wasser schaumig auf, Föhnstöße irrten zwanghaft und ängstlich in Kreisen. Ich blickte empor und reckte die Hand aus zum Zeichen, daß der Sturm beginnen möge. Ein Blitz knallte hell und kalt aus der harten Bläue, senkrecht herab heulte ein warmer Orkan, am Himmel schoß graues Formengetümmel zerfließend in Marmoradern auseinander. Große runde Wogen stiegen angstvoll aus dem gepeitschten See, von ihren Rücken riß der Sturm Schaumbärte und klatschende Wasserfetzen und warf sie mir ins Gesicht. Die schwarz erstarrten Berge rissen Augen voll Entsetzen auf. Ihr Aneinanderkauern und Schweigen klang flehentlich.

In dem prachtvoll auf Gespenster-Riesenpferden jagenden Sturm klang neben mir eine schüchterne Stimme. Oh, ich hatte dich nicht vergessen, bleiche Frau im langschwarzen Haar. Ich neigte mich zu ihr, sie sprach kindlich – der See komme, man könne hier nicht sein. Noch schaute ich gerührt auf die sanfte Sünderin, ihr Gesicht war nichts als stille Blässe in breiter Haardämmerung, da schlug schon klatschendes Gewoge an meine Knie und schon an meine Brust, und die Sünderin schwankte wehrlos und still auf steigenden Wellen. Ich lachte ein wenig, legte den Arm um ihre Knie und hob sie zu mir empor. Auch dies war schön und befreiend, die Frau war seltsam leicht und klein, voll frischer Wärme und die Augen herzlich, vertrauensvoll und erschrocken, und ich sah, sie war gar keine Sünderin und keine ferne unklare Dame. Keine Sünden, kein Geheimnis; sie war einfach ein Kind.

Aus den Wellen trug ich sie über Felsen und durch den regenfinsteren, königlich trauernden Park, wohin der Sturm nicht reichte und wo aus gesenkten Kronen alter Bäume lauter sanftmenschliche Schönheit sprach, lauter Gedichte und Symphonien, Welt der holden Ahnungen und lieblich gezähmten Genüsse, gemalte liebenswerte Bäume von Corot und ländlich-holde Holzbläsermusik von Schubert, die mich mit flüchtig aufzuckendem Heimweh mild in ihre geliebten Tempel lockte. Doch umsonst, viel Stimmen hat die Welt, und für alles hat die Seele ihre Stunden und Augenblicke.

Weiß Gott, wie die Sünderin, die bleiche Frau, das Kind, ihren Abschied nahm und mir verlorenging. Es war eine Vortreppe aus Stein, es war ein Haustor, Dienerschaft war da, alles schwächlich und milchig wie hinter trübem Glase, und andres, noch wesenloser, noch trüber, Gestalten windhaft hingeweht, ein Ton von Tadel und Vorwurf gegen mich verleidete mir das Schattengestöber. Nichts blieb von ihm zurück als die Figur Paul, mein Freund und Sohn Paul, und in seinen Zügen zeigte und verbarg sich ein nicht mit Namen zu nennendes, dennoch unendlich wohlbekanntes Gesicht, ein Schulkameradengesicht, ein vorgeschichtlich sagenhaftes Kindermagdgesicht, genährt aus den guten nahrhaften Halberinnerungen fabelhafter erster Jahre.

Gutes, inniges Dunkel, warme Seelenwiege und verlorne Heimat tut sich auf, Zeit des ungestalteten Daseins, unentschlossene erste Wallung überm Quellgrund, unter dem die Ahnenvorzeit mit den Urwaldträumen schläft. Taste nur, Seele, irre nur, wühle blind im satten Bad schuldloser Dämmertriebe! Ich kenne dich, bange Seele, nichts ist dir notwendiger, nichts ist so sehr Speise, so sehr Trank und Schlaf für dich wie die Heimkehr zu deinen Anfängen. Da rauscht Welle um dich, und du bist Welle, Wald, und du bist Wald, es ist kein Außen und Innen mehr, du fliegst Vogel in Lüften, schwimmst Fisch im Meer, saugst Licht und bist Licht, kostest Dunkel und bist Dunkel. Wir wandern, Seele, wir schwimmen und fliegen und lächeln und knüpfen mit zarten Geistfingern die zerrissenen Fäden wieder an, tönen selig die zerstörten Schwingungen wieder aus. Wir suchen Gott nicht mehr. Wir sind Gott. Wir sind die Welt. Wir töten und sterben mit, wir schaffen und auferstehen mit unsern Träumen. Unser schönster Traum, der ist der blaue Himmel, unser schönster Traum, der ist das Meer, unser schönster Traum, der ist die sternhelle Nacht, und ist der Fisch, und ist der helle frohe Schall, und ist das helle frohe Licht – alles ist unser Traum, jedes ist unser schönster Traum. Eben sind wir gestorben und zu Erde geworden. Eben haben wir das Lachen erfunden. Eben haben wir ein Sternbild geordnet.

Stimmen tönen, und jede ist die Stimme der Mutter. Bäume rauschen, und jeder hat über unsrer Wiege gerauscht. Straßen laufen in Sternform auseinander, und jede Straße ist der Heimweg.

Der, der sich Paul nannte, mein Geschöpf und mein Freund, war wieder da und war so alt wie ich geworden. Er glich einem Jugendfreunde, doch wußte ich nicht welchem, und ich war darum gegen ihn etwas unsicher und zeigte einige Höflichkeit. Daraus zog er Macht. Die Welt gehorchte nicht mehr mir, sie gehorchte ihm, darum war alles vorige verschwunden und in demütiger Unwahrscheinlichkeit untergegangen, beschämt durch ihn, der nun regierte.

Wir waren auf einem Platz, der Ort hieß Paris, und vor mir stand ein eiserner Balken in die Höhe, der war eine Leiter und hatte zu beiden Seiten schmale eiserne Sprossen, an denen konnte man sich mit den Händen halten und mit den Füßen auf sie treten. Da Paul es wollte, kletterte ich hinan und er daneben auf einer ebensolchen Leiter. Als wir so hoch geklettert waren wie ein Haus und wie ein sehr hoher Baum, begann ich Bangigkeit zu fühlen. Ich sah zu Paul hinüber, der fühlte keine Bangigkeit, aber er erriet die meine und lächelte.

Einen Atemzug lang, während er lächelte und ich ihn ansah, war ich ganz nahe daran, sein Gesicht zu erkennen und seinen Namen zu wissen, eine Kluft von Vergangenheit riß auf und spaltete sich bis zur Schülerzeit hinab, zurück bis da, wo ich zwölfjährig war, herrlichste Zeit des Lebens, alles voll Duft, alles genial, alles mit einem eßbaren Duft von frischem Brot und mit einem berauschenden Schimmer von Abenteuer und Heldentum vergoldet – zwölfjährig war Jesus, als er im Tempel die Gelehrten beschämte, mit zwölf Jahren haben wir alle unsre Gelehrten und Lehrer beschämt, waren klüger als sie, genialer als sie, tapferer als sie. Anklänge und Bilder stürmten in Knäueln auf mich ein: vergessene Schulhefte, Arrest in der Mittagsstunde, ein mit der Schleuder getöteter Vogel, eine Rocktasche klebrig voll gestohlener Pflaumen, wildes Bubengeplätscher im Schwimmbad, zerrissene Sonntagshosen und innig schlechtes Gewissen, heißes Abendgebet um irdische Sorgen, wunderbar heldische Prachtgefühle bei einem Vers von Schiller.

Es war nur ein Sekundenblitz, gierig hastende Bilderfolge ohne Mittelpunkt, im nächsten Augenblick sah Pauls Gesicht mich wieder an, quälend halbbekannt. Ich war meines Alters nicht mehr sicher, möglich, daß wir Knaben waren. Tiefer und tiefer unter unsern dünnen Leitersprossen lag die Straßenmasse, welche Paris hieß. Als wir höher waren als jeder Turm, gingen unsre Eisenstangen zu Ende und zeigten sich jede mit einem waagerechten Brett gekrönt, einer winzig kleinen Plattform. Es schien unmöglich, sie zu erklimmen. Aber Paul tat es gelassen, und ich mußte auch.

Oben legte ich mich flach aufs Brett und sah über den Rand hinunter, wie von einer kleinen hohen Wolke. Mein Blick fiel wie ein Stein ins Leere hinab und kam an kein Ziel, da machte mein Kamerad eine deutende Gebärde, und ich blieb an einem wunderlichen Anblick haften, der mitten in den Lüften schwebte. Da sah ich, über einer breiten Straße in der Höhe der höchsten Dächer, aber noch unendlich tief unter uns, eine fremdartige Gesellschaft in der Luft, es schienen Seiltänzer zu sein, und wirklich lief eine der Figuren auf einem Seil oder einer Stange dahin. Dann entdeckte ich, daß es sehr viele waren und fast lauter junge Mädchen, und sie schienen mir Zigeuner oder wanderndes Volk zu sein. Sie gingen, lagerten, saßen, bewegten sich in Dachhöhe auf einem luftigen Gerüste aus dünnsten Latten und laubenähnlichem Gestänge, sie wohnten dort und waren heimisch in dieser Region. Unter ihnen war die Straße zu ahnen, ein feiner schwebender Nebel reichte von unten her bis nahe an ihre Füße.

Paul sagte etwas darüber. »Ja«, antwortete ich, »es ist rührend, alle die Mädchen.«

Wohl war ich viel höher als jene, aber ich klebte angstvoll auf meinem Posten, sie indessen schwebten leicht und angstlos, und ich sah, ich war zu hoch, ich war am falschen Ort. Jene hatten die richtige Höhe, nicht am Boden und doch nicht so teuflisch hoch und fern wie ich, nicht unter Leuten und doch nicht so ganz vereinsamt, außerdem waren sie viele. Ich sah wohl, daß sie eine Seligkeit darstellten, die ich noch nicht erreicht hatte.

Aber ich wußte, daß ich irgendeinmal wieder an meiner ungeheuren Leiter werde hinabklettern müssen, und der Gedanke daran war so beklemmend, daß ich Übelkeit spürte und es keinen Augenblick mehr hier oben aushalten konnte. Verzweiflungsvoll und zitternd vor Schwindel tastete ich mit den Füßen unter mir nach den Leitersprossen – sehen konnte ich sie vom Brett aus nicht – und hing grauenvolle Minuten, krampfhaft angeklammert, in der schlimmen Höhe. Niemand half mir, Paul war fort.

In tiefer Bangigkeit tat ich gefährliche Tritte und Griffe, und ein Gefühl hüllte mich wie Nebel ein, ein Gefühl, daß nicht die hohe Leiter und der Schwindel es waren, was ich auszukosten und durchzumachen habe. Alsbald verlor sich denn auch die Sichtbarkeit und Ähnlichkeit der Dinge, es war alles Nebel und unbestimmt. Bald hing ich noch in den Sprossen und spürte Schwindel, bald kroch ich klein und bang durch furchtbar enge Erdschachte und Kellergänge, bald watete ich hoffnungslos im Sumpf und Kot und fühlte wüsten Schlamm mir bis zum Munde steigen. Dunkel und Hemmung überall. Furchtbare Aufgaben mit ernstem, doch verhülltem Sinn. Angst und Schweiß, Lähmung und Kälte. Schweres Sterben, schweres Geborenwerden.

Wieviel Nacht ist um uns her! Wieviel bange, arge Qualenwege gehen wir, geht tief im Schacht unsre verschüttete Seele, ewiger armer Held, ewiger Odysseus! Aber wir gehen, wir gehen, wir bücken uns und waten, wir schwimmen erstickend im Schlamm, wir kriechen die glatten bösen Wände hinan. Wir weinen und verzagen, wir jammern bang und heulen leidend auf. Aber wir gehen weiter, wir gehen und leiden, wir gehen und beißen uns durch.

Wieder stellte aus dem trüben Höllenqualme Bildlichkeit sich her, wieder lag ein kleines Stück des finsteren Pfades vom gestaltenden Licht der Erinnerungen beschienen, und die Seele drang aus dem Urweltlichen in den heimatlichen Bezirk der Zeit.

Wo war das? Bekannte Dinge sahen mich an, ich atmete Luft, die ich wiedererkannte. Ein Zimmer groß im Halbdunkel, eine Erdöllampe auf dem Tisch, meine eigne Lampe, ein großer runder Tisch, etwa wie ein Klavier. Meine Schwester war da und mein Schwager, vielleicht bei mir zu Besuch oder vielleicht ich bei ihnen. Sie waren still und sorgenvoll, voll Sorgen um mich. Und ich stand im großen düsteren Zimmer, ging hin und her und stand und ging in einer Wolke von Traurigkeit, in einer Flut von bitterer, erstickender Traurigkeit. Und nun fing ich an, irgend etwas zu suchen, nichts Wichtiges, ein Buch oder eine Schere oder so etwas, und konnte es nicht finden. Ich nahm die Lampe in die Hand, sie war schwer, und ich war furchtbar müde, ich stellte sie bald wieder ab und nahm sie doch wieder, und wollte suchen, suchen, obwohl ich wußte, daß es vergeblich sei. Ich würde nichts finden, ich würde alles nur noch mehr verwirren, die Lampe würde mich aus den Händen fallen, sie war so schwer, so quälend schwer, und so würde ich weiter tasten und suchen und durchs Zimmer irren, mein ganzes armes Leben lang.

Mein Schwager sah mich an, ängstlich und etwas tadelnd. Sie merken, daß ich wahnsinnig werde, dachte ich schnell und nahm wieder die Lampe. Meine Schwester trat zu mir, still, mit bittenden Augen, voller Angst und Liebe, daß mir das Herz brechen wollte. Ich konnte nichts sagen, ich konnte nur die Hand ausstrecken und abwinken, abwehrend winken, und ich dachte: Laßt mich doch! Laßt mich doch! Ihr könnt ja nicht wissen, wie mir ist, wie weh mir ist, wie furchtbar weh! Und wieder: Laßt mich doch! Laßt mich doch!

Das rötliche Lampenlicht floß schwach durchs große Zimmer, Bäume stöhnten draußen im Wind. Einen Augenblick glaubte ich die Nacht draußen innerlichst zu sehen und zu fühlen: Wind und Nässe, Herbst, bitterer Laubgeruch, Blättergestiebe vom Ulmenbaum, Herbst, Herbst! Und wieder einen Augenblick lang war ich nicht ich selber, sondern sah mich wie ein Bild: ich war ein bleicher, hagerer Musiker mit flackernden Augen, der hieß Hugo Wolf und war an diesem Abend im Begriff wahnsinnig zu werden.

Dazwischen mußte ich wieder suchen, hoffnungslos suchen und die schwere Lampe heben, auf den runden Tisch, auf den Sessel, auf einen Bücherstoß. Und mußte mit flehenden Gebärden abwehren, wenn meine Schwester mich wieder traurig und behutsam anblickte, mich trösten wollte, mir nahe sein und helfen wollte. Die Trauer in mir wuchs und füllte mich zum Zerspringen, und die Bilder um mich her waren von einer ergreifend beredten Deutlichkeit, viel deutlicher, als jede Wirklichkeit sonst ist; ein paar Herbstblumen im Wasserglas, eine dunkelrotbraune Georgine darunter, glühten in so schmerzlich schöner Einsamkeit, jedes Ding und auch der blinkende Messingfuß der Lampe war so verzaubert schön und von so schicksalsvoller Einsamkeit umdrungen wie auf den Bilder der großen Maler.

Ich spürte mein Schicksal deutlich. Noch ein Schatten mehr in diese Traurigkeit, noch ein Blick der Schwester, noch ein Blick der Blumen, der schönen seelenvollen Blumen – dann floß es über, und ich sank im Wahnsinn unter. »Laßt mich! Ihr wißt ja nicht!« Auf der polierten Wand des Klaviers lag ein Strahl Lampenlicht im schwärzlichen Holz gespiegelt, so schön, so geheimnisvoll, so gesättigt von Schwermut!

Jetzt erhob sich meine Schwester wieder, sie ging gegen das Klavier hinüber. Ich wollte bitten, wollte innig abwehren, aber ich konnte nicht, es reichte keinerlei Macht mehr aus meiner Vereinsamung heraus und zu ihr hinüber. Oh, ich wußte, was jetzt kommen mußte. Ich kannte die Melodie, die jetzt zu Wort kommen und alles sagen und alles zerstören mußte. Ungeheure Spannung zog mein Herz zusammen, und während die ersten glühenden Tropfen mir aus den Augen sprangen, stürzte ich mich mit dem Kopf und Händen über den Tisch hin und hörte und empfand mit allen Sinnen und mit neuen Sinnen dazu, Text und Melodie zugleich, Wolfsche Melodie, den Vers:

Was wisset ihr, dunkle Wipfel,
Von der alten schönen Zeit?

Die Heimat hinter den Gipfeln,
Wie liegt sie so weit, so weit!

Damit glitt von mir und in mir die Welt auseinander, versank in Tränen und Tönen, nicht zu sagen wie hingegossen, wie strömend, wie gut und schmerzlich! O Weinen, o süßes Zusammenbrechen, seliges Schmelzen. Alle Bücher der Welt voll Gedanken und Gedichten sind nichts gegen eine Minute Schluchzen, wo Gefühl in Strömen wogt, Seele tief sich selber fühlt und findet. Tränen sind schmelzendes Seeleneis, dem Weinenden sind alle Engel nah.

Ich weinte mich, alle Anlässe und Gründe vergessend, von der Höhe unerträglicher Spannung in die milde Dämmerung alltäglicher Gefühle hinab, ohne Gedanken, ohne Zeugen. Dazwischen flatternde Bilder: ein Sarg, darin lag ein mir so lieber, so wichtiger Mensch, doch wußte ich nicht wer. Vielleicht du selber, dachte ich, da fiel ein andres Bild mir ein, aus großer Ferne her. Hatte ich nicht einmal, vor Jahren oder in einem früheren Leben, ein wunderbares Bild gesehen: ein Volk von jungen Mädchen hoch in Lüften hausend, wolkig und schwerelos, schön und selig, leichtschwebend wie Luft und satt wie Streichmusik?

Jahre flogen dazwischen, drängten mich sanft und mächtig von dem Bilde weg. Ach, vielleicht hatte mein ganzes Leben nur den Sinn gehabt, diese holden schwebenden Mädchen zu sehen, zu ihnen zu kommen, ihresgleichen zu werden! Nun sanken sie fern dahin, unerreichbar, unverstanden, unerlöst, von zweifelnder Sehnsucht müd umflattert.

Jahre fielen wie Schneeflocken herab, und die Welt war verändert. Betrübt wanderte ich einem kleinen Hause entgegen. Mir war recht elend zumut, und ein banges Gefühl im Munde hielt mich befangen, ängstlich tastete ich mit der Zunge an einen zweifelhaften Zahn, da sank er schon schräg weg und war ausgefallen. Der nächste – auch er! Ein ganz junger Arzt war da, dem ich klagte, dem ich bittend einen Zahn mit den Fingern entgegenhielt. Er lachte leichtherzig, winkte mit fataler Berufsgebärde ab und schüttelte den jungen Kopf – das machte nichts, ganz harmlos, komme jeden Tag vor. Lieber Gott, dachte ich. Aber er fuhr fort und deutete auf mein linkes Knie: da sitze es, da sei hingegen nicht mehr zu spaßen. Furchtbar schnell griff ich ans Knie hinab – da war es! Da war ein Loch, in das ich den Finger legen konnte, und statt Haut und Fleisch nichts zu ertasten als eine gefühllose, weiche, lockere Masse, leicht und faserig wie welkes Pflanzengewebe. O mein Gott, das war der Verfall, das war Tod und Fäulnis! »Da ist nichts mehr zu machen?« fragte ich mit mühsamer Freundlichkeit. »Nichts mehr«, sagte der junge Arzt und war weg.

Ich ging erschöpft dem Häuschen entgegen, nicht so verzweifelt, wie ich hätte sein müssen, sogar fast gleichgültig. Ich mußte jetzt in das Häuschen gehen, wo meine Mutter mich erwartete – hatte ich nicht ihre Stimme schon gehört? ihr Gesicht gesehen? Stufen führten hinauf, wahnsinnige Stufen, hoch und glatt ohne Geländer, jede ein Berg, ein Gipfel, ein Gletscher. Es wurde gewiß zu spät – sie war vielleicht schon fort, vielleicht schon tot? Hatte ich sie eben nicht wieder rufen hören? Schweigend rang ich mit dem steilen Stufengebirge, fallend und gequetscht, wild und schluchzend, klomm und preßte mich, stemmte brechende Arme und Knie auf, und war oben, war am Tor, und die Stufen waren wieder klein und hübsch und von Buchsbaum eingefaßt. Jeder Schritt ging zäh und schwer wie durch Schlamm und Leim, kein Vorwärtskommen, das Tor stand offen, und drinnen ging in einem grauen Kleid meine Mutter, ein Körbchen am Arm, still und in Gedanken. Oh, ihr dunkles, schwach ergrautes Haar im kleinen Netz! Und ihr Gang, die kleine Gestalt! Und das Kleid, das graue Kleid – hatte ich denn alle die vielen, vielen Jahre her ihr Bild ganz verloren, gar niemals richtig mehr an sie gedacht?! Da war sie, da stand und ging sie, nur von hinten zu sehen, ganz wie sie war, ganz klar und schön, lauter Liebe, lauter Liebesgedanke!

Wütend watete mein lahmer Schritt in der zähen Luft, Pflanzenranken wie dünne starke Seile umschlangen mich mehr und mehr, feindselige Hemmnis überall, kein Vorwärtskommen! »Mutter!« rief ich – aber es gab keinen Ton... Es klang nicht. Es war Glas zwischen ihr und mir.

Meine Mutter ging langsam weiter, ohne zurückzublicken, still in schönen, sorglichen Gedanken, strich mit der wohlbekannten Hand einen unsichtbaren Faden vom Kleide, bückte sich über ihr Körbchen zum Nähzeug. O das Körbchen! Darin hatte sie mir einmal Ostereier versteckt. Ich schrie verzweifelt und lautlos. Ich lief und kam nicht vom Ort! Zärtlichkeit und Wut zerrten an mir.

Und sie ging langsam weiter durch das Gartenhaus, stand in der jenseitigen offenen Tür, schritt ins Freie hinaus. Sie senkte den Kopf ein wenig zur Seite, sanft und horchend, ihren Gedanken nach, hob und senkte das Körbchen – ein Zettel fiel mir ein, den ich als Knabe einmal in ihrem Körbchen fand, darauf stand von ihrer leichten Hand aufgeschrieben, was sie für den Tag zu tun und zu bedenken vorhatte

– »Hermanns Hosen ausgefranst – Wäsche einlegen – Buch von Dickens entlehnen – Hermann hat gestern nicht gebetet«. – Ströme der Erinnerungen, Lasten von Liebe!

Umschnürt und gefesselt stand ich am Tor, und drüben ging die Frau im grauen Kleide langsam hinweg, in den Garten, und war fort.

Rudyard Kipling

›SIE‹

Eine Aussicht lockte lockte mich vorwärts zur nächsten, eine Hügelkuppe zu ihrem Gegenstück quer durch die halbe Grafschaft; und da ich, um darauf reagieren zu können, mir keine größere Mühe zu machen brauchte, als einen Hebel nach vorne zu kippen, ließ ich die Grafschaft unter meinen Rädern dahingleiten. Die mit Knabenkraut besetzten Ebenen des östlichen Teils wichen dem Thymian, der Steineiche und dem fahlen Gras der Downs; diese wiederum dem reichen Kornland und den Feigenbäumen der tiefer liegenden Küste, wo man zur Linken über fünfzehn ebene Meilen den Puls der Gezeiten in sich spürt. Und als ich mich dann endlich durch ein Gewirr von runden Hügeln und Wäldern landeinwärts wandte, war ich über die mir bekannten Orientierungspunkte hinausgeraten. Hinter eben jenem Weiler, der bei der Hauptstadt der Vereinigten Staaten Pate gestanden hat, entdeckte ich verborgene Dörfer, in denen Bienen – das einzig Wache hier – in achtzig Fuß hohen Linden dröhnten, die graue Normannenkirchen überragten; wundersame Bäche, die unter Steinbrücken dahinschossen, welche für stärkeren Verkehr konstruiert worden waren, als sie je wieder behelligen sollte; Zehntenscheunen, größer als die dazugehörigen Kirchen, und eine alte Schmiede, die lauthals verkündete, daß sie einst eine Halle der Tempelritter gewesen sei. Zigeuner sah ich auf einer Allmend lagern, wo Stechginster, Farn und Heidekraut es längs einer Meile Römerstraße miteinander auszufechten hatten; etwas weiter störte ich einen Rotfuchs auf, der sich nach Hundeart in der prallen Sonne auf dem Rücken wälzte.

Als die bewaldeten Hügel immer dichter um mich rückten, stand ich im Wagen auf, um mich nach jener großen Welle der Downs auszurichten, deren mit einem Ringwall versehene Kuppe im Umkreis von fünfzig Meilen einen Orientierungspunkt abgibt. Nach meiner Schätzung sollte ich zu einer westwärts verlaufenden Straße gelangen, die an ihrem Fuß entlanglief, doch ich ließ die verwirrten Schleier der Wälder außer acht. Eine scharfe Wegbiegung tauchte mich zuerst in einen grünen, vom hell glänzenden Sonnenlicht überfluteten Hohlweg ein, darauf in einen düsteren Tunnel, wo vorjähriges totes Laub raschelnd um meine Reifen jagte. Das kräftige Haselgebüsch, das über meinem Kopf zusammenwuchs, war seit mindestens ein paar Generationen nicht ausgelichtet worden, und keine Axt hatte den moosüberwucherten Eichen und Buchen geholfen, darüber hinauszuwachsen. Hier verwandelte sich die Straße offensichtlich in einen von einem Moosteppich überzogenen Reitweg, auf dessen braunem Samt verblühte Primelbüschel sich wie Jade abhoben und ein paar kränkelnde weißstielige Hyazinthen unisono nickten. Vom Abhang begünstigt, stellte ich den Motor ab und glitt über das zusammengewirbelte Laub dahin, wobei ich jeden Moment rechnete, auf einen Wildhüter zu stoßen; aber ich hörte nur in weiter Ferne einen Eichelhäher keifend gegen die Stille im Dämmerdunkel unter den Bäumen angehen.

Weiterhin führte der Pfad nach unten. Schon wollte ich den Rückwärtsgang einlegen und, bevor ich noch im Sumpf landete, im zweiten Gang zurückkrebsen, als ich durch das wirre Dickicht vor mir Sonnenschein durchschimmern sah und die Bremse losließ.

Sofort zog ich sie jedoch wieder an. Während mir das Licht übers Gesicht flutete, setzten meine Vorderräder über die Grasnarbe einer weiten stillen Rasenfläche, aus der sich überraschend zehn Fuß hohe Reiter mit eingelegten Lanzen, riesige Pfauen und wohlgenährte rundköpfige Ehrenjungfern erhoben – blauschwarz und gleißend – lauter zurechtgestutzte Eibenbäume. Auf der anderen Seite des Rasens – Wälder in Reih und Glied belagerten ihn auf drei Seiten – stand ein uraltes Haus aus flechtenbewachsenem verwittertem Stein mit unterteilten Fenstern und rosafarbenen Ziegeldächern. Es wurde von halbrunden, ebenfalls rosafarbenen Mauern flankiert, die den Rasen auf der vierten Seite abschlossen und an deren Fuß mannshohe Buchsbaumhecken wuchsen. Tauben saßen auf dem Dach um die schlanken Backsteinkamine herum, und ich konnte ein achteckiges Taubenhaus hinter dem vor Blicken schützenden Mauerwerk gerade noch ausmachen.

Hier hielt ich also an – mit der grünen Lanze eines Reiters vor der Brust; gefangengenommen von der überragenden Schönheit dieses Juwels in genau dieser Fassung.

»Falls ich hier nicht als Unbefugter hinausbugsiert werde oder falls mich dieser Reiter da nicht umgaloppiert«, dachte ich, »so müssen zumindest Shakespeare und Königin Elisabeth durch das halboffene Gartentor kommen und mich zum Tee einladen.«

Ein Kind erschien an einem der oberen Fenster, und mir war, als winke das Kleine freundlich mit der Hand. Aber es galt einem Spielgefährten, denn gleich darauf zeigte sich ein zweites helles Köpfchen. Dann hörte ich Gelächter zwischen den Eibenpfauen, und indem ich mich umwandte, um mich zu vergewissern (bis dahin hatte ich nur Augen für das Haus gehabt), sah ich, wie ein Springbrunnen hinter einer Hecke sein Silber gegen die Sonne schleuderte. Die Tauben auf dem Dach gurrten zum gurrenden Wasser hinunter; aber zwischen diesen beiden Melodien fing ich das tief befriedigte Glucksen eines Kindes auf, das in irgendwelchen harmlosen Unfug völlig versunken war.

Das Gartentor – schweres Eichenholz tief in die dicke Mauer eingelassen – öffnete sich weiter: eine Frau in einem großen Gartenhut setzte langsam den Fuß auf den von der Zeit ausgehöhlten Steintritt und schritt ebenso langsam über den Rasen. Ich setzte eben zu einer Entschuldigung an, als sie den Kopf hob und ich erkannte, daß sie blind war.

»Ich habe Sie gehört«, sagte sie. »Ist das nicht ein Automobil?«

»Leider habe ich mich verfahren. Ich hätte dort oben abbiegen sollen. Ich hab'mir nie träumen lassen . . .«, begann ich.

»Mich freut's aber sehr. Man stelle sich vor: ein Automobil kommt in unseren Garten! Das wird ein richtiges Fest . . .« Sie drehte sich um und tat so, als schaue sie um sich. »Sie . . . Sie haben doch niemanden gesehen . . . oder vielleicht doch?«

»Niemanden, mit dem ich reden konnte, aber die Kinder schienen sich von weitem dafür zu interessieren.«

»Welche?«

»Ein paar hab' ich grad jetzt am Fenster oben gesehen, und mir ist, als hätte ich auch so ein Kerlchen im Garten gehört.«

»O Sie Glückspilz!« rief sie, und ihr Gesicht fing an zu strahlen. »Ich kann sie natürlich hören, und damit hat sich's. Sie haben sie gesehen und gehört?«

Ich bejahte. »Und falls ich auch nur ein bißchen was von Kindern verstehe, so amüsiert sich eins königlich beim Springbrunnen hinten. Entwischt, nehm' ich an.«

»Sie haben Kinder wohl sehr gern?«

Ich nannte ihr ein paar Gründe, warum ich sie nicht gänzlich verabscheue.

»Selbstverständlich, ja ganz selbstverständlich«, sagte sie. »Dann haben Sie auch Verständnis. Dann werden Sie es auch nicht albern finden, wenn ich Sie bitte, Ihr Auto durch den Garten zu fahren, ein–, zweimal, ganz langsam? Ich bin sicher, daß sie es gerne angucken möchten. Die Ärmsten bekommen so wenig zu sehen. Man versucht, ihnen das Leben vergnüglich zu gestalten, aber«, sie streckte ihre Hände abweisend gegen die Wälder, »wir sind hier so weltabgeschieden.«

»Sehr gern«, stimmte ich zu. »Nur, ich kann doch nicht Ihren Rasen zuschanden fahren.«

Sie wandte ihr Gesicht nach rechts. »Warten Sie eine Minute; wir sind doch am Südeingang, nicht? Hinter jenen Pfauen dort verläuft ein Plattenweg – Pfauenweg nennen wir ihn. Man kann ihn vor hier aus nicht sehen, sagt man mir, aber wenn Sie ganz knapp am Waldrand entlangfahren, können Sie beim ersten Pfau wenden und so auf die Steinplatten kommen.«

Es war ein Sakrileg, diese träumende Hausfront mit Motorengeknatter aufzuschrecken, aber ich wandte den Wagen schwungvoll, um vom Rasen herunterzukommen, streifte den Waldrand und bog in den breiten plattenbelegten Weg, wo das Springbrunnenbecken dalag wie ein einziger Sternsaphir.

»Darf ich mit?« bat sie. »Nein, bitte helfen Sie mir nicht. Sie mögen es lieber, wenn sie mich auch sehen.«

Mühelos ertastete sie ihren Weg zum Vorderteil des Wagens, und mit einem Fuß auf dem Trittbrett, rief sie: »Kinder, o Kinder, schaut doch her und seht, was jetzt passiert.«

Die Stimme hätte, um der Sehnsucht willen, die ihrem Schmelz zugrunde lag, verlorene Seelen aus dem Höllenschlund heraufbeschworen, und so überraschte es mich nicht, daß hinter den Eiben ein Antwortjauchzer erschallte. Es mußte das Kind am Springbrunnen gewesen sein, aber es lief bei unserem Herannahen davon und ließ ein Spielzeugschiffchen auf dem Wasser zurück. Ich sah seinen blauen Kittel zwischen den reglosen Reitern aufblitzen.

Völlig auf die Kinder eingestellt, fuhren wir die ganze Länge des Spazierwegs ab und auf ihre Bitte im Rückwärtsgang wieder zurück. Diesmal gewann das Kind die Oberhand über seine panische Angst, stand aber weitab vom Geschütz und wußte nicht so recht, was tun.

»Das Kerlchen beobachtet uns«, sagte ich. »Mich nimmt doch wunder, ob es nicht gern mitfahren möchte.«

»Sie sind noch immer sehr scheu. Sehr scheu. Aber, o Sie Glücklicher, Sie können sie sehen! Wir wollen mal hinhorchen!«

Sofort stellte ich den Motor ab, und die feuchte vom Buchsbaumduft geschwängerte Stille umfing uns ganz. Scherengeklapper war zu vernehmen vom einem Gärtner, der eine Hecke stutzte; Bienengemurmel und abgerissenes Stimmengewirr, das aber auch von den Tauben hätte herrühren können.

»Oh, lieblos!« sagte sie matt.

»Vielleicht verkriechen sie sich nur vor dem Auto. Das Jüngferchen am Fenster guckt schrecklich interessiert drein.«

»Ja?« Sie hob den Kopf. »Es war nicht recht von mir, das zu sagen. Sie haben mich wirklich sehr lieb. Das ist doch das einzige, was das Leben lebenswert macht – wenn sie einen liebhaben –, nicht wahr? Ich darf gar nicht daran denken, wie hier das Ganze wäre ohne sie. Übrigens, ist es hier schön?«

»Ich finde, es ist der schönste Ort, den ich je gesehen habe.«

»Das sagen mir alle. Ich kann es natürlich fühlen, aber es ist nicht ganz dasselbe.«

»Dann haben Sie also nie ...«, begann ich, brach aber verlegen wieder ab.

»Nicht, solange ich mich erinnern kann. Es passierte, als ich erst ein paar Monate alt war, wie man mir erzählt hat. Und doch, irgendwelche Erinnerungen muß ich haben, wie könnte ich sonst von Farben träumen. Ich sehe Licht in meinen Träumen und Farben, aber *sie* sehe ich nie. Ich höre sie nur, genau so, wie wenn ich wach bin.«

»Es ist schwierig im Traum, Gesichter zu sehen. Manche Menschen können das, aber die meisten von uns besitzen diese Gabe nicht«, fuhr ich fort, wobei ich zum Fenster hochschaute, wo das Kind fast ganz verborgen stand.

»Das hab' ich auch schon gehört«, bestätigte sie »und ich hab'mir sagen lassen, daß man im Traum nie das Gesicht eines Toten sieht. Stimmt das?«

»Ich glaube schon, wenn ich es mir jetzt so richtig überlege.«

»Aber wie steht es bei Ihnen... bei Ihnen selbst?« Die blinden Augen richten sich auf mich.

»Ich habe noch nie die Gesichter meiner Toten im Traum gesehen«, gab ich zurück.

»Das muß so schlimm sein wie blind sein.«

Die Sonne war plötzlich hinter den Wäldern untergetaucht, und lange Schatten bemächtigten sich der hochnäsigen Reiter, eines um des andern. Ich sah das Licht an der Spitze einer gleißenden Blätterlanze langsam erlöschen und das ganze standhafte, harte Grün sich in sanftes Schwarz verwandeln. Das Haus, welches das Ende dieses Tages hinnahm, wie es hunderttausend Tagesenden zuvor hingenommen hatte, schien sich tiefer in die Ruhe unter den Schatten hineinzukuscheln.

»Haben Sie das je gewollt?« kam es von ihr nach einem Schweigen.

»Manchmal sehr«, gab ich zurück. Das Kind war vom Fenster weggetreten, als die Schatten darüber hereingebrochen waren.

»Ach, ich auch, aber ich glaube, es steht uns eigentlich nicht zu ... Wo wohnen Sie?«

»Ganz am andern Ende der Grafschaft, mehr als sechzig Meilen weit weg, und ich muß mich auf den Heimweg machen. Ich bin ohne meine großen Lampen gekommen.«

»Aber es ist noch nicht dunkel – ich kann das fühlen.«

»Ich fürchte, es wird dunkel sein, bis ich zu Hause bin. Könnten Sie mir jemanden mitgeben, der mich auf den rechten Weg bringt? Ich habe mich verirrt.«

»Ich schicke Madden mit Ihnen bis zur Kreuzung. Wir wohnen hier so weit ab von der Welt – es erstaunt mich nicht, daß Sie sich verirrt haben. Ich führe Sie jetzt ums Haus zur Vorderseite; aber nicht wahr, Sie fahren doch langsam, bis Sie aus dem Gelände heraus sind. Sie finden das doch nicht etwa albern?«

»Ich verspreche Ihnen, ich werde langsam fahren«, sagte ich und ließ den Wagen im Leerlauf über den Plattenweg rollen.

Wir umfuhren den linken Flügel des Hauses – allein die kunstvoll verzierten, aus Blei gegossenen Dachrinnen lohnten eine Tagreise –, fuhren unter einem großen, rosenüberwachsenen Tor in der roten Mauer durch und so zur hohen Hauptfront des Hauses, die an Schönheit und Stattlichkeit die Rückseite genauso übertraf wie alles andere, was ich gesehen hatte.

»Ist es so über alle Maßen schön?« fragte sie voll Verlangen, nachdem sie meinen Begeisterungsausbruch angehört hatte. »Und die Bleifiguren, mögen Sie die auch? Hinten hinaus liegt der alte Azaleengarten. Es heißt, das Ganze müsse für Kinder angelegt worden sein. Könnten Sie mir bitte heraushelfen? Ich würde gerne mit Ihnen fahren bis zur Wegkreuzung, aber ich darf sie nicht allein lassen. Sind Sie's, Madden? Zeigen Sie diesem Herrn den Weg zur Kreuzung. Er ist von seinem Weg abgekommen – aber er hat sie gesehen.«

Lautlos erschien ein Butler an der Haustür, diesem Wunder aus altem Eichenholz, und verschwand umgehend, um seinen Hut zu holen. Sie stand vor mir und sah mich mit großen blauen Augen ohne Sehvermögen an, und ich bemerkte zum ersten Mal, daß sie schön war.

»Denken Sie daran«, schärfte sie mir leise ein, »wenn Sie sie liebhaben, dann werden Sie auch wiederkommen«, und verschwand im Innern des Hauses.

Der Butler sprach im Auto kein Wort, bis wir fast am Gutseingang waren, wo ich, weil ich plötzlich einen blauen Kittel im Gebüsch aufblitzen sah, in weitem Bogen auswich, damit der Teufel, der kleine Buben zum Spielen verleitet, mich nicht in einen Kindermord verwickeln könne.

»Entschuldigen Sie, Sir, aber warum haben Sie das eben gemacht?«

»Das Kind dort drüben.«

»Wegen unserm kleinen Herrn in Blau?«

»Natürlich.«

»Er ist überall. Haben Sie ihn am Springbrunnen gesehen, Sir?«

»O ja, ein paarmal. Müssen wir hier abbiegen?«

»Jawohl, Sir. Und haben Sie auch zufällig die im oberen Stock gesehen?«

»Am Fenster oben? Ja.«

»War das, bevor die gnädige Frau herauskam, um mit Ihnen zu sprechen, Sir?«

»Kurz davor. Warum wollen Sie das wissen?«

Er zögerte ein bißchen: »Nur um sicherzugehen, daß . . . daß *sie* das Auto auch gesehen haben, Sir, denn wo Kinder herumtollen, kann auch ein Unglück passieren, obwohl ich sicher bin, daß Sie ganz besonders vorsichtig fahren. Nichts weiter, Sir. Hier ist die Kreuzung. Von hier nun können Sie nicht mehr fehlgehen. Danke, Sir, bei *uns* ist das nicht üblich, nicht bei . . .«

»Ich bitte um Verzeihung«, entgegnete ich und steckte das britische Silbergeld wieder ein.

»Oh, bei andern ist das grundsätzlich schon in Ordnung. Auf Wiedersehen, Sir.«

Er zog sich in den gepanzerten Turm seiner Kaste zurück und schritt von dannen. Eindeutig ein Butler, der sehr auf die Ehre seines Hauses bedacht war und vermutlich einem Dienstmädchen zuliebe sein Interesse auf die Kinderstube ausgedehnt hatte.

Als ich hinter dem Wegweiser an der Kreuzung war, blickte ich zurück, aber die faltigen Hügel verschränkten sich so mißgünstig ineinander, daß ich nicht erkennen konnte, wo das Haus gestanden hatte. Als ich mich in einem Häuschen weiter der Straße entlang nach dem Namen erkundigte, gab mir die dicke Krämerin, die dort Süßigkeiten feilbot, zu verstehen, daß Autofahrer wenig Daseinsberechtigung hätten, und schon gar nicht das Recht, »in der Weltgeschichte herumzuflanieren und fein zu sprechen wie Herrschaften, die in der eigenen Kutsche reisen«. Nicht unbedingt ein Völkchen mit angenehmen Manieren!

Als ich am Abend meine Route auf der Karte rekonstruierte, wurde ich nicht viel klüger. Es zeigte sich, daß »Hawkin's Old Farm« der amtliche Eintrag für den ganzen Ort war und daß sich das alte, sonst so ausführliche Grafschaftslexikon darüber ausschwieg. Das Herrschaftshaus dieser Gegend, »Hodnington Hall«, war georgianisch mit frühviktorianischem Geschnörkel, wie ein abscheulicher Stahlstich bewies. Ich brachte mein schwieriges Problem vor einen Nachbarn, einem tief in der hiesigen Erde verwurzelten Baum, und er nannte mir den Namen einer Familie, mit dem ich nichts anzufangen wußte.

Einen Moment oder so danach fuhr ich wieder hin, es kann aber auch sein, daß mein Automobil von sich aus diese Straße wählte. Es lief über die unfruchtbaren Downs hinaus, schlängelte sich durch jede Windung im Labyrinth der Feldwege am Fuße der Hügel, zog durch die hohen Mauern der im vollen Laube undurchdringlichen Wälder, kam bei der Kreuzung heraus, an der mich der Butler verlassen hatte, und hatte kurz danach Schwierigkeiten mit seinem Innenleben, was mich zwang, es auf einem Stück Wiesenland, das sich in ein sommerlich–stilles Haselwäldchen hineinschob, abzustellen. Soweit ich mich mit Hilfe des Sonnenstandes und der Großmaßstabskarte hier zurechtfinden konnte, mußte es sich um die Straßen entlang jenes Waldes handeln, den ich beim ersten Mal von der Anhöhe aus ausgekundschaftet hatte. Mit der Reparatur machte ich eine ungeheuer ernste Sache und aus meinen Werkzeugen eine glitzernde Autowerkstatt, indem ich Schraubenschlüssel, die Luftpumpe und dergleichen fein säuberlich auf einer Decke auslegte. Es war so eine richtige Falle für die Kinder, denn an einem solchen Tag, überlegte ich mir, dürften die Kinder nicht weit sein. Jedesmal, wenn ich meine Arbeit unterbrach, lauschte ich, aber der Wald war so erfüllt von sommerlichen Geräuschen (dabei hatten die Vögel bereits Hochzeit gehalten), daß ich diese zuerst nicht von Tritten vorsichtiger Füßchen unterscheiden konnte, die sich durchs tote Laub heranstahlen. Um sie anzulocken, ließ ich meine Autoglocke erschallen, aber die Füßchen stoben davon, und ich bereute es sogleich, denn für ein Kind ist ein plötzlicher Lärm ein echter Schrecken. Eine halbe Stunde mußte ich wohl an der Arbeit gewesen sein, als ich im Wald die Stimme der Blinden rufen hörte: »Kinder, o Kinder, wo seid ihr denn?« und die Stille sich nur widerwillig über dem vollkommenen Klang schloß. Sie kam auf mich zu, indem sie zum Teil den Weg zwischen den Baumstämmen ertastete, und obwohl ein Kind scheinbar fest an ihrem Rockzipfel hing, schoß es wie ein Kaninchen ins Gebüsch, als sie näher herankam.

»Sind Sie es, vom andern Ende der Grafschaft?« fragte sie.

»Jawohl, ich bin's, vom andern Ende der Grafschaft.«

»Warum sind Sie denn nicht durch den oberen Wald gekommen? *Sie* waren gerade dort.«

»Sie sind vor ein paar Minuten hier gewesen. Ich nehme an, sie wußten, daß mein Wagen eine Panne hatte, und kamen, um sich den Spaß anzusehen.«

»Hoffentlich nichts Ernstliches! Wie können Autos eigentlich Pannen haben?«

»Auf fünfzig verschiedene Arten. Nur, meins hat sich ausgerechnet die einundfünfzigste ausgesucht!«

Sie lachte, voll Freude über den kleinen Scherz, ihr köstlich gurrendes Lachen und schob ihren Hut zurück.

»Das hätte ich gern gehört«, sagte sie.

»Warten Sie einen Augenblick, ich hole Ihnen ein Kissen.«

Sie setzte einen Fuß auf die Decke, auf der überall Ersatzteile herumlagen, und beugte sich voller Eifer darüber. »Was für prächtige Dinge.« Ihre Hände, durch die sie sah, leuchteten im tanzenden Sonnenlicht. »Hier eine Schachtel und hier – noch eine Schachtel! Nanu, Sie haben sie ja wie zum Verkaufenspielen aufgestellt.«

»Ich gestehe, daß ich all das hervorgekramt habe, um sie für mich einzunehmen. In Wirklichkeit brauch' ich die Hälfte dieser Sachen gar nicht.«

»Wie lieb von Ihnen. Ich habe Ihre Glocke im oberen Wald gehört. Sie sagen, vorher seien sie hier gewesen?«

»Ich bin ganz sicher. Warum sind sie denn so scheu? Der kleine Mann in Blau, der mit Ihnen kam, sollte eigentlich seine Angst überwunden haben. Er hat mich die ganze Zeit beschattet wie ein Indianer!«

»Es muß an der Glocke liegen«, sagte sie, »ich hörte, wie eins ganz verstört an mir vorbeilief, als ich herunterkam. Sie sind so scheu – sogar mir gegenüber.« Sie wandte ihr Gesicht und rief noch einmal über die Schulter: »Kinder, o Kinder, guckt doch einmal her!«

»Die sind wohl zusammen losgezogen, um sich ihren eigenen Spielen zu widmen«, sprach ich meine Vermutung aus, denn hinter uns erhob sich gedämpftes Gemurmel, das von hellem Kinderlachen unterbrochen wurde. Ich nahm meine unprofessionelle Hantiererei wieder auf, und sie lehnte sich, Kinn in die Hand gestützt, vor und hörte mit Interesse zu.

»Wie viele sind es denn eigentlich?« erkundigte ich mich schließlich. Meine Arbeit war fertig, aber das war für mich kein Grund, bereits gehen zu müssen. Sie zog beim Nachdenken die Stirne leicht kraus. »Ich weiß nicht genau«, sagte sie ohne Umstände. »Manchmal mehr – manchmal weniger. Sehen Sie, sie kommen und bleiben bei mir, weil ich sie liebhabe.«

»Das muß ja sehr lustig sein«, sagte ich, während ich einen Schraubenzieher versorgte; und noch beim Sprechen wurde mir die Belanglosigkeit meiner Antwort bewußt.

»Sie ... Sie lachen mich doch nicht aus?« rief sie. »Ich ... ich hab' ja keine eigenen. Ich hab' nie geheiratet. Die Leute machen sich manchmal ihretwegen über mich lustig, weil ... weil ...«

»Weil sie Barbaren sind«, formulierte ich für sie. »Darüber braucht man sich keine grauen Haare wachsen zu lassen. Solche Leute verlachen alles, was nicht in ihr kleinkariertes Leben hineinpaßt.«

»Ich weiß nicht. Wie sollte ich auch. Ich kann es nur nicht haben, wenn sie mich *ihretwegen* auslachen. Es tut mir weh; und wenn man nicht sehen kann ... ich möchte nicht als Gefühlsdusel erscheinen«, ihr Kinn zitterte beim Sprechen wie bei einem Kind, »aber wir Blinde haben, glaub' ich, nur eine Haut. Alles von außen trifft uns mitten in die Seele. Bei Ihnen ist das anders. Sie haben solch gute Verteidigungsmöglichkeiten durch Ihre Augen. Sie sehen sich vor, bevor Ihnen jemand wirklichen Schmerz in der Seele zufügen kann. Bei uns vergessen das die Leute.«

Ich schwieg und ging in Gedanken das unerschöpfliche Thema durch: die mehr als nur vererbte Brutalität der Christenvölker (denn sie wird ja systematisch anerzogen), neben der das pure Heidentum des Negers von der Westküste Afrikas moralisch einwandfrei und maßvoll erscheint. Das führte mich auf eine weite Reise tief in mein Inneres hinein.

»Tun Sie das nicht!« sagte sie ganz plötzlich und schlug die Hände vors Gesicht.

»Was denn?«

Sie machte eine Handbewegung. »Das! Es . . . ist ganz purpurn und schwarz. Nicht! Die Farbe tut weh!«

»Aber wie in aller Welt kennen Sie denn die Farben?« rief ich aus, denn es war nun wirklich eine überraschende Enthüllung.

»Farben als solche?« fragte sie.

»Nein, die Farben, die Sie gerade gesehen haben.«

»Das wissen Sie genausogut wie ich«, lachte sie, »sonst hätten Sie diese Frage nicht gestellt. Es gibt sie gar nicht in der Welt. Es gibt sie nur in Ihrem Innern – als Sie eben so zornig wurden.«

»Meinen Sie so einen matten Fleck, der ins Purpurne geht, wie Portwein vermischt mit Tinte?« fragte ich.

»Ich habe nie Tinte oder Portwein gesehen, aber die Farben sind unvermischt. Sie sind rein – ganz rein.«

»Etwa schwarze Striemen und Zacken quer über das Purpurrot?«

Sie nickte. »Ja . . . falls sie so sind«, und beschrieb mit dem Finger wieder eine Zickzacklinie, »aber sie ist mehr rot als purpur, diese böse Farbe.«

»Und welches sind die Farben an der Spitze des . . . von was immer Sie auch sehen?«

Langsam lehnte sie sich vor und zeichnete mit dem Finger das Ei, die mystische Form an sich, auf die Decke.

»So sehe ich sie«, sagte sie und zeigte mit einem Grashalm, »Weiß, Grün, Gelb, Rot, Purpur und, wenn die Menschen zornig oder böse sind, Schwarz quer übers Rot – so wie es eben bei Ihnen war.«

»Wer hat Ihnen denn davon erzählt – zum ersten Mal?« wollte ich wissen.

»Von den Farben? Niemand. Als ich klein war, erkundigte ich mich immer nach den Farben – in Tischdecken, Vorhängen, Teppichen, wissen Sie –, denn einige Farben taten mir weh, und andere machten mich froh. Man nannte sie mir; und als ich älter wurde, sah ich auf diese Art die Menschen.« Wieder fuhr sie dem Umriß des Eies nach, was nur sehr wenigen von uns zu sehen vergönnt ist.

»Ganz allein?« wiederholte ich.

»Ganz allein. Es war ja niemand sonst da. Erst später fand ich heraus, daß die anderen Menschen die Farben nicht sahen.«

Sie lehnte gegen den Baumstamm, flocht und löste zufällig ausgerupfte Grashalme. Die Kinder im Wald waren näher gekommen. Aus den Augenwinkeln konnte ich sie herumtollen sehen wie Eichhörnchen.

»Jetzt bin ich sicher, daß Sie mich nie auslachen werden«, fuhr sie nach einer längeren Pause fort. »*Ihretwegen* genausowenig.«

»Um Himmels willen! Nein!« rief ich, aufgeschreckt aus meinen Gedankengängen. »Ein Mensch, der ein Kind auslacht – es sei denn, das Kind lache mit –, ist ein Unmensch!«

»Das hab' ich natürlich nicht so gemeint. Sie würden nie ein Kind auslachen, aber ich dachte ... ich dachte vorher ...

daß Sie vielleicht über *sie* lachen könnten. So bitte ich Sie denn um Verzeihung ... worüber lachen Sie jetzt?«

Ich hatte keinen Ton von mir gegeben, aber sie hatte es gemerkt. »Über die pure Idee, daß Sie mich um Verzeihung bitten. Hätten Sie Ihre Pflicht getan, als Stütze des Staates und Gutsbesitzerin, so hätten Sie mich wegen unbefugten Betretens Ihrer Ländereien vor Gericht zitieren müssen, als ich neulich durch Ihre Wälder kurvte. Ich habe mich schändlich benommen, unverzeihlich!«

Sie sah mich, den Kopf an den Baumstamm gelehnt, lange und unverwandt an; diese Frau, die die unverhüllte Seele zu sehen vermochte.

»Wie seltsam!« kam es fast flüsternd. »Wie ausgesprochen seltsam!«

»Warum, was hab' ich getan?«

»Sie verstehen nicht ... und doch, das von den Farben haben Sie verstanden. Verstehen Sie denn wirklich nicht?«

Sie sprach mit einer Leidenschaft, die durch nichts begründet war, und ich wandte mich ihr verblüfft zu, als sie sich erhob. Die Kinder hatten sich hinter einem Brombeergesträuch zu einem Kreis zusammengefunden. Ein glänzendes Köpfchen beugte sich über etwas noch Kleineres, und die Haltung der kleinen Schultern ließ mich erkennen, daß alle den Finger an die Lippen hielten. Auch sie waren eingeweiht in ein Kindergeheimnis von gewaltigem Ausmaß. Ich allein war hoffnungslos auf dem Holzweg, hier draußen im hellen Sonnenlicht.

»Nein«, sagte ich und schüttelte den Kopf, als könnten es die toten Augen wahrnehmen. »Was immer es sein mag – ich verstehe es jetzt noch nicht. Vielleicht später – falls ich wieder herkommen darf.«

»Sie werden wiederkommen«, erwiderte sie. »Sie kommen sicher wieder und wandern im Wald herum.«

»Vielleicht kennen mich die dann gut genug, so daß sie mich mit ihnen spielen lassen – um mir einen Gefallen zu tun. Sie wissen ja, wie Kinder sind.«

»Hier geht's nicht um einen Gefallen, sondern um ein Recht«, gab sie zurück, und während ich mir überlegte, was sie wohl damit meinte, kam ein völlig aufgelöstes Frauenzimmer um die Wegbiegung gestürzt mit flatternden Haaren, puterrot im Gesicht und vor Seelennot beinahe wie ein Rind brüllend. Es war meine dicke, unhöfliche Freundin vom Süßwarenladen.

Die Blinde hörte sie und trat einen Schritt vor. »Was ist denn, Mrs. Madehurst?« fragte sie.

Die Frau warf sich die Schürze über den Kopf, kroch buchstäblich im Staub und jammerte, ihr Enkel sei todkrank, der hiesige Arzt sei zum Fischen gefahren und Jenny, die Mutter, mit ihrem Latein am Ende, und so weiter unter Wiederholungen und lautem Geschrei.

»Wo wohnt der nächste Arzt?« fragte ich zwischen zwei Anfällen.

»Madden wird es Ihnen sagen. Fahren Sie beim Haus vorbei und nehmen Sie ihn mit. Ich kümmere mich hier um die Dinge. Beeilen Sie sich!« Sie brachte die dicke Frau, die sich auf sie stützte, in den Schatten.

Zwei Minuten danach ließ ich alle Posaunen von Jericho vor der Hauptfront von ›Haus Wunderschön‹ erschallen, und Madden, der in der Gesindekammer war, stellte sich der Krise wie ein Butler und Mann.

Eine Viertelstunde bei gesetzwidriger Geschwindigkeit

beschaffte uns fünf Meilen entfernt einen Arzt. Noch in derselben halben Stunde hatten wir ihn, der großes Interesse am Automobil zeigte, an der Tür des Süßwarenladens abgesetzt und parkten am Straßenrand, um das Urteil abzuwarten.

»Nützliche Dinge, Autos«, sagte Madden, nun ganz Mann und nicht mehr Butler. »Hätte ich eins gehabt, als meine krank wurde – sie wäre nicht gestorben.«

»Wie kam das?« fragte ich.

»Krupp. Mrs. Madden war nicht da. Niemand wußte, was tun. Acht Meilen fuhr ich im leichten Federwagen, um den Arzt zu holen. Als wir zurückkamen, war sie schon erstickt. Dieser Wagen hätte sie gerettet. Jetzt wäre sie fast zehn.«

»Das tut mir leid«, sagte ich, »dachte ich mir doch auf Grund dessen, was Sie mir letzthin auf dem Weg zur Straßenkreuzung erzählten, daß Sie Kinder wirklich sehr gerne haben.«

»Haben Sie sie wieder gesehen, Sir, heute morgen?«

»Ja, aber an Autos sollten sie mittlerweile gewöhnt sein. Nicht eins kam mir näher heran als zwanzig Meter.« Er sah mich prüfend an – wie ein Kundschafter einen Stammesfremden –, nicht auf die Art, wie ein Diener seine Augen zu seinem vom lieben Gott eingesetzten Herrn erheben sollte.

»Warum wohl?« sagte er, knapp hörbar durch den tiefen Atemzug, den er tat.

Wir warteten noch immer. Ein Lüftchen von der See wanderte die langen Linien der Wälder auf und ab, und das Gras am Wegrand, das schon vom sommerlichen Staub überpudert war, hob und senkte sich in fahlen Wellen.

Eine Frau, die sich den Seifenschaum von den Armen wischte, kam aus dem kleinen Haus neben dem Süßwarenladen.

»Ich hab' alles mitgekriegt, im Hof hinten«, sagte sie gutgelaunt. »Er sagte, der Arthur ist so mies dran, man kann sich's gar nicht erklären. Haben Sie ihn eben schreien hören? So mies, man kann's gar nicht erklären. Ich denk' mir, jetzt ist's an der Jenny, nächste Woche im Wald herumzuwandern, Mr. Madden.«

»Pardon, Sir, Ihre Reisedecke rutscht herunter«, wandte sich Madden ehrerbietig an mich. Die Frau erschrak und knickste und lief weg.

»Was meint sie mit ›im Wald herumwandern‹?« erkundigte ich mich.

»Es muß hier eine Redensart sein. Ich stamme aus Norfolk«, sagte Madden. »Das ist schon eine respektlose Bande in dieser Grafschaft. Sie hat Sie für den Chauffeur gehalten, Sir.«

Ich sah den Arzt aus dem kleinen Haus herauskommen, gefolgt von einer schlampigen Frauensperson, die sich an seinen Arm klammerte, als könnte er für sie mit dem Tod in Verhandlung treten.

»Die Art Kinder«, jammerte sie, »die Art bedeutet uns, die sie haben, genausoviel, wie wenn sie ehelich wären. Genausoviel, ganz genausoviel. Und der Herrgott freut sich genauso, wenn Sie so eins retten, Herr Doktor. Nehmen Sie mir's nicht weg. Miss Florence wird Ihnen genau dasselbe sagen. Lassen Sie ihn nicht im Stich, Herr Doktor.«

»Ich weiß, ich weiß«, sagte der Mann, »aber er wird jetzt für eine Weile ruhig sein. Wir holen die Krankenschwester und die Arznei so schnell wie möglich.« Er bedeutete mir, den Wagen vorzufahren, und ich gab mir Mühe, mich aus dem, was folgte, herauszuhalten; trotzdem sah ich das verheulte, vor Schmerz erstarrte Gesicht der jungen Frau, und ich fühlte, wie ihre ringlose Hand sich an mein Knie klammerte, als wir losfuhren.

Der Arzt war ein Mensch mit einem gewissen Sinn für Humor, denn ich weiß noch, daß er mein Auto im Namen Äskulaps beschlagnahmte und das Automobil und mich ohne Gnade einsetzte. Zuerst eskortierten wir Mrs. Madehurst und die Blinde, um am Krankenlager zu wachen, bis die Schwester eintreffen würde. Darauf fielen wir in ein hübsches Kreisstädtchen ein, um zu Rezepten zu kommen (der Arzt hatte zerebrospinale Meningitis diagnostiziert), und als die Grafschafts–Krankenanstalt, die von verstörtem Marktvieh umlagert war, meldete, daß im Augenblick keine Krankenschwestern zur Verfügung ständen, gingen wir im wahrsten Sinne des Wortes auf die ganze Grafschaft los. Wir unterhandelten mit Besitzern von Landhäusern, Personen von Rang und Namen, die am Ende baumüberwölbter Auffahrten saßen und deren starkknochiges Weibervolk vom Teetisch wegstakte, um sich die dringenden Worte des Doktors anzuhören. Schließlich gab eine unter einer Libanonzeder sitzende alte weißhaarige Dame, die von einem Hofstaat prächtiger Russischer Windhunde – alles Autohasser – umringt war, dem Arzt eine schriftliche Order, die dieser wie von einer Prinzessin entgegennahm und die wir mit übersetzter Geschwindigkeit viele Meilen durch einen Park zu einem französischen Nonnenkloster brachten, wo wir sie gegen eine bleiche zitternde Ordensschwester eintauschten. Sie kniete im Wageninnern und betete ohne Unterlaß den Rosenkranz, bis wir sie auf Abkürzungen, die sich der Doktor ausgedacht hatte, zum Süßwarenladen geführt hatten. Es war ein langer Nachmittag, vollgestopft mit verrückten Ereignissen, die entstanden und vergingen wie die Staubwolken unter unseren Rädern: Querschnitte durch uns fernstehende und unverständliche Leben, die wir im rechten Winkel durchrasten; und ich fuhr in der Abenddämmerung erschöpft nach Hause, um von aufeinanderprallenden Rindviehhörnern zu träumen; von kulleräugigen Nonnen, die in einem Gräbergarten lustwandelten; von vergnüglichen Teegesellschaften unter schattigen Bäumen; von nach Karbol duftenden, graugestrichenen Korridoren der Grafschafts–Krankenanstalt; von den Tritten scheuer Kinder im Wald und von Händen, die meine Knie umklammerten, als das Auto anfuhr.

Ich hatte die Absicht gehabt, in ein paar Tagen wieder hinzufahren, aber dem Schicksal gefiel's, mich unter mancherlei Vorwänden von dieser Seite der Grafschaft fernzuhalten, bis der Holunder und die wilde Rose Früchte trugen. Endlich brach ein strahlender, von Südwesten her reingefegter Tag an, der die Hügel zum Greifen naherückte, ein Tag voller unberechenbarer Luftströmungen und hoher zarter Wolken. Ohne eigenes Zutun war ich abkömmlich und brachte das Auto zum dritten Mal auf jene bekannte Straße. Als ich den Kamm der Downs erreichte, spürte ich, wie sich die linde Luft veränderte, sah, wie sie glasig wurde unter der Sonne; und als ich aufs Meer hinunterschaute, bemerkte ich, wie sich im selben Augenblick die Bläue des Kanals verfärbte und von poliertem Silber zu glanzlosem Stahl und dann zu trübem Zinn überging. Ein hochbeladener Kohlendampfer, der sich bis dahin der Küste entlanggedrückt hatte, steuerte aufs tiefere Wasser hinaus, und durch kupferfarbenen Dunst sah ich ein Segel nach dem anderen auf der verankerten Fischerflotte hochgehen. Hinter mir, in einer tiefen Delle, erhob sich unvermittelt ein dröhnender Wirbelwind durch die geschützt stehenden Eichen und riß kreiselnd die ersten Proben trockener Herbstblätter mit sich in die Höhe. Als ich die Küstenstraße erreichte, qualmte der Nebel von der See über die Ziegeleien, und die Flut erzählte jeder Buhne unterhalb von Ushant vom Sturm. Er verging keine Stunde, und das sommerliche England war in frostigem Grau verschwunden. Wieder einmal waren wir das abgeschiedene Inselreich im Norden, und alle Schiffe der Welt röhrten vor unseren gefahrvollen Pforten; und zwischen ihren Schreien war das Kreischen verstörter Möwen zu hören. Tropfen rannen vor Feuchtigkeit von meiner Mütze, und die Falten der Reisedecke fingen sie in kleinen Lachen auf oder ließen sie in Bächlein ablaufen, und Salz klebte wie Rauhreif an meinen Lippen.

Landeinwärts lud sich der dichtgewordene Nebel unter den Bäumen mit Herbstgeruch auf, und der tröpfelnde Regen ging in einen Schauer über. Die späten Blumen – Malven am Wegrand, Skabiosen auf dem Feld und Dahlien im Garten – guckten noch immer fröhlich durch den Nebel, und wo der Odem der See nicht hinreichte, war kaum etwas vom Absterben der Natur zu sehen. Noch immer standen in den Dörfern alle Haustüren offen, und nacktbeinige, barhäuptige Kinder saßen auf den feuchten Treppenstufen herum und riefen »Pup–pup« hinter dem Fremden her.

Ich erlaubte mir, dem Süßwarenladen einen Besuch abzustatten, wo mich Mrs. Madehurst mit den gastfreundlichen

Tränen einer dicken Frau empfing. Jennys Kind, erzählte sie, sei zwei Tage nach der Ankunft der Nonne gestorben. Sie fand, es sei schon am besten für das Kind, daß es jetzt aus dem Weg sei, obwohl die Versicherungsgesellschaften aus Gründen, von denen sie nicht einmal so tun wolle, als verstände sie sie, nur ungern solche danebengegangene Leben versichern würden. »Nicht etwa, daß sich Jenny nicht so um Arthur gekümmert hätte, wie wenn er zur rechten Zeit zur Welt gekommen wäre, am Ende des ersten Jahres – wie Jenny selber.« Dank Miss Florence war das Kind mit einem Pomp begraben worden, der nach Mrs. Madehursts Meinung die kleine Unregelmäßigkeit seiner Geburt mehr als wettmachte. Sie beschrieb den Sarg, wie er innen und außen aussah, den gläsernen Leichenwagen und die Grabumrandung aus Immergrün.

»Aber wie geht's der Mutter?« erkundigte ich mich.

»Jenny? Oh, die wird schon darüber hinwegkommen. Dasselbe habe ich auch mit ein paar von meinen eigenen mitgemacht. Sie kommt schon darüber hinweg. Sie wandert jetzt im Wald herum.«

»Bei dem Wetter?«

Mrs. Madehurst schaute mich mit zusammengekniffenen Augen über den Ladentisch an. »Weiß nicht, aber irgendwie macht's dem Herzen Luft. Ja, es macht dem Herzen Luft. Verlieren und Gebären kommt auf die Dauer aufs gleiche heraus, heißt's bei uns.«

Altweiberweisheit ist nun mal größer als alle Weisheit der Väter zusammengenommen, und dieser letztere Orakelspruch stürzte mich in derart weitläufige Gedankengänge, während ich die Straße hochfuhr, daß ich beinahe eine Frau und ein Kind an der waldigen Ecke am Gutstor zum »Haus Wunderschön« überfahren hätte.

»Hundewetter!« rief ich, wie ich im Schrittempo in die Kurve fuhr.

»Halb so schlimm«, kam es gelassen aus dem Nebel zurück.

»Meins ist daran gewöhnt; Ihres werden Sie vermutlich drinnen finden.«

Im Haus empfing mich Madden mit professioneller Höflichkeit, erkundigte sich nach dem Befinden des Automobils und ließ es sich nicht nehmen, es unter Dach und Fach zu bringen.

Ich wartete in einer ruhigen nußbraunen Halle, der späte Blumen etwas Freundliches gaben und die ein wunderbar würziges Holzfeuer durchwärmte – ein sehr friedlicher Raum mit großer Ausstrahlung. (Männer und Frauen bringen ja hin und wieder unter großer Mühe eine glaubhafte Lüge zustande; aber das Haus, das ihr Tempel ist, kann nichts anderes erzählen als die Wahrheit über die, die darinnen wohnen.) Das Wägelchen eines Kindes und eine Puppe lagen auf dem schwarzweißen Boden, auf dem ein Vorleger weggestrampelt worden war. Ich hatte das Gefühl, als seien die Kinder gerade erst weggerannt, um sich, was das Nächstliegende war, in den vielen Windungen des großen, handgearbeiteten Treppenhauses zu verstecken, das gewichtig aus der Halle emporstieg, oder um sich hinter den geschnitzten Löwen und Rosetten der Galerie darüber hinzukauern und mich zu beäugen. Dann hörte ich ihre Stimme über mir – sie sang, wie die Blinden singen – aus ganzer Seele:

In den wonnigen Gärten...

Und mein ganzer früher Sommer war mir bei der Melodie wieder gegenwärtig.

In den wonnigen Früchtegärten
Bitten wir Gott: ›Segne unsern Gewinn‹,
Aber ›Gott behüte uns vor Härten‹
Gäbe passenderen Sinn.

Sie ließ die holperige fünfte Zeile weg und wiederholte:

Gäbe passenderen Sinn.

Ich sah sie über die Galerie lehnen, ihre ineinandergelegten Hände hoben sich perlweiß vom Eichenholz ab.

»Sind Sie es, vom andern Ende der Grafschaft?« rief sie.

»Jawohl, ich bin's, von andern Ende der Grafschaft«, gab ich lachend zurück.

»Was hat's doch lange gedauert, bis Sie wieder herkommen mußten!« Sie lief die Treppe herunter, wobei eine Hand leicht auf dem breiten Geländer auflag.

»Zwei Monate sind's und vier Tage. Der Sommer ist vorbei.«

»Ich hatte die Absicht, früher zu kommen, aber das Schicksal hat es anders gewollt.«

»Das weiß ich. Bitte, sehen Sie doch zum Feuer. Ich darf mich ihm ja nicht annehmen, aber ich spüre, daß es nicht recht will. Bringen Sie es in Gang!«

Ich sah auf beiden Seiten des tief in die Wand eingelassenen Kamins nach, fand aber nur einen halbverkohlten Zaunpfahl, mit dem ich ein schwarzes Scheit in die Flammen schob.

»Es geht nie aus, weder bei Tag noch bei Nacht«, sagte sie wie zur Erklärung, »falls jemand hereinkommt und an den Zehen friert.«

»Innen ist das Haus noch viel schöner als außen«, murmelte ich. Das rote Licht ergoß sich so weit über die vom Alter polierte dunkle Täfelung, daß die Tudor–Rosen und –Löwen der Galerie Bewegung und Farbe erhielten. Ein alter, konvexer, von einem Adler gekrönter Spiegel nahm das Bild in sein geheimnisvolles Herz auf, verzerrte abermals die bereits verzerrten Schatten und buchtete die gerade Linie der Galerie zur Wölbung eines Schiffsrumpfes aus. Der Tag ging in einem halben Sturm zu Ende, so daß sich der Nebel in dahinjagende Fetzen auflöste. Durch die vorhanglosen unterteilten Scheiben des breiten Fensters konnte ich sehen, wie die tapferen Reiter auf dem Rasen Ausfälle gegen den Wind, der sie mit Legionen toter Blätter herausforderte, machten und wieder in Ruhestellung gingen.

»Ja, es muß schön sein«, sagte sie. »Möchten Sie es sich ansehen? Oben ist noch immer genügend Licht.«

Ich stieg hinter ihr das solide Treppenhaus hoch, das breit genug für ein Gefährt gewesen wäre, zur Galerie, von der die kannelierten elisabethanischen Türen abgingen.

»Fühlen Sie doch einmal, wie tief unten die Klinken angebracht worden sind – der Kinder wegen.« Sie stieß ein Türchen nach innen auf.

»Übrigens, wo sind sie eigentlich?« fragte ich. »Heute habe ich sie noch nicht einmal gehört.«

Sie antwortete nicht sogleich. Dann sagte sie leise: »Ich

kann sie eben nur hören. Dies ist eines ihrer Zimmer – alles bereit, wie Sie sehen.«

Sie wies in einen ganz mit Holz getäfelten Raum. Kleine niedrige Klapptische und Kindersessel standen da. Ein Puppenhaus, mit der einhängbaren Fassade halb offen, hatte seinen Platz gegenüber einem großen gescheckten Schaukelpferd, von dessen gepolstertem Sattel es ein Kinderspiel war, auf die breite Fensterbank zu kraxeln, von der aus man den Rasen überblickte. Ein Spielzeuggewehr lag in einer Ecke neben einer vergoldeten Kanone aus Holz.

»Sicher ist sie eben weggelaufen«, flüsterte ich. Im schwachen Licht knarrte vorsichtig eine Türe. Ich hörte das Rascheln eines Kleidchens und Fußgetrippel – flinke Füßchen, die durch einen Raum nebenan rannten.

»Ich hab's gehört«, rief sie triumphierend. »Sie auch? Kinder, o Kinder, wo seid ihr denn?«

Die Stimme erfüllte den Raum, der sie liebevoll bis zum vollkommenen letzten Ton bewahrte, aber jetzt antwortete darauf kein Juchzer wie damals im Garten. Wir hasteten von einem eichengedielten Raum zum nächsten; hier eine Stufe hoch, da drei Stufen hinunter, durch ein Gewirr von Gängen; die ganze Zeit genasführt von denen, die wir jagten. Ebensogut hätte man versuchen können, ein einziges Frettchen in einen Kaninchenbau mit offenen Ausgängen zu jagen. Es gab unzählige Mauernischen, jetzt im Dunkeln liegende, schießschartenartige Erker, von wo sie hinter unseren Rücken losrennen konnten, und nicht mehr benutzte, sechs Fuß tief ins Mauerwerk eingelassene Kamine sowie den Irrgarten, der durch die Verbindungstüren zwischen den Zimmern entstand. Ein paarmal hatte ich ihr vergnügtes Gekicher vernommen, wenn es ihnen gelang zu entschlüpfen, und ein paarmal den Schattenriß eines Kinderkleidchens vor dem dunkel werdenden Fenster am Ende des Korridors erspäht; aber wir kehrten mit leeren Händen zur Galerie zurück, just in dem Augenblick, als eine Frau mittleren Alters eine Lampe in die dazu bestimmte Nische stellte.

»Nein, heute abend hab' ich sie auch nicht gesehen, Miss Florence«, hörte ich sie sagen, »aber dieser Turpin da, der sagt, er will mit Ihnen sprechen, wegen seinem Stall.«

»Oh, da muß Mr. Turpin mich wohl sehr dringend sprechen wollen. Richten Sie ihm aus, er soll in die Halle kommen, Mrs. Madden!«

Ich schaute in die Halle hinunter, die nur vom schwachen Licht des Feuers erleuchtet wurde, und im tiefsten Schatten sah ich sie schließlich. Sie mußten hinuntergeschlüpft sein, während wir in den Gängen herumliefen, und glaubten sich nun hinter einem alten, vergoldeten Lederwandschirm sicher versteckt. Nach kindlichem Rechtsempfinden galt mein furchtloses Hinterherjagen soviel wie eine Empfehlung, aber da ich mir damit so viel Mühe gemacht hatte, beschloß ich, sie dazu zu kriegen, später von selbst herauszukommen, durch den einfachen Kniff, den Kinder nicht ausstehen können, nämlich so zu tun, als bemerke man sie nicht. Sie lagen dicht beisammen, ein kleines Knäuel, kaum mehr als Schatten, außer wenn eine aufzüngelnde Flamme einen Umriß preisgab.

»Und jetzt wollen wir Tee trinken«, sagte sie, »ich glaub', ich hätte Ihnen gleich zu Anfang welchen anbieten sollen, aber irgendwie schafft man es nicht, gute Manieren zu wahren, wenn man alleine lebt und als etwas – hm – komisch gilt.« Und dann fügte sie mit ganz feinem Spott hinzu:

»Möchten Sie eine Lampe, damit Sie beim Essen sehen können?«

»Das Licht des Feuers ist viel angenehmer, find' ich.«

Wir tauchten in das köstliche Dämmerlicht ein, und Madden brachte Tee.

Ich wählte meinen Sessel vor dem Wandschirm, gefaßt darauf, zu überraschen oder überrascht zu werden, je nachdem wie sich das Spiel entwickeln sollte, und mit ihrer Erlaubnis – denn der Herd ist immer heilig – beugte ich mich nieder, um mit dem Feuer zu spielen.

»Woher kriegen Sie denn diese feinen kurzen Holzbündel?« fragte ich beiläufig. »Nanu, das sind ja Kerbhölzer.«

»Natürlich«, erwiderte sie. »Da ich weder lesen noch schreiben kann, bin ich gezwungenermaßen für meine Abrechnungen aufs alte englische Kerbholz zurückverfallen. Geben Sie mir eins herüber, und ich sag' Ihnen, was es zu bedeuten hatte.«

Ich reichte ihr ein noch nicht angesengtes, etwa ein Fuß langes Haselkerbholz, und sie fuhr mit dem Daumen über die Kerben.

»Das ist der Milchertrag unserer Farm für den Monat April letzten Jahres, in Gallonen«, erläuterte sie.

»Ich weiß nicht, was ich ohne Kerbhölzer angefangen hätte. Einer meiner alten Förster hat mir das System beigebracht. Heutzutage gilt es sonst als überholt, nur meine Pächter brauchen es noch. Einer von ihnen wird gleich kommen, um mich zu sprechen. Oh, das tut nichts. Er hat hier außerhalb der Geschäftszeiten nichts zu suchen. Er ist ein habgieriger unwissender Mensch – sehr habgierig sogar –, sonst käme er nicht noch nach Anbruch der Dunkelheit vorbei.«

»Besitzen Sie denn viel Land?«

»Gott sei Dank nur ein paar hundert Morgen in Selbstverwaltung. Weitere sechshundert sind fast ausschließlich an Leute verpachtet, die meine Familie schon vor mir gekannt haben, aber dieser Turpin ist ein ziemlich neuer Mann – ein richtiger Straßenräuber!«

»Aber sind Sie sicher, daß ich nicht ...?«

»Sicher nicht. Sie haben ein Anrecht darauf. Er hat keine Kinder.«

»Ach ja, die Kinder«, sagte ich und glitt mit meinem niedrigen Sessel weiter zurück, bis er fast den Wandschirm berührte, der sie verbarg. »Ich bin ja so gespannt, ob sie meinetwegen herauskommen.«

Stimmengemurmel – Maddens Stimme und eine tiefere – war vernehmlich von der niedrigen dunklen Seitentüre her, und ein rothaariger Riese mit Segeltuchgamaschen, unverkennbar der Gutspächtertyp, kam hereingestolpert oder wurde hereingeschubst.

»Kommen Sie zum Feuer, Mr. Turpin«, sagte sie.

»Bitte sehr, Miss, ich ... ich kann ganz gut auch an der Tür stehenbleiben.« Beim Sprechen klammerte er sich an den Türgriff wie ein verschüchtertes Kind. Plötzlich wurde mir klar, daß ihn eine schier übermächtige Furcht beim Wickel hielt.

»Nun?«

»Wegen dem neuen Stall fürs Jungvieh ... das wär's. Die ersten Herbststürme setzen ein ... aber ich komm' ein andermal wieder, Miss.« Seine Zähne klapperten nicht viel stärker als die Türklinke.

»Das glaub' ich nicht«, sagte sie nüchtern. »Der neue Stall, na. Was hat Ihnen denn mein Verwalter am fünfzehnten geschrieben?«

»Ich hab' mir gedacht, daß vielleicht, wenn ich direkt mit Ihnen sprechen würde... so... so... von Mann zu Mann... Miss. Aber...«

Er rollte seine schreckgeweiteten Augen, die in jeder Ecke Zuflucht suchten. Halb öffnete er die Tür, durch die er eingetreten war, aber ich bemerkte, daß sie wieder geschlossen wurde – von außen und mit fester Hand.

»Er schrieb, was ich ihm aufgetragen hatte«, fuhr sie fort. »Sie haben bereits zuviel Vieh. Dunnetts Farm hat nie mehr als fünfzig Ochsen gehalten – nicht einmal zu Mr. Wrights Zeiten. Und er hat zusätzliches Preßfutter verwendet. Sie haben bereits siebenundsechzig Stück und füttern nicht zu. In dieser Hinsicht haben Sie den Pachtvertrag gebrochen. Sie treiben Raubbau mit dem Land.«

»Ich... ich kriege ja Mineraldünger... Superphosphate... nächste Woche. Eine Wagenladung voll hab' ich praktisch schon bestellt. Ich geh' morgen zum Bahnhof und kümmere mich darum. Und dann kann ich wieder kommen und mit Ihnen reden, Miss, sozusagen von Mann zu Mann, bei Tageslicht... Der Herr da geht doch nicht etwa weg?« Er kreischte fast.

Ich hatte nur den Sessel etwas weiter zurückgleiten lassen und die Hand nach hinten ausgestreckt, um ans Leder des Wandschirms zu pochen, aber er fuhr hoch wie eine aufgescheuchte Ratte.

»Nein. Und nun hören Sie mir bitte einmal zu, Mr. Turpin.« Sie drehte sich im Sessel um und wandte ihm, der mit dem Rücken zur Tür stand, das Gesicht zu. Es war ein altbekanntes geplantes Beispielchen mieser Profitmacherei, das sie ihm da auf den Kopf zusagte – dieser Antrag auf einen zusätzlichen Kuhstall auf Kosten seiner Grundherrin, damit er mit dem heimlich einkalkulierten Dünger den Pachtzins fürs nächste Jahr aus dem Grundschätzungswert des Hofes herausschlagen könne, wohlverstanden, nachdem er, wie sie sagte, die zusätzlich gedüngten Weiden bis auf die Grasnarbe ausgebeutet haben würde. Ich konnte gar nicht anders, als das Übermaß seiner Habgier bewundern, um derentwillen er dem unbestimmbaren Grauen, das ihm den Angstschweiß über die Stirne rinnen ließ, Trotz bot.

Ich hörte auf, aufs Leder zu klopfen – ich rechnete in der Tat gerade die Kosten des Stalles aus –, da fühlte ich, wie meine herunterhängende Hand ergriffen und sanft in weichen Kinderhändchen herumgedreht wurde. So hatte ich schließlich doch gesiegt! Gleich würde ich mich umwenden und Bekanntschaft schließen mit diesen schnellfüßigen Wanderern . . .

Ein hingehauchtes Küßchen fiel mitten in meine Handfläche – ein Geschenk, über das sich die Finger damals immer sofort zu schließen hatten: der hingebungsvoll–vertrauende, halb vorwurfsvolle Wink eines wartenden Kindes, das nicht daran gewohnt war, vernachlässigt zu werden, auch wenn die Erwachsenen ganz furchtbar beschäftigt waren –, ein Bruchstück jener wortlosen Verständigung, die wir einst vor sehr langer Zeit zusammen ausgemacht hatten.

Und dann fiel es mir wie Schuppen von den Augen. Und mir war, als hätte ich es vom ersten Tag an gewußt, als ich über den Rasen zum Fenster hinaufgeblickt hatte.

Ich hörte die Tür ins Schloß fallen. Die Frau wandte sich mir schweigend zu, und ich fühlte, daß auch sie es wußte.

Wieviel Zeit danach verstrich, vermag ich nicht zu sagen.

Aufgeschreckt wurde ich, weil ein Scheit herausfiel, und ich erhob mich automatisch, um es zurückzulegen. Darauf kehrte ich an meinen Platz zurück, zu meinem Sessel ganz nah beim Wandschirm.

»So, jetzt verstehen Sie«, flüsterte sie über die dichtgedrängten Schatten hinweg.

»Ja, jetzt verstehe ich. Ich danke Ihnen.«

»Ich ... ich höre sie ja nur.« Sie senkte ihren Kopf in die Hände. »Ich hab' kein Recht, Sie wissen ja, kein anderes Recht. Ich hab' weder geboren noch verloren!«

»So seien Sie sehr froh«, sagte ich, denn meine Seele in mir lag bloß.

»Vergeben Sie mir!«

Sie schwieg, und ich kehrte zurück zu meinem Leid und meiner Freude.

»Es geschah, weil ich sie so liebte«, sagte sie endlich mit gebrochener Stimme. »Aus diesem Grunde geschah es, schon ganz von Anfang an – schon bevor ich wußte, daß sie ... sie alles sind, was ich je mein eigen nennen würde. Und ich liebte sie doch so!«

Sie streckte die Arme aus nach den Schatten und den Schatten innerhalb des Schattens.

»Sie kamen, weil ich sie liebte, weil ich sie brauchte. Ich ... ich muß sie dazu gebracht haben. War das unrecht – was meinen Sie?«

»Nein ... nein.«

»Ich ... ich gebe ja zu, daß das Spielzeug und das ganze Drum und Dran Unsinn waren ... aber ... aber ich selbst habe leere Räume so gehaßt, als ich klein war.« Sie wies auf die Galerie. »Und die Gänge so ganz leer – wie hätte ich es je ertragen können, daß das Gartentor geschlossen blieb? Nehmen wir doch an . . .«

»Nein, um Himmels willen, nicht!« rief ich.

Das Zwielicht hatte einen kalten Regenschauer gebracht mit ungestümen Windstößen, die an den Butzenscheiben herumzerrten.

»Und das gilt auch fürs Feuer, das die ganze Nacht hindurch unterhalten wird. Ich finde das nicht so unsinnig und Sie?«

Ich schaute den breiten Backsteinkamin an und stellte durch Tränen, glaub' ich, fest, daß weder darauf noch in seinem Umkreis Eisen zu finden war, das die Geister der Toten abgeschreckt hätte, und ich senkte den Kopf.

»Ich hab' all das getan und vieles mehr – einfach, um so zu tun als ob. Dann kamen sie. Ich hörte sie, aber ich wußte nicht, daß sie von Rechts wegen nicht mir gehörten, bis Mrs. Madden mir sagte . . .«

»Die Frau des Butlers? Was denn?«

»Eins davon, ich hörte es, hat sie gesehen. Und wußte: das war das ihre! *Nicht* für mich. Erst wußte ich das gar nicht. Vielleicht war ich auch eifersüchtig. Danach ging es mir langsam auf, daß es nur geschah, weil ich sie liebte, nicht weil . . . Oh, entweder *muß* man gebären oder verlieren«, sagte sie in mitleiderregendem Ton.

»Es gibt nichts anderes – und doch, sie lieben mich. Das müssen sie doch! Nicht wahr?«

Kein Geräusch war im Raum, außer den schlappernden Lauten der Flammen, aber wir beide lauschten angespannt, und sie wenigstens fand Trost in dem, was sie hörte. Sie gewann ihre Fassung zurück und erhob sich halb. Ich blieb unbeweglich auf meinem Sessel beim Wandschirm sitzen.

»Halten Sie mich nicht für einen armen Tropf, weil ich Ihnen so über mich jammere, aber . . . aber ich bin eben ganz im Dunkel, und Sie, Sie können sehen.«

In der Tat konnte ich sehen, und mein Sehvermögen bestätigte mich in meinem Entschluß, obwohl sich das genauso anfühlte, als würden Geist und Körper auseinandergerissen. Doch ein Weilchen wollte ich noch bleiben, da es das letzte Mal war.

»Sie denken also, es sei unrecht?« sagte sie heftig, obwohl ich nichts gesagt hatte.

»Nicht für Sie. Tausendmal nein. Für Sie ist es recht . . . ich bin Ihnen unaussprechlich dankbar. Für mich wäre es unrecht. Nur für mich . . .«

»Warum?« fragte sie, fuhr sich aber mit der Hand übers Gesicht, wie damals bei unserem zweiten Zusammentreffen im Wald. »Ach so«, fuhr sie fort, in der heiligen Einfalt eines Kindes. »Für Sie wäre es unrecht.« Und dann, indem sie leise in sich hineinlachte: »Erinnern Sie sich – ich hab' Sie doch einen Glückspilz genannt – einmal – am Anfang. Ausgerechnet Sie, der Sie nie wieder hierherkommen dürfen!«

Sie verließ mich, damit ich noch ein Weilchen beim Waldschirm sitzenbleiben konnte, und ich hörte, wie oben, der Galerie entlang, ihr Schritt nach und nach erstarb.

Aus dem Englischen übertragen von Sylvia Botheroyd

Pär Lagerkvist

Der Fahrstuhl, der zur Hölle fuhr

Direktor Jönsson öffnete den eleganten Hotelfahrstuhl und schob verliebt ein anmutiges Wesen hinein, das nach Pelzwerk und Puder duftete. Sie kuschelten sich auf dem weichen Sitz zusammen, und der Fahrstuhl setzte sich in Bewegung. Die zierliche Frau bot dem Direktor ihren halboffenen, weinfeuchten Mund, und sie küßten sich. Sie hatten auf der Dachterrasse unter Sternen soupiert und wollten sich nun anderswo weiter amüsieren.

»Ach, Liebster, wie herrlich es doch da oben war«, flüsterte sie. »Wie poetisch, dort mit dir zu sitzen, wie mitten unter den Sternen. Da versteht man erst, was Liebe ist. Du liebst mich doch wirklich?«

Der Direktor antwortete mit einem noch längeren Kuß. Der Fahrstuhl sank.

»Wie schön, daß du gekommen bist, mein Kleines«, sagte er, »ich wäre sonst noch verrückt geworden.«

»Ja, aber du kannst dir gar nicht vorstellen, wie unausstehlich er war. Kaum hatte ich angefangen, mich zurechtzumachen, da fragte er auch schon, wo ich hinwolle. ›Ich denke, ich kann doch wohl hingehen, wo es mir gefällt‹, erwiderte ich. ›Man ist doch hier nicht im Gefängnis.‹ Da setzte er sich und starrte mich die ganze Zeit nur an, während ich mich umkleidete und mein neues Hellbraunes anzog. Findest du, daß es mir steht? Was steht mir eigentlich am besten, vielleicht doch eher Rosa?«

»Liebling, dir steht einfach alles«, sagte der Direktor, »aber so strahlend wie heute habe ich dich noch nie gesehen.«

Sie öffnete dankbar lächelnd den Pelz, und sie küßten sich lange. Der Fahrstuhl sank.

»Als ich dann fertig war und gehen wollte, sagte er kein

Wort, nahm nur meine Hand und drückte sie so heftig, daß es mir immer noch weh tut. Du kannst dir gar nicht vorstellen, wie brutal er ist. ›Adieu dann‹, sagte ich, worauf er natürlich wieder nichts zu erwidern wußte. Er ist so grenzenlos stur, daß es kaum zu ertragen ist.«

»Armes Kleines!« bedauerte sie Direktor Jönsson.

»Als ob ich nicht einmal ausgehen und mich zerstreuen dürfte! Aber weißt du, er ist so todernst wie kein anderer auf der Welt. Nichts kann er einfach oder natürlich hinnehmen. Immer tut er so, als gelte es gleich das Leben.«

»Du Ärmste, was mußt du durchgemacht haben!«

»O ja, ich habe furchtbar gelitten. Ganz furchtbar. Keiner hat so gelitten wie ich. Erst durch dich habe ich erfahren, was Liebe ist.«

»Geliebte!« stöhnte Jönsson und schloß sie in die Arme.

Der Fahrstuhl sank.

»Weißt du«, sagte sie, als sie sich von der Umarmung erholt hatte, »mit dir da oben zu sitzen und nach den Sternen zu blicken und zu träumen – das werde ich wohl niemals vergessen. Sieh mal, darin ist Arvid so unmöglich, immer muß er so ernst sein, nicht eine Spur von Poesie ist in ihm, davon versteht er rein gar nichts.«

»Mein Liebes, das ist ja unerträglich!«

»Nicht wahr, ganz unerträglich. Aber«, fuhr sie fort und reichte ihm lächelnd die Hand, »warum jetzt daran denken. Wir wollen uns doch amüsieren! Du liebst mich doch wirklich?«

»Und ob!« versicherte der Direktor und bog sie so zurück, daß ihr der Atem verging. Der Fahrstuhl sank. Er beugte sich über sie und liebkoste sie. Sie errötete.

»Wollen wir uns heute nacht lieben... wie nie zuvor? Du...?« flüsterte er.

Sie zog ihn an sich und schloß die Augen. Der Fahrstuhl sank. Er sank und sank.

Schließlich richtete sich Jönsson auf, mit rotem Gesicht.

»Aber was ist denn mit dem Fahrstuhl los!« rief er erregt. »Warum hält er nicht an? Wir sitzen doch hier schon eine ganze Weile und unterhalten uns, nicht wahr?«

»Ja, Liebster, die Zeit vergeht wie im Fluge.«

»Ja, Herrgott noch mal, eigentlich sitzen wir schon wahnsinnig lange hier. Was hat das zu bedeuten?«

Er schaute durch das Gitter. Draußen war es stockdunkel. Und der Fahrstuhl sank und sank in rascher, gleichmäßiger Fahrt immer tiefer hinab. »Du lieber Gott, was hat das zu bedeuten. Das ist ja, als sauste man in einen bodenlosen Abgrund. Und das schon eine Ewigkeit.«

Sie versuchten, in die Tiefe zu blicken, aber in der pechschwarzen Finsternis war nichts zu erkennen. Sie sanken nur und sanken und fuhren ihr weiter entgegen.

»Hier geht es in die Hölle«, sagte Jönsson.

»O Liebster«, jammerte die Frau und klammerte sich an seinen Arm, »ich habe solche Angst. Du mußt die Notbremse ziehen!«

Jönsson zog mit aller Kraft. Vergebens. Der Fahrstuhl sauste nur immer weiter hinab ins Unendliche.

»Das ist ja entsetzlich!« rief sie. »Was sollen wir tun?«

»Ja, was zum Teufel soll man tun«, sagte Jönsson. »Das ist ja Wahnsinn.«

Die kleine Frau geriet in Verzweiflung und brach in Tränen aus.

»Nein, nein, nicht doch, Liebste, wir müssen vernünftig sein! Es läßt sich ja nicht ändern. So, jetzt setz dich erst mal wieder hin. Siehst du, nun bleiben wir beide hier ruhig sitzen, ganz dicht beieinander, und warten ab, wie es weitergeht. Es muß doch einmal ein Ende haben, zum Teufel!« Sie saßen da und warteten.

»Warum muß uns so etwas passieren«, sagte die Frau. »Es ist unglaublich, gerade wo wir ausgehen und uns so schön amüsieren wollten.«

»Ja, zum Teufel, wie dumm«, bekräftigte Jönsson.

»Du liebst mich doch wirklich?«

»Aber Liebling, Kleines«, sagte Jönsson und drückte sie an seine Brust. Der Fahrstuhl sank. Dann blieb er plötzlich ruckartig stehen. Ringsumher war es so hell, daß es in den Augen stach. Sie waren in der Hölle. Der Teufel schob höflich das Gitter beiseite.

»Guten Abend«, sagte er und verbeugte sich tief. Er sah flott aus in seinem Frack, der an dem behaarten obersten Rückenwirbel hing wie an einem rostigen Nagel.

Jönsson und die Frau taumelten verwirrt hinaus. »Wo sind wir, um Gottes willen!« riefen sie, angesichts der unheimlichen Erscheinung vor Schrecken wie gelähmt.

Ein wenig befangen gab ihnen der Teufel Auskunft. »Aber das ist nicht so gefährlich, wie es klingt«, beeilte er sich hinzuzufügen. »Ich hoffe, die Herrschaften werden sich hier richtig wohl fühlen. Es soll nur für eine Nacht sein, nehme ich an?«

»Ja, ja«, rief Jönsson eifrig zustimmend, »nur für eine Nacht. Länger wollen wir nicht bleiben, o nein!«

Die kleine Frau klammerte sich zitternd an seinen Arm. Das Licht war von einem so grellen Gelbgrün, daß man kaum etwas erkennen konnte. Es schien brenzlig zu riechen. Als sie sich ein wenig daran gewöhnt hatten, merkten sie, daß sie auf einer Art Marktplatz standen, um den herum sich Häuser mit glühenden Eingängen in das Dunkel erhoben. Die Fenster waren verhängt; durch die Ritzen sah man, daß es drinnen brannte.

»Die Herrschaften lieben sich?« erkundigte sich der Teufel.

»Ja, grenzenlos«, erwiderte die Frau und warf einen Blick aus ihren schönen Augen.

»Dann bitte diesen Weg entlang«, sagte er und bat sie, so freundlich zu sein und ihm zu folgen.

Sie schlüpften in eine düstere Seitenstraße. Nach ein paar Schritten kamen sie an einen schmutzigen, verschmierten Eingang, über dem eine alte, gesprungene Laterne hing.

»Bitte schön, hier ist es.« Der Teufel stieß die Tür auf und zog sich diskret zurück.

Sie traten ein. Eine fette, unterwürfige Teufelin mit üppigen Brüsten und violetten Puderklümpchen um den bärtigen Mund empfing sie. Sie lachte schnaufend, mit verständnisinnigen Pfefferkornaugen. Um die Hörner auf der Stirn hatte sie Haarsträhnen gewickelt und mit blauen Seidenbändern befestigt.

»Aha, der Herr Jönsson und die kleine Frau«, sprach sie, »das wäre dann die Nummer acht.« Und sie gab ihnen einen großen Schlüssel.

Sie stiegen eine dunkle, schmutzige Treppe hinauf. Die Stufen waren so schlüpfrig, daß man leicht darauf ausgleiten konnte. Es war zwei Treppen hoch. Jönsson machte die Acht ausfindig, und sie traten ein. Es war ein mittelgroßer, muffiger Raum. In der Mitte stand ein Tisch mit schäbiger Decke, an der Wand ein Bett mit glattgestrichenem Bezug. Sie fanden es gemütlich, legten die Garderobe ab und küßten sich lange.

Durch eine andere Tür kam unbemerkt ein Mann herein. Er war wie ein Kellner gekleidet. Der Smoking war so untadelig und die Hemdbrust so rein, daß sie im Halbdunkel gespenstisch leuchtete. Er ging lautlos, kein Schritt war zu hören. Seine Bewegungen waren mechanisch und wie unbewußt. Das Gesicht mit den strengen Zügen war totenbleich, die Augen blickten starr geradeaus. An der Schläfe sah man eine Schußwunde. Er brachte das Zimmer in Ordnung, wischte den Toilettentisch ab und stellte Nachtgeschirr und Spüleimer hinein.

Sie kümmerten sich nicht weiter um ihn, aber als er gehen wollte, sagte Jönsson: »Wir hätten gern etwas Wein, bringen Sie uns eine halbe Flasche Madeira!« Der Mann verbeugte sich und verschwand. Jönsson legte seinen Rock ab und stand in Hemdsärmeln da. Die Frau zögerte ein wenig. »Er kommt doch gleich wieder«, gab sie zu bedenken.

»Ach was, an so einem Ort braucht man sich nicht zu genieren. Zieh dich ruhig aus, Schätzchen.« Sie streifte das Kleid ab, zog kokett die Schlüpfer hoch und setzte sich auf seinen Schoß. Es war himmlisch.

»Wie sonderbar«, flüsterte sie, »hier zusammen zu sitzen, du und ich, ganz allein, an einem so seltsamen romantischen Ort! Wie poetisch, nie werde ich das vergessen ...«

»Mein kleiner Schatz«, sagte er, und sie küßten sich lange.

Der Mann kam wieder herein, lautlos. Leise, mechanisch stellte er die Gläser hin und schenkte ein. Der Schein der Tischlampe fiel auf sein Gesicht. Er hatte nichts Besonderes an sich, außer seiner Totenblässe und der Schußwunde an der Schläfe.

Die Frau fuhr mit einem Schrei auf. »O mein Gott, Arvid!

Bist du es? Bist du es . . .? Gott im Himmel, er ist tot. Er hat sich erschossen!«

Der Mann stand reglos da, blickte nur starr vor sich hin. Sein Gesicht drückte kein Leiden aus, es war nur streng, tiefernst.

»Aber Arvid, was hast du getan, was hast du getan! Wie konntest du nur! Ach du Lieber, wenn ich das geahnt hätte – du kannst dir wohl denken, daß ich zu Hause geblieben wäre. Aber nie erzählst du mir etwas, nichts davon hast du gesagt, kein Wort! Wie hätte ich das wissen sollen, wenn du nichts sagst. O mein Gott . . .!«

Sie zitterte am ganzen Körper. Der Mann sah sie an wie eine Fremde, sein Blick war eisig und grau und alles durchdringend. Das gelblichweiße Gesicht leuchtete, aus der Wunde kam kein Blut, da war nur ein Loch.

»Oh, es ist entsetzlich, entsetzlich!« schrie sie. »Ich will weg von hier! Fort, auf der Stelle. Ich halt das nicht aus!«

Sie raffte Kleid, Hut und Pelz an sich und stürzte hinaus, von Jönsson gefolgt. Sie glitten die Treppe hinunter, die Frau stolperte und landete in Speichelschlieren und Zigarettenasche. Unten stand die Alte, schmunzelte verständnisvoll in ihren Bart und nickte mit den Hörnern.

Draußen auf der Straße beruhigten sie sich etwas. Die Frau zog sich an, ordnete ihre Toilette und puderte sich die Nase. Jönsson legte ihr beschützend den Arm um die Taille und küßte die Tränen fort, die hervorquollen. Ach, er war so gut! Sie gingen zum Marktplatz hinauf.

Dort stießen sie wieder auf den Oberteufel, der umherspazierte.

»Aha, schon fertig!« stellte er fest. »Ich hoffe, es hat den Herrschaften gefallen.«

»Oh, es war schauderhaft!« erwiderte die Frau.

»Sagen Sie das nicht, das können Sie unmöglich behaupten. Da hätte die Dame sehen sollen, wie es früher zuging in der Welt, ja, das war etwas anderes. Jetzt kann man sich über die Hölle wirklich nicht beklagen. Wir tun ja alles, damit man nichts merkt, sondern sich im Gegenteil recht wohl fühlt.«

»Ja«, sagte Jönsson, »das muß man zugeben, es ist jedenfalls ein bißchen humaner geworden, das ist wahr.«

»Oh«, bekräftigte der Teufel, »hier ist natürlich modernisiert worden, von Grund auf umgestaltet.«

»Nun, man muß sich selbstverständlich der allgemeinen Entwicklung anpassen.«

»Gewiß, heutzutage gibt es nur noch seelische Qualen.«

»Gott sei Dank«, sagte die Frau.

Der Teufel geleitete sie höflich zum Fahrstuhl. »Guten Abend«, sagte er und verbeugte sich tief, »beehren Sie uns wieder.«

Er schloß hinter ihnen, und sie fuhren aufwärts. »Bloß gut, daß es vorbei ist!« sagten sie beide erleichtert und kuschelten sich auf dem Sitz aneinander.

»Ohne dich hätte ich das niemals überstanden«, flüsterte sie.

Er zog sie an sich, und sie küßten sich lange.

»Nicht zu fassen«, sagte sie, nachdem sie sich von der Umarmung erholt hatte, »daß er so etwas tun konnte! Aber er hat schon immer so seltsame Ideen gehabt. Nie konnte er etwas so einfach und natürlich nehmen, wie es ist. Als ob es immer um Leben und Tod ginge.«

»Das ist ja wirklich albern«, bemerkte Jönsson.

»Er hätte es doch *sagen* können. Dann wäre ich eben zu Hause geblieben. Wir hätten ja dafür an einem anderen Abend ausgehen können.«

»Aber gewiß«, bekräftigte Jönsson, »gewiß, das hätten wir tun können.«

»Aber, mein Liebster, warum sollen wir uns darüber den Kopf zerbrechen«, flüsterte sie und schmiegte sich an ihn, »jetzt ist es ja vorbei.«

»Ja, Schätzchen, jetzt ist es vorbei.« Er schloß sie in die Arme. Der Fahrstuhl fuhr nach oben.

Aus dem Schwedischen übertragen von Erik Gloßmann

Thomas Mann

Der Kleiderschrank

Eine Geschichte voller Rätsel

Es war trübe, dämmerig und kühl, als der Schnellzug Berlin–Rom in eine mittelgroße Bahnhofshalle einfuhr. In einem Coupé erster Klasse mit Spitzendecken über den breiten Plüschsesseln richtete sich ein Alleinreisender empor: Albrecht van der Qualen. Er erwachte. Er verspürte einen faden Geschmack im Munde, und sein Körper war voll von dem nicht sehr angenehmen Gefühl, das durch das Stillstehen nach längerer Fahrt, das Verstummen des rhythmisch rollenden Gestampfes, die Stille hervorgebracht wird, von welcher die Geräusche draußen, die Rufe und Signale sich merkwürdig bedeutsam abheben ... Dieser Zustand ist wie ein Zusichkommen aus einem Rausche, einer Betäubung. Unseren Nerven ist plötzlich der Halt, der Rhythmus genommen, dem sie sich hingegeben haben: nun fühlen sie sich äußerst verstört und verlassen. Und dies desto mehr, wenn wir gleichzeitig aus dem dumpfen Reiseschlaf erwachen.

Albrecht van der Qualen reckte sich ein wenig, trat ans Fenster und ließ die Scheibe herunter. Er blickte am Zuge entlang. Droben am Postwagen machten sich verschiedene Männer mit dem Ein– und Ausladen von Paketen zu schaffen. Die Lokomotive gab mehrere Laute von sich, nieste und kollerte ein wenig, schwieg dann und verhielt sich still; aber nur wie ein Pferd stillsteht, das bebend die Hufe hebt, die Ohren bewegt und gierig auf das Zeichen zum Anziehen wartet. Eine große und dicke Dame in langem Regenmantel schleppte mit unendlich besorgtem Gesicht eine zentnerschwere Reisetasche, die sie mit einem Knie ruckweise vor sich herstieß, beständig an den Waggons hin und her: stumm, gehetzt und mit angstvollen Augen. Besonders ihre Oberlippe, die sie weit hervorschob und auf der ganz kleine

Schweißtropfen standen, hatte etwas namenlos Rührendes ... Du Liebe, Arme! dachte van der Qualen. Wenn ich dir helfen könnte, dich unterbringen, dich beruhigen, nur deiner Oberlippe zu Gefallen! Aber jeder für sich, so ist's eingerichtet, und ich, der in diesem Augenblick ganz ohne Angst bin, stehe hier und sehe dir zu, wie einem Käfer, der auf den Rücken gefallen ist ...

Dämmerung herrschte in der bescheidenen Halle. War es Abend oder Morgen? Er wußte es nicht. Er hatte geschlafen, und es war ganz und gar unbestimmt, ob er zwei, fünf oder zwölf Stunden geschlafen hatte. Kam es nicht vor, daß er vierundzwanzig Stunden und länger schlief, ohne die geringste Unterbrechung, tief, außerordentlich tief? – Er war ein Herr in einem halblangen, dunkelbraunen Winterüberzieher mit Sammetkragen. Aus seinen Zügen war sein Alter sehr schwer zu erkennen; man konnte geradezu zwischen fünfundzwanzig und dem Ende der Dreißiger schwanken. Er besaß einen gelblichen Teint, seine Augen aber waren glühend schwarz wie Kohlen und tief umschattet. Diese Augen verrieten nichts Gutes. Verschiedene Ärzte hatten ihm, in ernsten und offenen Gesprächen unter zwei Männern, nicht mehr viele Monate gegeben ... Übrigens war sein dunkles Haar seitwärts glatt gescheitelt.

Er hatte in Berlin – obgleich Berlin nicht der Ausgangspunkt seiner Reise war – gelegentlich mit seiner Handtasche aus rotem Leder den gerade abgehenden Schnellzug bestiegen, er hatte geschlafen, und nun, da er erwachte, fühlte er sich so völlig der Zeit enthoben, daß ihn das Behagen durchströmte. Er besaß keine Uhr. Er war glücklich, an der dünnen, goldenen Kette, die er um den Hals gehängt trug, nur ein kleines Medallon in seiner Westentasche zu wissen. Er liebte es nicht, sich in Kenntnis über die Stunde oder auch nur den Wochentag zu befinden, denn auch einen Kalender hielt er sich nicht. Seit längerer Zeit hatte er sich der Gewohnheit entschlagen, zu wissen, den wievielten Tag des Monats oder auch nur welchen Monat, ja sogar welche Jahreszahl man schrieb. Alles muß in der Luft stehen, pflegte er zu denken, und er verstand ziemlich viel darunter, obgleich es eine etwas dunkle Redewendung war. Er ward selten oder niemals in dieser Unkenntnis gestört, da er sich bemühte, alle Störungen solcher Art von sich fernzuhalten. Genügte es ihm vielleicht nicht, ungefähr zu bemerken, welche Jahreszeit man hatte? Es ist gewissermaßen Herbst, dachte er, während er in die trübe und feuchte Halle hinausblickte. Mehr weiß ich nicht! Weiß ich überhaupt, wo ich bin?

Und plötzlich, bei diesem Gedanken, ward die Zufriedenheit, die er empfand, zu einem freudigen Entsetzen. Nein, er wußte nicht, wo er sich befand! War er noch in Deutschland? Zweifelsohne. In Norddeutschland? Das stand dahin! Mit den Augen, die noch blöde waren vom Schlafe, hatte er das Fenster seines Coupés an einer erleuchteten Tafel vorübergleiten sehen, die möglicherweise den Namen der Station aufgewiesen hatte, – nicht das Bild eines Buchstabens war zu seinem Hirn gelangt. In noch trunkenem Zustande hatte er die Schaffner zwei– oder dreimal den Namen rufen hören, – nicht einen Laut davon hatte er verstanden. Dort aber, dort, in einer Dämmerung, von der er nicht wußte, ob sie Morgen oder Abend bedeutete, lag ein fremder Ort, eine unbekannte Stadt ... Albrecht van der Qualen nahm seinen Filzhut aus dem Netz, ergriff seine rotlederne Reisetasche, deren Schnallriemen gleichzeitig eine rot und weiß gewürfelte Decke aus Seidenwolle umfaßte, in welcher wiederum ein Regenschirm mit silberner Krücke steckte, – und obgleich sein Billett nach Florenz lautete, verließ er das Coupé, schritt die bescheidene Halle entlang, legte sein Gepäck in dem betreffenden Bureau nieder, zündete eine Zigarre an, steckte die Hände – er trug weder Stock noch Schirm – in die Paletottaschen und verließ den Bahnhof.

Draußen auf dem trüben, feuchten und ziemlich leeren Platze knallten fünf oder sechs Droschkenkutscher mit ihren Peitschen, und ein Mann mit betreßter Mütze und langem Mantel, in den er sich fröstelnd hüllte, sagte mit fragender Betonung: »Hotel zum braven Manne?« Van der Qualen dankte ihm höflich und ging seines Wegs gradaus. Die Leute, denen er begegnete, hatten die Kragen ihrer Mäntel emporgeklappt; darum tat er es auch, schmiegte das Kinn in den Sammet, rauchte und schritt nicht schnell und nicht langsam fürbaß.

Er kam an einem untersetzten Gemäuer vorbei, einem alten Tore mit zwei massiven Türmen und überschritt eine Brücke, an deren Geländern Statuen standen und unter der das Wasser sich trübte und träge dahinwälzte. Ein langer, morscher Kahn kam vorbei, an dessen Hinterteil ein Mann mit einer langen Stange ruderte. Van der Qualen blieb ein wenig stehen und beugte sich über die Brüstung. Sieh da, dachte er, ein Fluß; der Fluß. Angenehm, daß ich seinen ordinären Namen nicht weiß ... Dann ging er weiter.

Er ging noch eine Weile auf dem Trottoir einer Straße geradeaus, die weder sehr breit noch sehr schmal war, und bog dann irgendwo zur linken Hand ab. Es war Abend. Die elektrischen Bogenlampen zuckten auf, flackerten ein paarmal, glühten, zischten und leuchteten dann im Nebel. Die

Läden schlossen. Also sagen wir, es ist in jeder Beziehung Herbst, dachte van der Qualen und schritt auf dem schwarznassen Trottoir dahin. Er trug keine Galoschen, aber seine Stiefel waren außerordentlich breit, fest, durabel und ermangelten trotzdem nicht der Eleganz.

Er ging andauernd nach links. Menschen schritten und eilten an ihm vorüber, gingen ihren Geschäften nach oder kamen von Geschäften. Und ich gehe mitten unter ihnen, dachte er, und bin so allein und fremd, wie es mutmaßlich kein Mensch gewesen ist. Ich habe kein Geschäft und kein Ziel. Ich habe nicht einmal einen Stock, auf den ich mich stütze. Haltloser, freier, unbeteiligter kann niemand sein. Niemand verdankt mir etwas, und ich verdanke niemandem etwas. Gott hat seine Hand niemals über mir gehalten, er kennt mich gar nicht. Treues Unglück ohne Almosen ist eine gute Sache; man kann sich sagen: Ich bin Gott nichts schuldig ...

Die Stadt war bald zu Ende. Wahrscheinlich war er etwa von der Mitte aus in die Quere gegangen. Er befand sich auf einer breiten Vorstadtstraße mit Bäumen und Villen, bog rechts ab, passierte drei oder vier fast dorfartige, nur von Gaslaternen beleuchtete Gassen und blieb schließlich in einer etwas breiteren vor einer Holzpforte stehen, die sich rechts neben einem gewöhnlichen, trübgelb gestrichenen Hause befand, welches sich seinerseits durch völlig undurchsichtige und sehr stark gewölbte Spiegelfensterscheiben auszeichnete. An der Pforte jedoch war ein Schild befestigt mit der Aufschrift: ›In diesem Hause im dritten Stock sind Zimmer zu vermieten.‹ »So?« sagte er, warf den Rest seiner Zigarre fort, ging durch die Pforte, an einer Planke entlang, die das Grundstück von dem benachbarten trennte, linker

Hand durch die Haustür, mit zwei Schritten über den Vorplatz, auf dem ein ärmlicher Läufer, eine alte, graue Decke lag, und begann, die anspruchslosen Holztreppen hinaufzusteigen.

Auch die Etagentüren waren sehr bescheiden, mit Milchglasscheiben, vor denen sich Drahtgeflechte befanden, und irgendwelche Namensschilder waren daran. Die Treppenabsätze waren von Petroleumlampen beleuchtet. Im dritten Stockwerk aber – es war das letzte, und hierauf kam der Speicher – befanden sich auch rechts und links von der Treppe noch Eingänge: einfache bräunliche Stubentüren; ein Name war nicht zu bemerken. Van der Qualen zog in der Mitte den messingnen Klingelknopf ... Es schellte, aber drinnen ward keine Bewegung laut. Er pochte links ... Keine Antwort. Er pochte rechts ... Lange, leichte Schritte ließen sich vernehmen, und man öffnete.

Es war eine Frau, eine große, magere Dame, alt und lang. Sie trug eine Haube mit einer großen, mattlilafarbenen Schleife und ein altmodisches, verschossenes, schwarzes Kleid. Sie zeigte ein eingefallenes Vogelgesicht, und auf ihrer Stirn war ein Stück Ausschlag zu sehen, ein moosartiges Gewächs. Es war etwas ziemlich Abscheuliches.

»Guten Abend«, sagte Van der Qualen. »Die Zimmer ...«

Die alte Dame nickte; sie nickte und lächelte langsam, stumm und voll Verständnis und wies mit einer schönen, weißen, langen Hand mit langsamer, müder und vornehmer Gebärde auf die gegenüberliegende, die linke Tür. Dann zog sie sich zurück und erschien aufs neue mit einem Schlüssel. Sieh da, dachte er, der hinter ihr stand, während sie aufschloß. Sie sind ja wie ein Alp, wie eine Figur von Hoffmann, gnädige Frau ... Sie nahm die Petroleumlampe vom

Haken und ließ ihn eintreten. Es war ein kleiner, niedriger Raum mit brauner Diele; seine Wände aber waren bis oben hinauf mit strohfarbenen Matten bekleidet. Das Fenster an der Rückwand rechts verhüllte in langen, schlanken Falten ein weißer Musselinvorhang. Die weiße Tür zum Nebenzimmer befand sich rechter Hand.

Die alte Dame öffnete und hob ihre Lampe empor. Dieses Zimmer war erbärmlich kahl, mit nackten, weißen Wänden, von denen sich drei hellrot lackierte Rohrstühle abhoben wie Erdbeeren von Schlagsahne. Ein Kleiderschrank, eine Waschkommode nebst Spiegel ... Das Bett, ein außerordentlich mächtiges Mahagonimöbel, stand frei in der Mitte des Raumes.

»Haben Sie etwas dawider?« fragte die alte Dame und fuhr mit ihrer schönen, langen weißen Hand leicht über das Moosgewächs an ihrer Stirn ... Es war, als sagte sie das nur aus Versehen, als könne sie sich eines gewöhnlicheren Ausdruckes für den Augenblick nicht entsinnen. Sie fügte sofort hinzu: »Sozusagen —?«

»Nein, ich habe nichts dawider«, sagte van der Qualen. »Die Zimmer sind ziemlich witzig eingerichtet. Ich miete sie ... Ich möchte, daß irgend jemand meine Sachen vom Bahnhofe abholt, hier ist der Schein. Sie werden die Gefälligkeit haben, das Bett, den Nachttisch herrichten zu lassen ... mir jetzt sogleich den Hausschlüssel, den Etagenschlüssel einzuhändigen ... so wie Sie mir auch ein paar Handtücher verschaffen werden. Ich möchte ein wenig Toilette machen, dann in die Stadt zum Essen gehen und später zurückkehren.«

Er zog ein vernickeltes Etui aus der Tasche, entnahm ihm Seife und begann, sich an der Waschkommode Gesicht und

Hände zu erfrischen. Zwischendurch blickte er durch die stark nach außen gewölbten Fensterscheiben tief hinab über kotige Vorstadtstraßen im Gaslicht, auf Bogenlampen und Villen ... Während er seine Hände trocknete, ging er hinüber zum Kleiderschrank. Es war ein vierschrötiges, braungebeiztes, ein wenig wackeliges Ding mit einer einfältig verzierten Krönung und stand inmitten der rechten Seitenwand genau in der Nische einer zweiten weißen Tür, die in die Räumlichkeiten führen mußte, zu welchen draußen an der Treppe die Haupt– und Mitteltür den Eingang bildete. Einiges in der Welt ist gut eingerichtet, dachte van der Qualen. Dieser Kleiderschrank paßt in die Türnische, als wäre er dafür gemacht ... Er öffnete ... Der Schrank war vollkommen leer, mit mehreren Reihen von Haken an der Decke; aber es zeigte sich, daß dieses solide Möbel gar keine Rückwand besaß, sondern hinten durch einen grauen Stoff, hartes, gewöhnliches Rupfenzeug, abgeschlossen war, das mit Nägeln oder Reißstiften an den vier Ecken befestigt war. –

Van der Qualen verschloß den Schrank, nahm seinen Hut, klappte den Kragen seines Paletots wieder empor, löschte die Kerze und brach auf. Während er durch das vordere Zimmer ging, glaubte er, zwischen dem Geräusch seiner Schritte, nebenan, in jenen anderen Räumlichkeiten, einen Klang zu hören, einen leisen, hellen metallischen Ton, ... aber es ist ganz unsicher, ob es nicht Täuschung war. Wie wenn ein goldener Ring in ein silbernes Becken fällt, dachte er, während er die Wohnung verschloß, ging die Treppe hinunter, verließ das Haus und fand den Weg zurück zur Stadt.

In einer belebten Straße betrat er ein erleuchtetes Restaurant und nahm an einem der vorderen Tische Platz, indem er aller Welt den Rücken zuwandte. Er aß eine Kräutersuppe mit geröstetem Brot, ein Beefsteak mit Ei, Kompott und Wein, ein Stückchen grünen Gorgonzola und die Hälfte einer Birne. Während er bezahlte und sich ankleidete, tat er ein paar Züge aus einer russischen Zigarette, zündete dann eine Zigarre an und ging. Er schlenderte ein wenig umher, spürte seinen Heimweg in die Vorstadt auf und legte ihn ohne Eile zurück.

Das Haus mit den Spiegelscheiben lag völlig dunkel und schweigend da, als van der Qualen sich die Haustür öffnete und die finsteren Stiegen hinanstieg. Er leuchtete mit einem Zündhölzchen vor sich her und öffnete im dritten Stockwerk die braune Tür zur Linken, die in seine Zimmer führte. Nachdem er Überzieher und Hut auf den Diwan gelegt, entzündete er die Lampe auf dem großen Schreibtisch und fand daselbst seine Reisetasche sowie die Plaidrolle mit dem Regenschirm. Er rollte die Decke auseinander und zog eine Kognakflasche hervor, worauf er der Ledertasche ein Gläschen entnahm und, während er seine Zigarre zu Ende rauchte, im Armstuhle hier und da einen Schluck tat. Angenehm, dachte er, daß es auf der Welt doch immerhin Kognak gibt... Dann ging er ins Schlafzimmer, wo er die Kerze auf dem Nachttisch entzündete, löschte drüben die Lampe und begann sich zu entkleiden. Er legte Stück für Stück seines grauen, unauffälligen und dauerhaften Anzuges auf den roten Stuhl am Bette; dann jedoch, als er das Tragband löste, fielen ihm Hut und Paletot ein, die noch auf dem Diwan lagen; er holte sie herüber, er öffnete den Kleiderschrank... Er tat einen Schritt rückwärts und griff mit der Hand hinter sich nach einer der großen, dunkelroten Mahagonikugeln, welche die vier Ecken des Bettes zierten.

Das Zimmer mit seinen kahlen, weißen Wänden, von denen sich die rotlackierten Stühle abhoben wie Erdbeeren von Schlagsahne, lag in dem unruhigen Lichte der Kerze. Dort aber, der Kleiderschrank, dessen Tür weit offenstand: er war nicht leer, jemand stand darin, eine Gestalt, ein Wesen, so hold, daß Albrecht van der Qualens Herz einen Augenblick stillstand und dann mit vollen, langsamen, sanften Schlägen zu arbeiten fortfuhr ... Sie war ganz nackt und hielt einen ihrer schmalen, zarten Arme empor, indem sie mit dem Zeigefinger einen Haken an der Decke des Schrankes umfaßte. Wellen ihres langen, braunen Haares ruhten auf ihren Kinderschultern, von welchen ein Liebreiz ausging, auf den man nur mit Schluchzen antworten kann. In ihren lächelnden schwarzen Augen spiegelte sich der Schein der Kerze ... Ihr Mund war ein wenig breit, aber von einem Ausdruck, so süß wie die Lippen des Schlafes, wenn sie sich nach Tagen der Pein auf unsere Stirn senken. Sie hielt die Fersen fest geschlossen, und ihre schlanken Beine schmiegten sich aneinander ...

Albrecht van der Qualen strich sich mit der Hand über die Augen und sah ... er sah auch, daß dort unten in der rechten Ecke das graue Rupfenzeug vom Schranke gelöst war ... »Wie?« sagte er ... »Wollen Sie nicht hereinkommen? ... wie soll ich sagen ... herauskommen? Nehmen Sie nicht ein Gläschen Kognak? Ein halbes Gläschen? ...« Aber er erwartete keine Antwort hierauf und bekam auch keine. Ihre schmalen, glänzenden und so schwarzen Augen, daß sie ohne Ausdruck, unergründlich und stumm erschienen, – sie waren auf ihn gerichtet, aber ohne Halt und Ziel, verschwommen und als sähen sie ihn nicht. »Soll ich dir erzählen?« sagte sie plötzlich mit ruhiger, verschleierter Stimme.

»Erzähle . . .«, antwortete er. Er war in sitzender Haltung auf den Bettrand gesunken, der Überzieher lag auf seinen Knien, und seine zusammengelegten Hände ruhten darauf. Sein Mund stand ein wenig geöffnet, und seine Augen waren halb geschlossen. Aber das Blut kreiste warm und milde pulsierend durch seinen Körper, und in seinen Ohren sauste es leise.

Sie hatte sich im Schranke niedergelassen und umschlang mit ihren zarten Armen das eine ihrer Knie, das sie emporgezogen hatte, während das andere Bein nach außen hing. Ihre kleinen Brüste wurden durch die Oberarme zusammengepreßt, und die gestraffte Haut ihres Knies glänzte. Sie erzählte . . . erzählte mit leiser Stimme, während die Kerzenflamme lautlose Tänze aufführte . . .

Zwei gingen über das Heideland, und ihr Haupt lag auf seiner Schulter. Die Kräuter dufteten stark, aber schon stiegen die wolkigen Abendnebel vom Grunde: So fing es an. Und oftmals waren es Verse, die sich auf so unvergleichlich leichte und süße Art reimten, wie es uns hie und da in Fiebernächten im Halbschlaf geschieht. Aber es ging nicht gut aus. Das Ende war so traurig, wie wenn zwei sich unauflöslich umschlungen halten und, während ihre Lippen aufeinanderliegen, das eine dem anderen ein breites Messer oberhalb des Gürtels in den Körper stößt, und zwar aus guten Gründen. So aber schloß es. Und dann stand sie mit einer unendlich stillen und bescheidenen Gebärde auf, lüftete dort unten den rechten Zipfel des grauen Zeuges, das die Rückwand des Schrankes bildete, und war nicht mehr da.

Von nun an fand er sie allabendlich in seinem Kleiderschranke und hörte ihr zu . . . wie viele Abende? Wie viele

Tage, Wochen oder Monate verblieb er in dieser Wohnung und in dieser Stadt? – Niemandem würde es nützen, wenn hier die Zahl stünde. Wer würde sich an einer armseligen Zahl erfreuen?... Und wir wissen, daß Albrecht van der Qualen von mehreren Ärzten nicht mehr viele Monate zugestanden bekommen hatte.

Sie erzählte ihm ... und es waren traurige Geschichten, ohne Trost; aber sie legten sich als eine süße Last auf das Herz und ließen es langsamer und seliger schlagen. Oftmals vergaß er sich ... Sein Blut wallte auf in ihm, er streckte die Hände nach ihr aus, und sie wehrte ihm nicht. Aber er fand sie dann mehrere Abende nicht im Schranke, und wenn sie wiederkehrte, so erzählte sie doch noch mehrere Abende nichts und begann dann langsam wieder, bis er sich abermals vergaß.

Wie lange dauerte das ... wer weiß es? Wer weiß auch nur, ob überhaupt Albrecht van der Qualen an jenem Nachmittage wirklich erwachte und sich in die unbekannte Stadt begab; ob er nicht vielmehr schlafend in seinem Coupé erster Klasse verblieb und von dem Schnellzug Berlin–Rom mit ungeheurer Geschwindigkeit über alle Berge getragen ward? Wer unter uns möchte sich unterfangen, eine Antwort auf diese Frage mit Bestimmtheit und auf seine Verantwortung hin zu vertreten? Das ist ganz ungewiß. »Alles muß in der Luft stehen ...«

Luigi Pirandello

Die kleine Madonna

Ihr kennt doch alle diese Schachteln, in denen Holzspielzeug ist: Bäumchen mit buschigen Kronen und einer kleinen Holzscheibe, die unten an den Stamm geklebt ist, damit sie nicht umfallen, würfelförmige Häuschen, ein Kirchlein mit Glockenturm und alles, was sonst noch dazugehört. Und jetzt stellt euch vor, man hätte dem Jesuskind so eine Schachtel gegeben, und das Jesuskind hätte damit gespielt und dem gutmütigen Pater Fiorica sein Dorf, seine kleine Pfarrgemeinde folgendermaßen aufgebaut: das bescheidene Kirchlein – dem heiligen Petrus geweiht – in der Mitte; und auf der einen Seite das Pfarrhaus mit drei Fensterchen, vor denen Gardinen aus gestärktem Musselin hängen, die man durch die Scheiben sehen kann und die die Reinlichkeit und die friedliche Atmosphäre der Zimmer erahnen lassen, die von der Sonne durchflutet und voller Stille sind; der Garten neben dem Haus, mit Granatapfelbäumen, Wollmispeln, Orangen- und Zitronenbäumen; und drumherum die bescheidenen Häuschen seiner Schäflein, geteilt durch Gassen und Gäßchen, mit Hunderten von Tauben, die von Gesims zu Gesims flattern; und ebenso viele Kaninchen, die sich zitternd dicht an den Mauern aneinanderkuscheln; und streitlustige, gefräßige Hennen; und Schweinchen, die ein wenig bekümmert scheinen, fast als ob sie sich wegen ihrer übermäßigen Leibesfülle Sorgen machten.

Kann man es dem gutmütigen Pater Fiorica in so einer Umgebung vorwerfen, daß er im Traum nicht auf den Gedanken gekommen wäre, daß der Teufel an der einen oder anderen Stelle hineinschlüpfen könnte?

Der Teufel hingegen betrat diese kleine Welt ganz nach Lust und Laune, jedesmal, wenn es ihm in den Sinn kam, heimlich, still und leise und ohne die geringste Mühe. Er konnte sich in völliger Sicherheit wiegen, für einen guten Mann oder eine gute Frau gehalten zu werden und oft auch nur für irgendein beliebiges, harmloses Ding. Ja, man kann sogar ohne zu übertreiben sagen, daß der gutmütige Pater Fiorica praktisch den lieben langen Tag in Gesellschaft des Teufels verbrachte, ohne auch nur das geringste zu bemerken. Er konnte auch gar nichts bemerken, denn – das muß auch erwähnt werden – nicht einmal der Teufel brachte es fertig, wirklich böse zu ihm zu sein: Er vergnügte sich lediglich damit, den Pater ab und zu kleinen Versuchungen auszusetzen, die ihm schlimmstenfalls – wenn sie überhaupt entdeckt wurden – keinen größeren Schaden bescherten als ein bißchen Spott von seinen treuen Schäfchen, seinen Kollegen und seine Vorgesetzten.

Einmal – um ein Beispiel zu geben – brachte dieser verdammte Teufel eine alte Dame aus der Gemeinde, die nach Rom gefahren war, um dort an den Feierlichkeiten anläßlich des Jubeljahrs teilzunehmen, auf die Idee, dem gutmütigen Pater Fiorica von dort eine wunderschöne Schnupftabakdose aus Knochen mitzubringen. Den emaillierten Deckel zierte ein Portrait des Heiligen Vaters. Ja und, ist das alles? könnte man denken. Nun, der Teufel schlüpfte in diese Dose – obwohl sie durch das heilige Bildnis geschützt war –, und über einen Monat lang versuchte er jeden Tag beim Vespergottesdienst, wenn der gutmütige Pater Fiorica seinen Gläubigen vor dem Segen eine schöne, kleine Predigt hielt, den unschuldigen Pater abzulenken:

»Los, eine Prise, los! Zeig doch deine schöne Tabakdose ... Die Dame, die sie dir geschenkt hat, schaut zu dir her, sie wird sich freuen ... Nur eine kleine Prise!«

Und so weiter und so weiter, mit solcher Beharrlichkeit, daß der gutmütige Pater Fiorica, der noch nie in seinem Leben Tabak geschnupft und auch nur sehr zögerlich damit angefangen hatte, und das auch erst seit dem Tag, an dem er dieses Geschenk erhalten hatte – nun, es blieb ihm schließlich nichts anderes übrig, als nachzugeben und die Schnupftabakdose sowie ein großes Taschentuch mit Blumenmuster aus der Tasche zu ziehen. Die Folge: Unterbrechung der kleinen Predigt durch eine Serie von mindestens vierzig Niesern und wütendes, geräuschvolles Naseschneuzen, welches das ganze Kirchlein in Gelächter ausbrechen ließ.

Aber den schlimmsten Streich von allen spielte ihm der vermaledeite Teufel, als er sich in das Herz einer gewissen Marastella einschlich. Marastella war eine bedauernswerte Zurückgebliebene, ein Kind von dreißig Jahren, wunderhübsch und der ganzen Gemeinde lieb und teuer. Alle amüsierten sich über ihre unwahrscheinliche Leichtgläubigkeit und ihr ständiges, banges Erstaunen. Der Teufel schlich sich also ins Herz dieser Marastella ein und ließ sie sich *coram publico* in den gutmütigen Pater Fiorica verlieben, der immerhin schon sechzig Jahre alt war und schneeweiße Haare hatte.

Wenn die Arme ihn in der Kirche sah, gleichviel, ob vor dem Altar während der heiligen Handlungen oder auf der Kanzel bei der Predigt, weinte sie Krokodilstränen vor lauter Zuneigung, schlug sich mit beiden Händen vor die Brust und rief immer wieder:

»Oh, Maria, wie schön er ist! Dieser Honigmund! Diese Sonnenaugen! Oh, mein Gott, wie er spricht und wie er schaut!«

Das wäre unter normalen Umständen ein Skandal gewesen. Aber alle waren von der Keuschheit des gutmütigen Paters und der Unschuld der armen Schwachsinnigen überzeugt – und so lachten sie nur.

Aber eines Tages sah Marastella den gutmütigen Pater aus der Kirche kommen. Sie kniete sich mitten auf dem Platz vor ihn hin, nahm seine Hand und fing an, sie gedankenverloren immer wieder zu küssen. Dann fuhr sie sich mit der Hand über die Haare und über das ganze Gesicht bis zur Kehle, und dabei stöhnte sie:

»Oh, mein Vater, löschen Sie dieses Feuer, ich bitte Sie, ich flehe Sie an, löschen Sie dieses Feuer!«

Der arme Pater Fiorica war völlig verblüfft und schrecklich verlegen. Er beugte sich zu der Bedauernswerten herab und fragte sie, ohne ihr seine Hand zu entziehen:

»Welches Feuer, Marastella, welches Feuer, meine Tochter?«

Und vermutlich hätte er es nie erfahren, wenn nicht aus sämtlichen umstehenden Häusern die Nachbarinnen gerannt gekommen wären, um die Schwachsinnige aus dem Staub zu reißen, mit so eindeutigen Worten und Gesten, daß Pater Fiorica erbleichte und verdattert und mit schlotternden Knien die Flucht ergriff, wobei er sich mit beiden Händen bekreuzigte.

Dieses Mal war der Teufel entschieden zu weit gegangen. Allen war klar, daß das verrückte Verhalten Marastellas auf seinen Einfluß zurückzuführen war. Und also dachte er sich etwas Neues aus, das für den gutmütigen Pater Fiorica das größte Unglück seines Lebens werden sollte.

Er verlor Guiduccio. Aber hört weiter.

Guiduccio war ein neunjähriger Junge, der einzige Sohn der angesehensten Familie der gesamten Gemeinde: der Familie Greli.

Es war dem gutmütigen Pater Fiorica schon seit Jahren ein Dorn im Auge, daß diese Familie sich von der heiligen Kirche fernhielt. Nicht etwa, weil sie wirkliche Ungläubige gewesen wären, sondern weil sie, die Kirche, nach Ansicht des Herrn Greli, es wagte, Feindin des Vaterlands zu bleiben. Er war Anhänger Garibaldis, hatte als Genueser Soldat am ›Zug der Tausend‹ von 1860 teilgenommen und war in der Schlacht von Milazzo am Arm verwundet worden. Und er war der festen Überzeugung, ein Patriot wie er könne keinen Fuß in die Kirche setzen, solange der Papst sich mit der Regierung des geeinten Italiens nicht ausgesöhnt habe.

Nun, mit Politik hatte sich der gutmütige Pater Fiorica nie beschäftigt, und deshalb konnte er auch nicht begreifen, warum Vaterlandsliebe der Grund dafür sein sollte, daß die Mutter und die älteren Schwestern Guiduccios – und auch Guiduccio selbst – nicht wenigstens am Sonntag und an den höchsten Feiertagen zur heiligen Messe in die Kirche kamen. Er verlangte ja gar nicht, daß sie zur Beichte kommen oder das Abendmahl empfangen sollten. Nur die heilige Messe, wenigstens am Sonntag, um Gottes willen! Und, wie üblich unter dem Einfluß des bösen Teufels, der immer vor oder hinter ihm herlief wie sein eigener Schatten, versuchte der Pater, sich bei Herrn Greli beliebt zu machen.

»Achtung, da kommt er! Tu nicht so, als würdest du ihn nicht sehen! Du mußt ihn grüßen, du mußt ihn zuerst grüßen: eine schöne Verbeugung – würdevoll und doch ergeben!«

Pater Fiorica gehorchte den Eingebungen des Teufels sofort: Er verbeugte sich lächelnd! Aber Herr Greli runzelte die Stirn, brummte eine unverständliche Antwort und reagierte auch ansonsten mit brüsker Härte auf die Verbeugung und das Lächeln. Und der Teufel, das könnt ihr euch vorstellen, freute sich diebisch.

Eines schönen Sommernachmittags, am Vortag eines kirchlichen Feiertags, war Herr Greli sehr müde von der Arbeit des Vormittags nach Hause gekommen. Der Teufel wußte, daß er sich ins Bett gelegt hatte, um durch ein paar Stündchen Schlaf wieder zu Kräften zu kommen. Was tat er also? Er stieg ungesehen mit ein paar Spitzbuben auf den Glockenturm des Kirchleins San Pietro, und dort läuteten sie alle Glocken, so laut es nur ging, mit solch boshafter Heftigkeit, daß Herr Greli, der von aufbrausender Wesensart war und sich leicht vom Zorn mitreißen ließ, dieses Getöse schließlich nicht mehr ertrug, aus dem Bett sprang und so, wie er war, in Hemdsärmeln und Unterhose, mit einem Gewehr in der Hand auf die Terrasse hinunterrannte und – ja, ihr hört richtig – die frevelhafte Tat beging, auf die heiligen Glocken der Kirche zu schießen.

Er zielte auf die rechte Glocke – die am schrillsten läutete – und traf dreimal. Das ist eben die Treffsicherheit eines alten Genueser Soldaten! Aber das arme Glöcklein! Es war, wie wenn ein Hündchen, das ungerechtfertigterweise von einem Stein getroffen wird, während es gerade laut und begeistert sein Herrchen anbellt, plötzlich vom fröhlichen Bellen in gequältes Jaulen verfällt. Alle Gemeindemitglieder waren wegen der Festvorbereitungen vor der Kirche versammelt: Es brach ein gewaltiger Tumult aus. Wutschnaubend wandten sie sich gegen den Frevler. Und es war wirklich nur der Gnade Gottes zu verdanken, daß es dem gutmütigen Pater Fiorica, der völlig erschüttert und noch mit den heiligen Paramenten angetan herbeigeeilt kam, gelang, unter Aufbietung seiner gesamten Autorität zu verhindern, daß die Wut seiner beleidigten Gläubigen, die bereits kurz davor waren, sich auf das Haus der Familie Greli zu stürzen, sich noch weiter steigerte. Er hielt sie gerade noch rechtzeitig zurück, indem er sich dafür verbürgte, daß Herr Greli der Kirche eine neue Glocke stiften werde und daß man eine weitere, noch feierlichere Zeremonie anläßlich ihrer Einsegnung abhalten werde.

Und so kam es, daß Guiduccio Greli zum ersten Mal einen Fuß in die Kirche San Pietro setzte.

Eigentlich hatte der gutmütige Pater Fiorica gehofft, daß Frau Greli der Glocke als Patin ihren Namen geben würde oder wenigstens eine der Töchter, vielleicht die älteste, die schon achtzehn Jahre alt war. Schließlich war er dann aber doch dankbar, daß Herr Greli diesem seinem Wunsch nicht hatte nachkommen wollen, angesichts des Wunders, das die Einsegnung der Glocke in der Seele des Knaben bewirkte.

Vielleicht war es die Aufregung wegen des Festes oder die Sympathie, die ihm alle Gläubigen der Gemeinde entgegenbrachten; oder vielleicht doch eher der Ton, den er als erster dieser gesegneten Glocke entlocken durfte, nachdem er auf die Spitze des Turmes geklettert war, ins leuchtende Blau des Himmels. Fest steht jedenfalls, daß von jenem Tag an der Klang dieser Glocke ihn jeden Morgen zur Frühmesse in die

Kirche rief. Wenn er sie läuten hörte, sprang Guiduccio heimlich aus dem Bett und rannte auf der Suche nach einer alten Magd, die ihn zur Kirche bringen sollte, durch das ganze Haus.

»Und wenn dein Vater etwas dagegen hat?« fragte ihn die Magd.

Aber Guiduccio ließ sich nicht von seinem Vorhaben abbringen, und bei jedem neuen Glockenschlag, der leise durch die Nacht klang, überkam ihn ein Schauder. Und sie liefen durch die enge, kleine Gasse, in der noch die nächtliche Dunkelheit hing, er fröstelte, drängte sich dichter an die alte Magd und richtete auf dem Kirchplatz angekommen, die Augen zum Glockenturm empor, wo sich die Ursache seiner geheimnisvollen Erschütterung befand. Nicht weniger geheimnisvoll war das tröstliche Gefühl, das ihn erfüllte, sobald er die Kirche betrat. Dieses Gefühl rührte von den ruhig brennenden Kerzen her, die auf dem Altar angezündet waren, und von der Kühle des weihevollen Halbdunkel, das nach Weihrauch duftete.

Als Pater Fiorica ihn zum ersten Mal so vor sich sah – er drehte sich gerade vom Altar zu den Gläubigen um –, wie er da vor der Altarschranke kniete, zwischen den kastanienbraunen Locken zwei noch schläfrige, aber weit aufgerissene Augen, die fast wie in göttlichem Wahnsinn leuchteten, da durchfuhr ihn von Kopf bis Fuß ein langer, zärtlicher Schauer, und er mußte sich gewaltsam beherrschen, um nicht dem Bedürfnis nachzugeben, vom Altar herabzusteigen und dieses Engelsgesicht und diese gefalteten Hände zu streicheln.

Als die Messe zu Ende war, machte er der Alten ein Zeichen, sie solle das Kind in die Sakristei bringen; und er nahm es in die Arme, küßte es auf die Stirn und auf das

Haar und zeigte ihm Stück für Stück die heiligen Paramente und Gerätschaften: die bestickten Kaseln mit den goldenen Fransen, die Hemden und die Stolen, die Mitren, die Manipel; alles duftete nach Weihrauch und Wachs. Dann überzeugte er den Jungen behutsam davon, seiner Mutter zu gestehen, daß er an diesem Morgen in der Kirche gewesen war, weil seine heilige Glocke ihn gerufen hatte, und sie um die Erlaubnis zu bitten, wiederkommen zu dürfen. Schließlich lud er ihn ein – immer unter der Bedingung, daß die Mutter es erlaube –, ins Pfarrhaus zu kommen, um die Blumen im Garten anzuschauen, die kolorierten Stiche in den Büchern und die Heiligenbildchen zu betrachten und die eine oder andere fromme Geschichte zu hören.

Guiduccio ging jeden Tag ins Pfarrhaus, denn er war begierig auf die heiligen Legenden und Erzählungen. Der gutmütige Pater Fiorica sah die leidenschaftlichen, weit geöffneten, verständigen Augen in diesem blassen, tapferen Gesicht an und zitterte vor Rührung über die Gnade, die Gott ihm durch das wunderbare Erblühen des Glaubens in dieser reinen, kindlichen Seele hatte zuteil werden lassen. Und als einmal – mitten in einer der schönsten Geschichten – Guiduccio innerlich so aufgewühlt war, daß er nicht mehr an sich halten konnte und ihm die Arme um den Hals warf und sich bebend an seine Brust drückte, da empfand der Pater eine solche Freude und gleichzeitig eine solche Erschütterung, daß er meinte, seine Seele müsse zerspringen, und mit Tränen in den Augen preßte er seine Hände auf den Rücken des Jungen und rief aus:

»Oh, mein Sohn! Was mag Gott mit dir noch vorhaben?«

Aber natürlich! Der Teufel lag unterdessen auf der Lauer, hinter dem Sessel, in dem der gutmütige Pater Fiorica mit Guiduccio auf dem Schoß saß; und wie immer argwöhnte der gutmütige Pater Fiorica nichts.

Mein Gott, er hätte doch wirklich diesen sonderbaren Schatten bemerken müssen, der ab und zu über das Gesicht des Jungen flog und ihn ein wenig die Augenbrauen hochziehen ließ. Denn diese kleinen Zeichen der Mißbilligung rührten daher, daß der Pater in bester Absicht bestimmte Tatbestände in den heiligen Geschichten beschönigte oder ganz über sie hinwegging; dieser großzügige Umgang mit der Wahrheit verunsicherte die Seele des aufgeweckten Knaben zutiefst, zumal er höchstwahrscheinlich bereits zu Hause zum Zweifeln angeregt worden war. Ja, vielleicht hatten ihn sein Vater und seine Schwestern sogar verspottet.

Jetzt werde ich euch erzählen, auf welche Weise der Teufel seinen Nutzen aus diesen und vielen anderen kleinen Anzeichen, die der Aufmerksamkeit Pater Fioricas entgingen, zog.

An jedem Sonntag im Mai – das ist der Monat, welcher der Heiligen Jungfrau geweiht ist – wurde im Kirchlein San Pietro, nach der Predigt und nach dem Gebet des Rosenkranzes, nach dem Segen und nachdem man im Chor mit Orgelbegleitung einige kleine Lieder zum Lobe Mariens gesungen hatte, unter den Gläubigen eine kleine Madonna aus Wachs verlost, die unter einer Kristallglocke aufbewahrt wurde.

Frauen und Kinder sangen auf den Knien liegend, die Augen fest auf diese kleine Madonna geheftet, die zwischen brennenden Kerzen und ganzen Bergen von zu diesem Anlaß gestifteten Rosen auf dem Altar stand; und jeder der Anwesenden betete inständig, daß diese kleine Madonna ihm zufallen möge. Trotzdem hofften nicht wenige Frauen, die bewundernd die Inbrunst sahen, mit der Guiduccio vor allen anderen betete, das Los möge nicht eine von ihnen, sondern ihn treffen. Und mehr als alle anderen wünschte sich das natürlich der gutmütige Pater Fiorica.

Die Lose kosteten einen Groschen das Stück. Der Kirchendiener war mit ihrem Verkauf unter der Woche beauftragt, und auf jedes Los schrieb er den Namen des Käufers. Am Sonntag kamen dann alle Lose zusammengerollt in ein Kristallgefäß; der gutmütige Pater Fiorica ließ eine Hand hineingleiten, mischte ein wenig, und in der erwartungsvollen Stille aller knienden Gläubigen zog er eines heraus, zeigte es, rollte es auseinander, und durch die Gläser seiner auf der Nasenspitze sitzenden Brille las er den Namen vor. Darauf wurde die kleine Madonna in einer Prozession, mit Gesang und Trommelklängen, ins Haus des Gewinners gebracht.

Pater Fiorica stellte sich die Ergriffenheit Guiduccios vor, falls das Los mit seinem Namen gezogen werden sollte, und wie er ihn da so vor dem Altar knien sah, während er die Zettel mischte, wünschte er sich, daß ein Wunder geschehen und seine Finger das Los mit Guiduccios Namen ziehen mögen. Und er war fast ein bißchen betrübt über die Großzügigkeit des Knaben, der mit dem Geldstück, das seine Mutter ihm jeden Sonntag gab, zehn Lose hätte kaufen können, sich aber damit begnügt hatte, nur eines zu nehmen, um keinerlei Vorteil vor den anderen Kindern zu haben. Im Gegenteil, von den übrigen neun Groschen hatte er Lose für seine Kameraden gekauft.

Und wer weiß, vielleicht hätte die kleine Madonna, wenn sie so feierlich ins Haus der Grelis überführt worden wäre, ja die Kraft gehabt, die ganze Familie mit der Kirche auszusöhnen!

So führte der Teufel den guten Pater Fiorica in Versuchung. Aber das war noch nicht alles. Als am letzten Maisonntag der feierliche Moment der Verlosung gekommen war, stellte er sich, als er den Pater zum Altar hinaufsteigen sah, auf dem neben der kleinen Wachsmadonna das Kristallgefäß stand, hinter ihn und – ja, ich schwöre euch, so war es – flüsterte ihm ein, von dem gezogenen Los den Namen Guiduccio Greli abzulesen. Begeisterung brach unter den Gläubigen aus, aber Guiduccio, der erst feuerrot und dann leichenblaß geworden war, zog die Brauen über den erschrockenen Augen zusammen, begann am ganzen Körper krampfartig zu zucken, verbarg das Gesicht in den Händen, sprang auf, schlüpfte zwischen den aufgeregten Frauen hindurch, die ihm gratulieren und ihn küssen wollten, und floh aus der Kirche. So schnell er konnte rannte er nach Hause, warf sich in die Arme seiner Mutter und brach in hemmungsloses Schluchzen aus. Wenig später waren in der Gasse bereits die Trommelwirbel und der Chor der Gläubigen zu hören, die ihm die kleine Madonna ins Haus bringen wollten. Guiduccio begann, mit den Füßen aufzustampfen, wand sich in den Armen der Mutter und der Schwestern hin und her und brüllte:

»Das ist nicht wahr! Es stimmt nicht! Ich will sie nicht! Schickt sie weg! Es stimmt nicht! Ich will sie nicht!«

Folgendes hatte sich zugetragen: Von den zehn Groschen, die seine Mutter ihm jeden Sonntag gab, hatte Guiduccio neun bereits für arme Kinder aus der Gemeinde ausgegeben, damit auch sie an der Verlosung teilnehmen konnten. Als er gerade dabei war, mit dem letzten übriggebliebenen Groschen in die Sakristei zu gehen, kam ihm ein barfüßiger, völlig zerlumpter Junge entgegen. Dieser Junge war drei Wochen krank gewesen und hatte deshalb nicht an den vorhergehenden Verlosungen und an den Festen teilnehmen können. Als er Guiduccio nun mit diesem letzten Groschen in der Hand sah, fragte er ihn, ob er ihm diesen nicht geben könnte. Und Guiduccio gab ihm das Geld.

Wie oft hatte Herr Greli seinen Sohn zu Hause, halb im Scherz und halb im Ernst, ermahnt:

»Paß auf, Duccio! Du verkehrst zu viel mit dem Klerus! Duccio, paß auf: Dein Priester will dich einfangen!«

Und in der Tat, wie konnte er die kleine Madonna gewonnen haben, wenn gar kein Los mit seinem Namen in dem Kristallgefäß war, an diesem letzten Sonntag?

Um dem Zornesausbruch ihres Sohnes ein Ende zu bereiten, ordnete Frau Greli an, die kleine Madonna sofort zurück in die Kirche zu bringen; und seit diesem Tag sah der gutmütige Pater Fiorica Guiduccio Greli niemals wieder.

Aus dem Italienischen von Julia Schade

Isaac Bashevis Singer

Die Cafeteria

1

Auch wenn mittlerweile ein Großteil meiner Einkünfte an das Finanzamt geht, leiste ich es mir immer noch, in Cafeterias zu essen, wenn ich alleine unterwegs bin. Ich nehme mir ein Tablett, dazu Messer, Gabel, Löffel und eine Papierserviette und wähle an der Theke die Speisen, die mir zusagen. Außerdem treffe ich hier die *Landsleit* aus Polen, junge Schriftsteller und Leser, die Jiddisch verstehen. Kaum habe ich mich an den Tisch gesetzt, kommen sie schon zu mir herüber. »Hallo, Aaron«, begrüßen sie mich, und dann unterhalten wir uns über jiddische Literatur, den Holocaust, den Staat Israel und oft auch über Bekannte, die das letzte Mal, als ich hier war, noch ihren Reispudding oder ihr Pflaumenkompott gegessen haben und jetzt schon unter der Erde sind. Da ich nur selten Zeitung lese, erfahre ich diese Neuigkeiten immer ein wenig später. Jedesmal erschrecke ich aufs neue, doch in meinem Alter muß man auf solche Nachrichten gefaßt sein. Der Bissen bleibt mir im Hals stecken; wir schauen uns verwirrt an, und unsere Augen stellen die stumme Frage: Wer wird der nächste sein? Doch bald beginnen wir wieder zu kauen. Oft kommt mir in diesem Zusammenhang eine Szene aus einem Film über Afrika in den Sinn. Ein Löwe greift eine Herde Zebras an und tötet eines davon. Die verschreckten Tiere laufen eine Weile ziellos hin und her, dann beruhigen sie sich wieder und grasen weiter. Was bleibt ihnen auch anderes übrig?

Ich kann mich nicht lange bei den jiddischen Freunden aufhalten, denn ich habe immer viel zu tun. Entweder schreibe ich an einem Roman, einer Geschichte oder einem

Artikel. Oder ich muß heute oder morgen einen Vortrag halten. Mein Terminkalender ist immer auf Wochen und Monate hinaus voll. Manchmal sitze ich schon eine Stunde, nachdem ich die Cafeteria verlassen habe, in einem Zug nach Chicago oder einem Flugzeug nach Kalifornien. Doch bis dahin unterhalten wir uns in unserer Muttersprache, und ich höre von kleinen Intrigen und Machenschaften, von denen man, betrachtet man sie unter einem moralischen Geschichtspunkt, besser überhaupt nicht in Kenntnis gesetzt werden sollte. Jeder versucht auf seine Weise, so viele Ehrungen und soviel Geld und Prestige wie möglich anzuhäufen. Keiner lernt etwas aus der Tatsache, daß so viele von uns schon gestorben sind. Das Alter hat uns sicher nicht schlauer gemacht. Wir zeigen keine Reue im Angesicht der ewigen Verdammnis.

Ich lebe seit mehr als dreißig Jahren in diesem Viertel – so lange schon, wie ich auch in Polen gelebt habe. Ich kenne jede Straße, jedes Haus. In den letzten Jahrzehnten ist hier nördlich des Broadway nicht mehr viel gebaut worden, und ich gebe mich der Illusion hin, hier Wurzeln geschlagen zu haben. Ich habe schon in den meisten Synagogen gesprochen. Man kennt mich in Geschäften und vegetarischen Restaurants. Frauen, mit denen ich Affären gehabt habe, leben hier in den Seitenstraßen. Sogar die Tauben kennen mich; kaum trete ich mit einer Tüte Futter aus dem Haus, kommen sie schon von den benachbarten Blocks herbeigeflogen. Das Viertel erstreckt sich von der Sechsundneunzigsten zur Zweiundsiebzigsten Straße und vom Central Park zum Riverside Drive. Jeden Tag passiere ich bei meinem Mittagsspaziergang das Bestattungsunternehmen, das all unsere

Hoffnungen und Illusionen dereinst zu Grabe tragen wird. Manchmal stelle ich mir vor, daß auch dieses Bestattungsunternehmen eine Art Cafeteria ist, eine Cafeteria, in der man eine schnell verfaßte Grabrede bekommt oder ein *Kaddisch* bestellen kann, ein Gebet für das Trauerjahr.

Die Leute, die ich in der Cafeteria treffe, sind hauptsächlich Männer: alte Junggesellen wie ich, Möchtegern-Schriftsteller, pensionierte Lehrer, Männer mit zweifelhaften Doktortiteln, ein Rabbi ohne Gemeinde, ein Maler, der jüdische Themen malt, ein paar Übersetzer – alles Einwanderer aus Polen oder Rußland. Nur die wenigsten kenne ich mit Namen. Immer wieder verschwindet einer für eine Zeitlang, und ich vermute schon, daß auch er sich nun in der nächsten Welt befindet, da taucht er plötzlich wieder auf und erzählt mir, er habe gerade versucht, in Tel Aviv oder Los Angeles Fuß zu fassen. Und dann ißt er wieder seinen Reispudding und süßt seinen Kaffee mit Süßstoff. Er hat ein paar Falten mehr, aber er erzählt immer noch dieselben Geschichten und macht noch dieselben Handbewegungen. Es kann auch passieren, daß er ein Blatt Papier aus der Tasche zieht und mir ein Gedicht vorliest, das er in der Zwischenzeit geschrieben hat.

Es war in den fünfziger Jahren, da erschien einmal eine Frau in unserer Runde, die jünger aussah als der Rest von uns. Sie mußte ungefähr Anfang Dreißig sein, war klein, schlank, hatte ein mädchenhaftes Gesicht, braune Haare, die sie zu einem Knoten gebunden hatte, eine kleine Nase und Grübchen in den Wangen. Ihre Augen waren von undefinierbarer

Farbe. Sie kleidete sich dezent europäisch. Sie sprach Polnisch, Russisch und Jiddisch. Immer hatte sie jiddische Zeitungen und Magazine bei sich. Sie war in einem russischen Gefangenenlager gewesen und hatte danach einige Zeit in einem Flüchtlingslager in Deutschland verbracht, bis sie ein Visum für die Vereinigten Staaten bekommen hatte. Die Männer umschwärmten sie. Sie ließen es nicht zu, daß sie selbst das Essen bezahlte. Sie trugen ihr galant den Kaffee und den Käsekuchen an den Tisch. Sie lauschten den Geschichten und den Witzen, die sie erzählte. Trotz allem, was sie durchgemacht hatte, war sie froh und beschwingt. Man stellte sie mir vor. Ihr Name war Esther. Ich wußte nicht, ob sie unverheiratet, geschieden oder Witwe war. Sie erzählte mir, sie arbeite in einer Fabrik, wo sie Knöpfe sortieren müsse. Diese lebensfrohe junge Frau paßte nicht so recht in unsere Seniorenversammlung. Auch war es schwer zu verstehen, wieso es ihr nicht gelingen sollte, eine bessere Arbeit zu finden, als in einer Fabrik in New Jersey Knöpfe zu sortieren. Sie erzählte mir auch, schon in der Zeit, die sie noch in Polen verbracht hatte, und auch später in den Lagern in Deutschland habe sie meine Bücher gelesen. Sie sagte zu mir: »Sie sind mein Lieblingsautor.«

In dem Augenblick, in dem sie dies sagte, spürte ich, daß ich in sie verliebt war. Wir waren alleine (die anderen Männer an unserem Tisch waren gerade zum Telefonieren gegangen), und ich antwortete ihr: »Dafür könnte ich Sie küssen.«

»Nun, worauf warten Sie?«

Sie gab mir einen Kuß und biß mich leicht dabei.

Ich sagte: »Sie sind wie eine Kugel aus Feuer.«

»Ja, wie das Feuer aus Gehenna.«

Ein paar Tage später lud sie mich zu sich nach Hause ein. Sie wohnte in einer Straße zwischen Broadway und Riverside Drive, zusammen mit ihrem Vater, der keine Beine mehr hatte und in einem Rollstuhl saß. Seine Beine waren ihm in Sibirien abgefroren. Im Winter des Jahres neunzehnhundertvierundvierzig hatte er versucht, aus einem von Stalins Sträflingslagern zu entkommen. Er sah ziemlich robust aus, hatte dichtes weißes Haar, ein gerötetes Gesicht und Augen, die vor Energie sprühten. Er tat recht großspurig, schwätzte prahlerisch wie ein kleiner Junge daher, und er hatte ein fröhliches Lachen. Nach einer Stunde hatte er mir seine ganze Lebensgeschichte erzählt. Er war in Weißrußland geboren worden, hatte aber lange Zeit in Warschau, Lodz und Wilna verbracht. Anfang der dreißiger Jahre war er in die Kommunistische Partei eingetreten, in der er nach kurzer Zeit in eine Funktionärsposition aufrückte. Neunzehnhundertneununddreißig gelang ihm zusammen mit seiner Tochter die Flucht in die Sowjetunion. Seine Frau und die übrigen Kinder blieben in dem von den Nazis besetzten Warschau zurück. In der Sowjetunion denunzierte ihn jemand als Trotzkisten, daraufhin steckte man ihn in ein Goldbergwerk im Norden des Landes. Die GPU schickte die Leute zum Sterben dorthin. Sogar die kräftigsten Männer hielten der Kälte und dem Hunger nicht länger als ein Jahr stand. Alle diese Sträflinge wurden ohne Gerichtsurteil in die Verbannung geschickt. Sie starben gemeinsam: Zionisten, Bündische, Mitglieder der Polnischen Sozialistischen Partei, ukrainische Nationalisten und andere Flüchtlinge, die alle wegen des Arbeitskräftemangels festgesetzt worden waren. Viele starben an Skorbut oder Beriberi. Boris Merkin, Esthers

Vater, sprach von all dem, als handele es sich um einen üblen Scherz. Er nannte die Stalinisten Verbrecher, Banditen, Speichellecker. Er versicherte mir, daß Hitler, hätten die Vereinigten Staaten nicht eingegriffen, die gesamte Sowjetunion überrannt hätte. Er erzählte mir, durch welche Tricks es den Gefangenen gelang, ein zusätzliches Stück Brot zu ergattern oder eine zweite Portion von der wässerigen Suppe, und welche Methoden man bei der Suche nach Läusen anwendete.

Da rief Esther: »Genug jetzt, Vater!«

»Wieso denn – stimmt das vielleicht nicht?«

»Auch von *Kreplach* kriegt man irgendwann genug.«

»Tochter, du hast doch selbst auch davon erzählt.«

Während Esther in der Küche war, um Teewasser aufzusetzen, erfuhr ich von ihrem Vater, daß sie in der Sowjetunion einen Ehemann gehabt hatte, einen polnischen Juden, der sich freiwillig zur Roten Armee gemeldet hatte und im Krieg gefallen war. Hier in New York wurde sie von einem Flüchtling umworben, einem ehemaligen deutschen Schwarzhändler, der eine Buchbinderei aufgemacht hatte und zu Geld gekommen war. »Reden Sie ihr zu, daß sie ihn heiraten soll«, sagte Boris Merkin zu mir. »Das wäre auch für mich das beste.«

»Vielleicht liebt sie ihn ja gar nicht.«

»So etwas wie Liebe gibt es nicht. Reichen Sie mir doch mal eine Zigarette. Im Lager sind die Leute einfach wie die Würmer übereinandergekrochen.«

2

Ich lud Esther zum Abendessen ein, doch sie rief an und sagte, sie habe Grippe und müsse das Bett hüten. Einige Tage später mußte ich dann nach Israel verreisen. Auf der Rückreise legte ich in Paris und London Zwischenstops ein. Ich wollte Esther schreiben, doch ich hatte ihre Adresse verloren. Als ich nach New York zurückgekehrt war, versuchte ich, sie anzurufen, aber im Telefonbuch gab es keinen Eintrag unter Boris Merkin oder Esther Merkin – Vater und Tochter wohnten wahrscheinlich als Gäste in einer Wohnung, die jemand anderer gemietet hatte. Es vergingen Wochen, ohne daß sie sich in der Cafeteria wieder gezeigt hätte. Ich fragte die anderen aus unserer Runde nach ihr, doch niemand wußte, wo sie steckte. »Wahrscheinlich hat sie diesen Buchbinder geheiratet«, sagte ich mir. Eines Abends machte ich mich auf den Weg in die Cafeteria, denn ich hatte irgendwie das Gefühl, ich würde Esther dort antreffen. Als ich dort ankam, sah ich eine schwarze Mauer und mit Brettern vernagelte Fenster – die Cafeteria war abgebrannt. Die alten Junggesellen trafen sich sicher in irgendeiner anderen Cafeteria oder einem Automatenrestaurant. Aber wo? Verbissen nach etwas zu suchen entspricht nicht meinem Naturell. Und ich hatte auch ohne Esther schon genug Probleme.

Der Sommer verging, es wurde Winter. Eines Abends ging ich wieder einmal an der Cafeteria vorbei, und diesmal sah ich wieder Lichter, eine Theke und Gäste. Die Eigentümer hatten das Gebäude neu aufgebaut. Ich trat ein, blickte mich prüfend um und entdeckte Esther, die alleine an einem Tisch saß und eine jiddische Zeitung las. Sie bemerkte mich nicht, und ich beobachtete sie eine Weile. Sie trug eine Männer-Pelzmütze und eine Jacke, die mit einem verblichenen Pelzkragen besetzt war. Sie sah blaß aus, so als würde sie sich gerade von einer Krankheit erholen. War diese Grippe damals vielleicht der Beginn einer ernsten Krankheit gewesen? Ich ging zu ihrem Tisch hinüber und fragte: »Was gibt's Neues in der Knopfbranche?«

Sie schreckte zusammen und lächelte. Dann sagte sie: »Es gibt also doch noch Wunder!«

»Wo haben Sie gesteckt?«

»Wohin sind Sie verschwunden?« erwiderte sie. »Ich dachte, Sie wären immer noch im Ausland.«

»Wo sind denn unsere *Cafeterianiks*?«

»Die treffen sich jetzt in der Cafeteria in der Siebenundfünfzigsten Straße Ecke Achte Avenue. Erst gestern hat sie eröffnet.«

»Darf ich Ihnen eine Tasse Kaffee bringen?«

»Ich trinke schon viel zuviel Kaffee. Aber bitte, gern.«

Ich ging zur Theke, um ihr eine Tasse Kaffee und ein großes Stück Biskuit zu holen. Während ich vor der Kasse anstand, wendete ich den Kopf und schaute zu ihr zurück. Esther hatte ihre Männermütze abgenommen und ihr Haar geglättet. Sie faltete die Zeitung zusammen, was bedeutete, daß sie nun bereit war, sich zu unterhalten. Sie stand auf und zog den zweiten Stuhl nahe an den Tisch heran, um zu zeigen, daß dieser Platz besetzt war. Als ich mich wieder an den Tisch setzte, sagte Esther: »Sie sind abgereist, ohne sich zu verabschieden, und ich war schon nahe daran, an den Pforten des Himmels anzuklopfen.«

»Was ist passiert?«

»Aus der Grippe ist eine Lungenentzündung geworden. Man hat mich mit Penicillin behandelt, aber ich gehöre zu den Menschen, die das nicht vertragen. Ich bekam am ganzen Körper einen Ausschlag. Auch meinem Vater geht es gar nicht gut.«

»Was hat ihr Vater denn?«

»Zu hohen Blutdruck. Und er hat eine Art Schlaganfall erlitten, sein Mund ist ganz schief geworden.«

»Das tut mir leid. Arbeiten Sie immer noch in der Knopffabrik?«

»Ja, ich bin immer noch bei den Knöpfen. Da muß ich wenigstens meinen Kopf nicht anstrengen, nur meine Hände. Ich kann meinen eigenen Gedanken nachhängen.«

»Worüber denken Sie nach?«

»Über alles mögliche. Die anderen Arbeiter sind alle Puertorikaner. Sie schnattern von morgens bis abends auf Spanisch durcheinander.«

»Wer kümmert sich um Ihren Vater?«

»Wer soll sich um ihn kümmern? Niemand. Am Abend komme ich heim und mache das Essen. Er hat nur noch einen Wunsch – daß ich heirate, damit ich abgesichert bin und er es vielleicht auch ein bißchen besser hat. Aber ich kann nicht einen Mann heiraten, den ich nicht liebe.«

»Was ist Liebe?«

»Das fragen Sie mich! Sie schreiben doch Romane darüber. Aber Sie sind ein Mann – ich glaube, Sie wissen tatsächlich nicht, was Liebe ist. Eine Frau ist eine Art Ware für Sie. Mich stößt ein Mann ab, der ständig Unsinn redet oder wie ein Idiot grinst. Ich würde lieber sterben, als mit ihm zusammenleben. Und auch ein Mann, der von einer Frau zur nächsten zieht, ist nichts für mich. Ich möchte mit niemandem teilen.«

»Ich fürchte, es kommt eine Zeit, in der das alle tun werden.«

»Das ist nichts für mich.«

»Was für ein Mensch war Ihr Ehemann?«

»Woher wissen Sie, daß ich verheiratet war? Wahrscheinlich von meinem Vater. Kaum gehe ich einen Augenblick aus dem Zimmer, schon schwätzt er drauflos. Mein Mann glaubte an etwas und war bereit, dafür zu sterben. Er war zwar nicht ganz mein Typ, aber ich respektierte ihn und liebte ihn auch. Er wollte sterben, und er starb wie ein Held. Was soll ich sonst noch sagen?«

»Und die anderen?«

»Es gab keine anderen. Aber immer haben Männer sich für mich interessiert. Wie die Menschen sich im Krieg verhalten haben, das werden wie wohl nie erfahren. Sie haben all ihr Schamgefühl verloren. Im Krankensaal lag einmal in einem Nachbarbett eine Mutter mit einem Mann und ihre Tochter daneben mit einem anderen. Die Menschen sind wie Tiere – nein, schlimmer wie Tiere. Und inmitten dieser Menschen träumte ich von der Liebe. Doch jetzt habe ich aufgehört zu träumen. Die Männer, die hierherkommen, sind schreckliche Langweiler. Und die meisten von ihnen sind auch nicht mehr ganz richtig im Kopf. Einer hat einmal versucht, mir ein vierzigseitiges Gedicht vorzulesen. Ich wäre fast ohnmächtig geworden.«

»Ich würde Ihnen nie etwas vorlesen, das ich geschrieben habe.«

»Man hat mir erzählt, wie Sie sind – nein, Sie nicht.«

»Nein heißt nein. Trinken Sie Ihren Kaffee.«

»Sie versuchen überhaupt nicht, mich zu etwas zu überreden. Die meisten Männer hier bedrängen einen, und man wird sie kaum mehr los. In Rußland ist es den Menschen schlecht gegangen, aber dort sind mir nicht so viele Wahnsinnige über den Weg gelaufen wie hier in New York City. Das Haus, in dem ich wohne, ist ein Tollhaus. Meine Nachbarn sind verrückt. Sie werfen sich gegenseitig alles mögliche vor. Sie singen, schreien, zerschlagen Geschirr. Eine Frau ist aus dem Fenster gesprungen, um sich umzubringen. Sie hatte eine Affäre mit einem Mann, der zwanzig Jahre jünger war. In Rußland mußte man sehen, daß man den Läusen entkam, hier ist man von Verrückten umzingelt.«

Wir tranken unseren Kaffee und teilten uns das Stück Biskuit. Esther stellte ihre Tasse ab. »Ich kann es einfach nicht glauben, daß ich hier mit Ihnen am Tisch sitze. Ich lese alle Ihre Artikel, die sie unter Ihren verschiedenen Pseudonymen veröffentlichen. Sie sagen darin soviel über sich selbst, daß ich das Gefühl habe, Sie schon seit Jahren zu kennen. Aber doch sind Sie mir immer noch ein Rätsel.«

»Männer und Frauen werden sich nie gegenseitig verstehen.«

»Nein, ich kann auch meinen Vater nicht verstehen. Manchmal erscheint er mir wie ein völlig Fremder. Er wird nicht mehr lange leben.«

»Ist es so schlimm?«

»Es kommt alles zusammen. Er hat den Lebenswillen verloren. Warum soll man weiterleben ohne Beine, ohne Freunde, ohne Familie? Alle Menschen, die er kannte, sind gestorben. Er sitzt in seinem Rollstuhl und liest den ganzen Tag Zeitung. Er tut so, als würde es ihn interessieren, was in der Welt vor sich geht. Alle seine Ideale haben Schiffbruch erlitten, aber er hofft immer noch auf eine gerechte Revolution. Aber wie kann ihm eine Revolution helfen? Ich habe noch nie meine Hoffnungen auf eine Partei oder eine politische Bewegung gesetzt. Wie können wir hoffen, wenn alles schließlich im Tod endet?«

»Die Hoffnung selbst ist ein Beweis dafür, daß es keinen Tod gibt.«

»Ja, ich weiß, darüber schreiben Sie oft. Für mich aber ist der Tod der einzige Trost. Was können die Toten noch tun? Trinken Sie weiterhin Kaffee und essen Biskuits? Lesen Sie weiterhin Zeitungen? Ein Leben nach dem Tod wäre für mich nur ein schlechter Scherz.«

3

Einige der *Cafeterianiks* kehrten zur wiederaufgebauten Cafeteria zurück. Neue Besucher erschienen – alles Europäer. Sie führten lange Diskussionen in Jiddisch, Polnisch, Russisch und sogar Hebräisch. Einige von denen, die aus Ungarn stammten, mischten Deutsch, Ungarisch und jiddisches Deutsch – und dann konnte es geschehen, daß sie plötzlich in reinstem galizischem Jiddisch zu reden begannen. Sie verlangten, ihren Kaffee in Gläsern serviert zu bekommen, und hielten Zuckerstücke zwischen ihren Zähnen, während sie tranken. Viele von ihnen waren meine

Leser. Sie stellten sich vor und tadelten mich wegen aller nur denkbaren literarischen Irrtümer und Fehler: Ich widerspräche mir selbst, ginge zu weit in der Darstellung von Sex und beschriebe die Juden in einer Weise, die von Antisemiten für ihre Propaganda ausgeschlachtet werden könne. Sie erzählten mir von ihren Erfahrungen in den Ghettos, in den Konzentrationslagern der Nazis und in der Sowjetunion. Einer zeigte auf den anderen. »Sehen Sie den dort – in Rußland war er ein fanatischer Stalinist. Er hat seine Freunde denunziert. Und hier in Amerika ist er plötzlich ein glühender Antibolschewist geworden.« Derjenige, von dem die Rede war, schien zu spüren, daß hier schlecht über ihn gesprochen wurde, denn gleich, nachdem mein Informant gegangen war, nahm er seine Tasse Kaffee und seinen Reispudding und setzte sich zu mir an den Tisch. »Glauben Sie bloß kein Wort von dem, was man Ihnen erzählt. Hier wird viel gelogen. Was hätte man denn tun sollen in einem Land, in dem einem ständig die Schlinge um den Hals lag? Man mußte sich anpassen, wenn man überleben und nicht irgendwo in Kasachstan vor die Hunde gehen wollte. Um einen Teller Suppe zu kriegen oder einen Platz zum Schlafen, mußte man seine Seele verkaufen.«

An einem anderen Tisch saß eine Gruppe von Flüchtlingen, die mir keine Beachtung schenkten. Sie interessierten sich nicht für Literatur und Journalismus, nur für Geschäfte. In Deutschland hatten sie sich als Schwarzhändler betätigt. Auch hier schienen sie sich mit nicht ganz legalen Geschäften zu befassen; sie schrieben lange Listen mit Zahlen. Jemand deutete auf einen dieser Männer: »Der hatte einen Laden in Auschwitz.«

»Was meinen Sie damit – einen Laden?«

»Er hatte seine Waren unter dem Stroh versteckt, auf dem er schlief – eine verfaulte Kartoffel, manchmal ein Stück Seife, einen Blechlöffel, ein bißchen Fett. Damit hat er seine Geschäfte gemacht. Später ist er in Deutschland zu einem der größten Schwarzhändler aufgestiegen, und jemand hat ihn einmal um vierzigtausend Dollar erleichtert.«

Manchmal vergingen Monate zwischen meinen Besuchen in der Cafeteria. Ein Jahr oder auch zwei verstrichen (vielleicht auch drei oder vier, ich hatte aufgehört zu zählen), ohne daß Esther wieder erschienen wäre. Ich fragte einige Male nach ihr. Irgend jemand sagte, sie würde nun die Cafeteria in der Zweiundvierzigsten Straße aufsuchen, ein anderer wollte gehört haben, sie hätte geheiratet. Ich erfuhr, daß einige der *Cafeterianiks* gestorben waren. Andere begannen, sich in den Vereinigten Staaten eine Existenz aufzubauen, eröffneten Geschäfte, Werkstätten, heirateten wieder, und manche setzten auch Kinder in die Welt. Dann bekamen sie Krebs oder Herzinfarkte. Die Nachwirkungen der Jahre unter Hitler und Stalin, sagte man.

Als ich eines Tages wieder einmal die Cafeteria aufsuchte, entdeckte ich Esther. Sie trug auch noch dieselbe Pelzmütze, nur eine graue Strähne fiel ihr nun in die Stirn. Seltsam – auch die Pelzmütze schien grau geworden zu sein. Die anderen *Cafeterianiks* schienen sich nicht mehr für sie zu interessieren, oder vielleicht kannten sie sie auch nicht. Ihr Gesicht war gezeichnet von der Zeit, die inzwischen vergangen war. Unter ihren Augen lagen dunkle Schatten. Ihr Blick war nicht mehr so klar wie früher. Ihr Mund hatte einen Ausdruck von Bitterkeit, von Enttäuschung. Ich begrüßte sie.

Sie lächelte, doch dieses Lächeln verflog sofort wieder. Ich fragte: »Ist Ihnen etwas zugestoßen?«

»Oh, ich lebe immerhin noch.«

»Darf ich mich setzen?«

»Natürlich, bitte.«

»Darf ich Ihnen eine Tasse Kaffee bringen?«

»Nein. Gut, wenn Sie unbedingt wollen.«

Ich bemerkte, daß sie rauchte und daß sie diesmal nicht die Zeitung las, für die ich schrieb, sondern das Konkurrenzblatt. Sie war zum Feind übergelaufen. Ich holte ihr Kaffee und für mich Pflaumenkompott, ein Mittel gegen Verstopfung. Ich setzte mich. »Wo waren Sie denn die ganze Zeit? Ich habe nach Ihnen gefragt.«

»Wirklich? Vielen Dank.«

»Was ist passiert?«

»Nichts Gutes.« Sie schaute mich an. Ich wußte, daß sie bei mir dasselbe sah wie ich bei ihr – den körperlichen Verfall. Sie sagte: »Sie haben keine Haare mehr und sind ziemlich blaß.«

Für eine Weile herrschte Schweigen. Dann sagte ich: »Ihr Vater . . .«, und in demselben Augenblick, in dem ich dies sagte, wußte ich, daß ihr Vater nicht mehr lebte.

Esther antwortete: »Er ist seit knapp einem Jahr tot.«

»Arbeiten Sie immer noch in der Knopffabrik?«

»Nein, ich bin jetzt Verkäuferin in einem Modegeschäft.«

»Und was ist Ihnen persönlich widerfahren, wenn ich das fragen darf?«

»Oh, nichts, absolut nichts. Sie werden es nicht glauben, aber ich habe hier gesessen und habe an Sie gedacht. Ich bin gewissermaßen in eine Zwickmühle geraten. Ich weiß nicht, wie ich es ausdrücken soll. Vielleicht könnten Sie mir einen

Rat geben. Haben Sie immer noch die Geduld, sich die Sorgen und Nöte kleiner, unbedeutender Menschen, wie ich es bin, anzuhören? Nein, ich wollte Sie nicht kränken. Ich bezweifelte sogar, ob Sie sich noch an mich erinnern würden. Um es kurz zu machen, ich habe eine Arbeit, aber das Arbeiten fällt mir immer schwerer. Ich leide an Arthritis. Es kommt mir vor, als würden meine Knochen langsam zerbrechen. Ich wache am Morgen auf und kann mich nicht aufsetzen. Ein Arzt hat mir gesagt, daß das an einer Bandscheibe in meinem Rücken liegt. Andere Ärzte versuchen, meine Nerven zu behandeln. Einer hat eine Röntgenaufnahme gemacht und sagt, ich habe einen Tumor. Er wollte, daß ich für ein paar Wochen ins Krankenhaus gehe, aber ich will mich nicht so schnell operieren lassen. Dann ist eines Tages ein kleiner Rechtsanwalt aufgetaucht. Er ist auch ein Flüchtling und hat gute Kontakte zur deutschen Regierung. Sie wissen, es werden jetzt ja Entschädigungszahlungen geleistet. Es stimmt, es ist mir zwar gelungen, nach Rußland zu fliehen, aber ich bin genauso ein Opfer der Nazis. Und außerdem kennen sie meine Biographie nicht so genau. Ich könnte eine kleine Rente kriegen und zusätzlich ein paar tausend Dollar, aber mein Bandscheibenschaden hilft mir dabei nichts, denn ich habe ihn erst später bekommen, nach dem Aufenthalt in den Lagern. Der Anwalt meint, meine einzige Chance besteht darin, sie zu überzeugen, daß ich psychisch gebrochen bin. Das ist auch die bittere Wahrheit, aber wie kann ich das beweisen? Die deutschen Ärzte, die Neurologen, wollen Beweise sehen. Alles muß den Beschreibungen in den medizinischen Lehrbüchern entsprechen – bis ins kleinste. Der Anwalt möchte, daß ich mich als geisteskrank ausgebe. Natürlich, denn er bekommt schließlich zwanzig Prozent der Entschädigungszahlung, vielleicht auch mehr. Ich verstehe nicht, wieso er soviel Geld braucht. Er ist schon über siebzig, ein alter alleinstehender Mann. Er hat versucht, mit mir zu schlafen und mich arg bedrängt. Er ist selber halb *meschugge*. Aber wie soll ich die Kranke spielen, wenn ich tatsächlich krank bin? Das Ganze ist mir zuwider, und ich fürchte, ich werde wirklich wahnsinnig dabei. Ich hasse es, zu schwindeln. Aber dieser Rechtsverdreher sitzt mir im Nacken. Ich kann nicht mehr richtig schlafen. Wenn am Morgen der Wecker klingelt, wache ich genauso erledigt auf wie damals in Rußland, als wir um vier Uhr morgens zum Holzsägen in den Wald hinausmarschieren mußten. Natürlich nehme ich Schlaftabletten – würde ich keine nehmen, dann könnte ich wahrscheinlich überhaupt nicht mehr schlafen. So ist im großen und ganzen meine Situation.«

»Warum haben Sie nicht geheiratet? Sie sind immer noch eine gutaussehende Frau.«

»Nun, das ist die alte Frage – es gibt keinen, den ich heiraten könnte. Es ist zu spät. Wenn Sie wüßten, wie mir zumute ist, dann würden Sie mir nicht eine solche Frage stellen.«

4

Einige Wochen vergingen. Es fiel Schnee. Nach dem Schnee kam Regen, danach Frost. Ich stand am Fenster und schaute auf den Broadway hinaus. Die Passanten schlitterten vorbei. Die Autos fuhren langsam. Der Himmel über den Dächern leuchtete violett, weder Mond noch Sterne zeigten sich, und obwohl es schon acht Uhr abends war, kam es mir aufgrund des Lichts und der Leere auf den Straßen vor, als sei eben erst die Dämmerung hereingebrochen. Die Geschäfte waren verlassen. Einen Augenblick lang hatte ich das Gefühl, in Warschau zu sein. Das Telefon läutete, und ich lief zum Apparat, um abzuheben, so wie ich es vor zehn, zwanzig, dreißig Jahren immer zu tun pflegte, in der Erwartung, das Telefon werde mir gute Nachrichten bringen. Ich sagte »Hallo«, aber es meldete sich niemand, und mich packte die Angst, irgendeine dämonische Kraft habe die guten Nachrichten im letzten Moment unterdrückt, um sie mir vorzuenthalten. Dann hörte ich ein Stammeln. Eine Frauenstimme murmelte meinen Namen.

»Ja, ich bin am Apparat.«

»Entschuldigen Sie, daß ich Sie störe. Mein Name ist Esther. Wir haben uns vor ein paar Wochen in der Cafeteria getroffen . . .«

»Esther!« rief ich.

»Ich weiß nicht, was mir den Mut gegeben hat, Sie anzurufen. Ich muß mit Ihnen über etwas reden. Natürlich nur, wenn Sie Zeit haben – und, bitte, verzeihen Sie meine Aufdringlichkeit.«

»Das ist keine Aufdringlichkeit. Wollen Sie zu mir in die Wohnung kommen?«

»Ich möchte Sie nicht stören. Es ist schwierig, sich in der Cafeteria zu unterhalten. Es ist laut dort, und es gibt Leute, die mithören. Was ich Ihnen sagen will, ist ein Geheimnis, das ich sonst niemanden anvertrauen möchte.«

»Bitte, kommen Sie vorbei.«

Ich beschrieb Esther den Weg. Dann versuchte ich, meine Wohnung ein wenig aufzuräumen, stellte aber bald fest, daß es unmöglich war. Überall auf den Tischen und Stühlen lagen Briefe und Manuskripte umher. In den Ecken stapelten sich Bücher und Zeitschriften. Ich öffnete die Schränke und warf alles hinein, was mir in die Hände kam: Jacken, Hosen, Hemden, Schuhe, Pantoffeln. Ich hob einen Briefumschlag auf und stellte zu meiner Überraschung fest, daß er noch gar nicht geöffnet worden war. Ich riß ihn auf und fand einen Scheck vor. »Was ist los mit mir – habe ich den Verstand verloren?« rief ich laut aus. Ich versuchte, den Brief zu lesen, der dem Scheck beigelegt war, aber ich hatte meine Brille gerade nicht zur Hand, und auch meinen Füllfederhalter hatte ich verlegt. Und wo waren eigentlich meine Schlüssel? Ich hörte ein Läuten und wußte nicht, ob es von der Türe oder vom Telefon kam. Ich öffnete, und da stand Esther vor mir. Es mußte inzwischen wieder geschneit haben, denn ihr Hut und ihr Mantel waren weiß überzogen. Ich bat sie herein, und meine Nachbarin, die geschiedene Frau, die mir ganz offen und unverblümt nachspionierte – ohne, weiß Gott auch, irgend etwas davon zu haben –, machte ihre Türe auf und starrte meine Besucherin an.

Esther zog sich ihre Stiefel aus, ich nahm ihr den Mantel ab und hängte ihn an das Regal, in dem die Encyclopaedia Britannica stand. Ich schob einige Manuskripte auf dem Sofa beiseite, so daß sie sich setzen konnte. Ich sagte: »Das ist das reinste Chaos hier.«

»Das macht doch nichts. Ich habe schon einmal in einem Lehnstuhl gesessen, auf dem Socken und Taschentücher verstreut waren. Ich will nicht lange darum herumreden, sondern erzählen, wie es war. In dieser Nacht fand ich keinen Schlaf. Wenn ich nicht schlafen kann, dann stehe ich gewöhnlich auf und mache mir einen Tee oder lese in einem Buch, doch in dieser Nacht zwang mich irgend etwas, mich auszuziehen und auszugehen. Ich kann Ihnen nicht erklären, wie ich es fertigbrachte, zu dieser späten Stunde auf dem Broadway spazierenzugehen. Es muß zwei oder drei Uhr nachts gewesen sein. Ich kam zur Cafeteria, dachte womöglich, sie habe durchgehend die ganze Nacht geöffnet. Ich versuchte, einen Blick durch das Fenster zu werfen, doch der Vorhang war zugezogen. Dahinter sah ich einen schwachen Lichtschimmer. Ich versuchte, die Drehtür zu öffnen, und sie bewegte sich. Ich ging hinein und sah eine Szene, die ich niemals in meinem Leben vergessen werde. Die Tische waren zusammengeschoben. An ihnen saßen Männer in weißen Gewändern, ähnlich wie Ärzte oder Krankenpfleger, und jeder von ihnen hatte eine Hakenkreuzbinde am Arm. Am Kopfende saß Hitler. Ich bitte Sie, hören Sie meine Geschichte bis zu Ende an – auch jemand, der nicht mehr ganz bei sich ist, verdient es manchmal, daß man ihm Gehör schenkt. Alle sprachen sie Deutsch. Sie sahen mich nicht. Sie konzentrierten sich ganz auf ihren Führer. Es wurde ruhig, und er begann zu reden. Diese abscheuliche Stimme – wie oft hatte ich sie schon im Radio gehört. Ich konnte nicht alles verstehen, was er sagte. Dazu war ich zu aufgeregt. Plötzlich warf einer seiner Gefolgsleute einen Blick zu mir nach hinten und sprang von seinem Stuhl auf. Ich weiß nicht mehr, wie es mir gelungen ist, lebend wieder hinauszukommen. Ich rannte, so schnell ich konnte, und ich zitterte am ganzen Körper. Als ich wieder zu Hause war, sagte ich mir: ›Esther, du bist nicht mehr richtig im Kopf.‹ Wie ich den Rest der Nacht verbracht habe, kann ich nicht mehr sagen. Am nächsten Morgen ging ich nicht auf dem üblichen Weg zur Arbeit, sondern machte mich zuvor auf zur Cafeteria, um zu sehen, ob sie noch da war. Als ich ankam, sah ich, daß sie niedergebrannt war. Da wußte ich, daß das mit dem zu tun hatte, was ich in der Nacht gesehen hatte. Die Leute, die sich hier versammelt hatten, wollten alle ihre Spuren verwischen. So ist es gewesen. Ich habe keinen Grund, mir solche seltsamen Geschichten auszudenken.«

Wir schwiegen beide eine Weile. Dann sagte ich: »Sie hatten eine Vision.«

»Was meinen Sie damit – eine Vision?«

»Die Vergangenheit ist nicht für immer verloren. Ein Bild aus früheren Jahren war irgendwo in der Vierten Dimension gespeichert und hat sich in dieser Situation in Ihr Bewußtsein geschoben.«

»Soweit ich weiß, hat Hitler nie ein weißes Gewand getragen.«

»Vielleicht doch.«

»Warum ist die Cafeteria gerade in dieser Nacht niedergebrannt?« fragte Esther.

»Möglicherweise hat das Feuer diese Vision ausgelöst.«

»Zu diesem Zeitpunkt gab es noch kein Feuer. Irgendwie habe ich schon vermutet, daß Sie mir eine solche Erklärung geben würden. Wenn das eine Vision war, dann ist es auch eine Vision, daß ich hier mit Ihnen sitze.«

»Es könnte auch etwa anderes gewesen sein. Aber auch wenn Hitler noch am Leben wäre und sich in den Vereinigten Staaten verstecken würde, dann würde er sich wohl kaum mit seinen Spießgesellen in einer Cafeteria auf dem Broadway treffen. Und noch dazu in einer Cafeteria, die einem Juden gehört.«

»Ich habe ihn gesehen, so wie ich Sie hier sehe.«

»Sie haben einen Blick in die Vergangenheit geworfen.«

»Gut, lassen wir es. Doch seit damals habe ich keine Ruhe mehr. Ich denke immerzu darüber nach. Wenn es mir vorherbestimmt ist, wahnsinnig zu werden, dann wird das der Anlaß sein.«

Das Telefon läutete, und ich sprang gleich beim ersten Klingeln auf. Aber es hatte sich nur jemand verwählt. Ich setzte mich wieder. »Was ist mit dem Psychiater, zu dem Sie Ihr Anwalt geschickt hat? Erzählen Sie ihm die Geschichte, danach werden Sie sich besser fühlen.«

Esther blickte mich von der Seite her unfreundlich an. »Ich weiß, was Sie meinen, aber so weit ist es noch nicht mit mir.«

5

Ich befürchtete, Esther würde mich weiterhin anrufen. Ich erwog deswegen sogar, meine Telefonnummer ändern zu lassen. Doch es vergingen Wochen und Monate, ohne daß ich wieder etwas von ihr hörte oder sah. Ich ging nicht mehr in die Cafeteria. Aber ich dachte oft an Esther. Wie kann ein Gehirn derartige Alpträume hervorbringen? Was geht da unter der Schädeldecke vor sich? Wer garantiert mir, daß mir eines Tages nicht etwas Ähnliches widerfährt? Und woher wissen wir eigentlich, daß die menschliche Rasse nicht irgendwann auf diese Weise enden wird? Ich habe mit der Vorstellung gespielt, daß die Menschheit kollektiv von Schizophrenie befallen wird. Ebenso wie der Atomkern hat sich auch der *Homo sapiens* gespalten. Was die Technik und den Umgang mit ihr betrifft, so funktioniert das Gehirn noch, aber in allen anderen Belangen hat der Verfall schon eingesetzt. Sie sind alle verrückt: die Kommunisten, die Faschisten, die Demokratie-Prediger, die Schriftsteller, die Maler, die Geistlichen, die Atheisten. Bald wird auch auf die Technik kein Verlaß mehr sein. Gebäude werden einstürzen, Kraftwerke werden keine Energie mehr liefern. Generäle werden Atombomben auf ihre eigene Bevölkerung werfen. Verrückt gewordene Revolutionäre werden auf den Straßen umherlaufen und fanatische Parolen brüllen. Oft habe ich mir vorgestellt, daß es in New York seinen Anfang nehmen wird. Diese Metropolis zeigt schon alle Anzeichen eines Geistes, der übergeschnappt ist.

Doch da der Wahnsinn sich noch nicht auf breiter Front durchgesetzt hat, muß man weiterhin so tun, als sei alles noch in Ordnung – entsprechend Vaihingers Prinzip des ›als ob‹. Ich machte weiter mit meiner Schreiberei. Ich lieferte weiterhin Manuskripte bei meinem Verleger ab. Ich hielt Vorträge. Viermal im Jahr schickte ich einen Scheck an die Bundesregierung, an den Staat. Was nach all den Ausgaben noch übrigblieb, brachte ich zur Bank. Ein Kassierer trug einige Zahlen in mein Sparbuch ein, und das bedeutete, daß ich wieder ein bißchen mehr für die Zukunft vorgesorgt hatte. Irgend jemand druckte ein paar Zeilen von mir in einem Magazin oder einer Zeitschrift, und das zeigte, daß mein Wert als Autor erneut gestiegen war. Ich beobachtete amüsiert, daß all meine Anstrengungen sich in Papier verwandelten. Meine Wohnung glich einem gigantischen Papierkorb. Von Tag zu Tag vergilbte und verdorrte dieses Papier mehr. Ich wachte nachts auf, aus Angst, es könnte sich entzünden. Und es verging nicht eine Stunde, ohne daß ich von irgendwoher die Sirene eines Feuerwehrautos hörte.

Ein Jahr, nachdem ich Esther zuletzt gesehen hatte, reiste ich nach Toronto, um dort ein Werk über die jiddische Sprache in der zweiten Hälfte des neunzehnten Jahrhunderts einzusehen. Ich legte einige Hemden in meinen Koffer und Papiere jeglicher Art, unter anderen eines, das besagte, daß ich Bürger der Vereinigten Staaten von Amerika bin. In meiner Tasche hatte ich genügend Geld, um eine Taxifahrt zum Bahnhof Grand Central bezahlen zu können. Doch alle Taxis schienen besetzt zu sein. Jene, die gerade keinen Fahrgast beförderten, weigerten sich anzuhalten. Sahen die Fahrer mich denn nicht? Ich beschloß, mit der U-Bahn zu fahren. Unterwegs sah ich Esther. Sie war nicht allein, sondern in Begleitung eines Mannes, den ich vor vielen Jahren kennengelernt hatte, kurz nachdem ich in die Vereinigten Staaten gekommen war. Er war Stammkunde einer Cafeteria auf dem East Broadway gewesen. Dort saß er gewöhnlich an einem Tisch, gab seine Kommentare zu allem möglichen ab, kritisierte und schimpfte. Er war klein, hatte eingefallene, ziegelfarbene Wangen und Glotzaugen. Er mochte die jungen Autoren nicht. Er würdigte die alten Schriftsteller herab. Er rollte sich die Zigaretten selbst und ließ die Asche auf die Teller fallen, von denen wir aßen. Ich hatte ihn seit mindestens zwei Jahrzehnten nicht mehr gesehen. Und plötzlich erschien er mit Esther. Er hielt sogar ihren Arm. Noch nie hatte ich Esther so gutaussehend gesehen. Sie trug einen neuen Mantel und einen neuen Hut. Sie lächelte mir zu und nickte. Ich wollte sie aufhalten, doch meine Armbanduhr sagte mir, daß es schon spät war. Ich schaffte es gerade noch rechtzeitig zum Zug. In meinem Schlafwagenabteil war das Bett schon gemacht. Ich zog mich aus und legte mich schlafen.

Mitten in der Nacht wachte ich auf. Der Waggon wurde umgekoppelt, und ich wäre beinahe aus dem Bett gefallen. Da ich danach nicht mehr einschlafen konnte, versuchte ich, mich an den Namen des kleinen Mannes zu erinnern, den ich zusammen mit Esther gesehen hatte. Ich erinnerte mich nur daran, daß er auch vor dreißig Jahren alles andere als jung ausgesehen hatte.Er war neunzehnhundertundfünf nach der Revolution in Rußland in die Vereinigten Staaten gekommen. In Europa hatte er als Redner einen Namen gehabt und war in der Öffentlichkeit bekannt gewesen. Wie alt mochte er jetzt sein? Nach meinen Berechnungen mußte er Ende Achtzig, vielleicht auch schon Anfang Neunzig sein. War es möglich, daß Esther sich einem so alten Mann hingab? Doch an diesem Abend hatte er gar nicht sonderlich alt ausgesehen. Je länger ich in der Dunkelheit meines Schlafwagenabteils über diese Begegnung nachdachte, desto mysteriöser erschien sie mir. Ich bildete mir auch ein, in irgendeiner Zeitung gelesen zu haben, der Mann sei gestorben. Spazieren hier Tote über die Pflaster des Broadway? Das hätte bedeutet, daß auch Esther nicht mehr lebte. Ich zog die Jalousie hoch, setzte mich auf und blickte hinaus in die Nacht – sie war schwarz und undurchdringlich, der Mond war nicht zu sehen. Ein paar Sterne begleiteten den Zug eine Weile, dann verschwanden sie. Eine beleuchtete Fabrik tauchte auf; ich sah Maschinen, aber keine Arbeiter. Dann wurde sie von der Dunkelheit verschluckt, und eine andere Gruppe von Sternen begann, uns zu begleiten. Ich drehte mich mit der Erde um ihre Achse. Ich umkreiste mit ihr die Sonne und bewegte mich auf eine Sternenkonstellation zu, deren Namen mir nicht einfiel. Gibt es keinen Tod? Oder gibt es kein Leben?

Ich erinnerte mich daran, wie Esther mir erzählt hatte, sie habe Hitler in der Cafeteria gesehen. Damals hatte ich die Geschichte für vollkommenen Unsinn gehalten, doch jetzt begann ich, sie anders zu bewerten. Wenn Zeit und Raum lediglich Formen der Wahrnehmung sind, wie Kant behauptete, und wenn Qualität, Quantität und Kausalität nur Kategorien des Denkens darstellen, warum sollte Hitler sich dann nicht mit seinen Gefolgsleuten in einer Cafeteria auf dem Broadway treffen? Esther hatte nicht verrückt geklungen. Sie hatte ein Stück jener Wirklichkeit wahrgenommen, welche die kosmischen Zensoren in der Regel vor uns verbergen. Sie hatte einen Blick hinter die Phänomene erhascht. Ich bedauere es, daß ich sie nicht nach mehr Einzelheiten gefragt hatte.

In Toronto blieb mir nicht viel Zeit, weiter über diese Fragen nachzudenken, doch als ich wieder nach New York zurückgekehrt war, suchte ich die Cafeteria auf, um selbst einige Nachforschungen anzustellen. Ich traf dort nur einen Mann an, den ich kannte: einen Rabbi, der Agnostiker geworden war und seinen Beruf aufgegeben hatte. Ich fragte ihn nach Esther. Er sagte: »Die hübsche kleine Frau, die immer hier hereingekommen ist?«

»Ja.«

»Ich habe gehört, sie hat sich umgebracht.«

»Wann, wie?«

»Das weiß ich nicht. Vielleicht reden wir auch nicht von derselben Person.«

Wieviel ich auch fragte und wie genau ich auch Esther beschrieb, alles blieb ziemlich vage. Eine junge Frau, die immer in die Cafeteria gekommen war, hatte das Gas aufgedreht und ihrem Leben ein Ende gesetzt – das war alles, was der ehemalige Rabbi mir zu berichten wußte.

Ich beschloß, nicht zu ruhen, bis ich herausgefunden haben würde, was aus Esther und diesem Schriftsteller und Politiker geworden war, den ich mit ihr auf East Broadway gesehen hatte. Doch meine Arbeit nahm mich von Tag zu Tag mehr in Anspruch. Die Cafeteria schloß. Das Viertel veränderte sich. Jahre vergingen, und ich sah Esther nie wieder. Ja, Tote gehen auf dem Broadway spazieren. Doch weshalb hatte sich Esther ausgerechnet für diesen Toten entschieden? Sogar in jener Welt hätte sie etwas Besseres bekommen können.

Aus dem Amerikanischen von Hans Freundl

John Steinbeck

Die Geschichte der heiligen Katy

Es war im Jahre 13 –, da lebte in P– (wie die Franzosen es nennen) ein böser Mann, der hielt sich ein böses Schwein. Er war ein böser Mann, weil er zu viel lachte. Er lachte über die falschen Leute und zur falschen Zeit. Er lachte über die guten Brüder von M–, wenn sie an seine Tür klopften und nach etwas Whiskey oder einem Stück Silber fragten, und er lachte, wenn sie kamen, um den Kirchen-Zehnt einzutreiben. Als Bruder Clement in den See bei der Mühle fiel und ertrank, weil er den Sack voller Salz, den er trug, nicht loslassen wollte, lachte der böse Mann, der Roark hieß, bis ihm der Bauch weh tat und er sich ins Bett legen mußte. Wenn ihr euch nun noch vor Augen haltet, welch ein gemeines und abstoßendes Gelächter es war, werdet ihr erkennen, was für ein böser Mann dieser Roark wirklich war, und ihr werdet nicht mehr überrascht sein, daß er seinen Zehnt nicht zahlte und man über ihn munkelte, er würde früher oder später wohl exkommuniziert werden. Dazu kam, wie ihr wissen müßt, daß er nicht gerade ein Gesicht besaß, dem ein Lachen besonders gut stand. Es war ein dunkles, verhärmtes Gesicht, und wenn Roark lachte, sah es aus, als habe man ihm soeben ein Bein ausgerissen und sein Gesicht verzöge sich zu einem Schmerzensschrei. Außerdem schalt er die Leute alle Narren, was ausgesprochen unhöflich und sehr unklug ist, selbst wenn es in bestimmten Fällen durchaus zutreffen mag. Niemand wußte, warum Roark böse geworden war, man wußte nur, daß er früher viel in der Welt herumgereist war und viele böse Dinge gesehen hatte.

In einer solchen Umgebung also mußte das böse Schwein, das übrigens Katy hieß, aufwachsen, und eigentlich dürftet ihr euch über nichts mehr wundern. In manchen Büchern wurde geschrieben, daß Katy auf eine lange Ahnenreihe böser Schweine zurückblicken konnte; daß Katys Vater ein Hühnchenfresser war und jeder es gewußt hat, und daß Katys Mutter keinen Moment gezögert hätte, ihren eigenen Wurf zu verspeisen, wenn man sie nur gelassen hätte. Aber das ist einfach nicht wahr. Katys Mutter und Vater waren zwei wirklich anständige Schweine, soweit die Natur Schweine überhaupt mit dem Vermögen ausgestattet hat, anständig zu sein, was sie nicht gerade in großzügigem Maße getan hat. Sie besaßen jedoch unleugbar eine Vorstellung von dem, was Anstand ist, und mehr kann man von vielen Menschen auch nicht sagen.

Katys Mutter brachte einen Wurf niedlicher rosiger und hungriger Schweinchen nach dem anderen zur Welt, und alle waren so sittsam und freundlich, wie man es sich nur wünschen konnte. Daran seht ihr, daß die Bösartigkeit von Katy nichts Ererbtes war und sie folglich von dem Mann namens Roark stammen mußte.

Da lag Katy also im Stroh, die schräggestellten Augen fest zusammengepreßt und die Nase ganz runzelig, das hübscheste und ruhigste Schweinchen, das man sich vorstellen kann – bis zu dem Tag, an dem Roark in den Stall kam, um dem Wurf Namen zu geben. »Du sollst Brigid heißen«, sagte er, »und du Rory, und du – dreh dich um, du kleiner Teufel! – Katy.« Von diesem Augenblick an war Katy ein böses Schwein, das schlimmste Schwein, um genau zu sein, das jemals in der Grafschaft von P – gelebt hat.

Es fing damit an, daß Katy die Milch stahl; die Zitzen, an denen sie nicht saugen konnte, blockierte sie mit ihrem Rücken, so daß der arme Rory und die arme Brigid und all die anderen kleine schwache Zwerge blieben. Schon sehr bald war Katy doppelt so groß wie ihre Brüder und Schwestern, und sie war doppelt so stark. Und was ihre Boshaftigkeit angeht, mag dies als Beispiel dienen: Nacheinander schnappte sie sich Brigid und Rory und den ganzen Rest des Wurfes und fraß sie auf. Gibt es nach einem solch abscheulichen Start ins Leben eigentlich noch ein Übel, das man Katy nicht zutrauen würde? Und in der Tat dauerte es nicht lange, da begann sie, Hühner und Enten zu fressen, bis schließlich Roark eingriff. Er steckte sie in einen soliden Schweinestall; zumindest war er auf seiner Seite des Grundstücks solide. Was Katy jetzt noch an Hühnern verschlang, kam von den Nachbarn.

Ihr hättet Katys Gesicht sehen sollen. Es war ein niederträchtiges Gesicht, und das von Anfang an. Die boshaft gelb funkelnden Augen hätten euch einen Schauder der Angst über den Rücken gejagt, selbst wenn ihr einen kräftigen Stock bei euch gehabt hättet, um ihr damit einen Schlag auf die Nase zu versetzen und sie euch vom Leibe zu halten. Sie wurde zum Schrecken der ganzen Nachbarschaft. Nachts schlich Katy sich durch ein Loch aus ihrem Stall hinaus und überfiel die Hühnerhäuser. Ab und zu verschwand sogar ein Kind, von dem man nie wieder etwas hörte. Und Roark, der eigentlich hätte wehklagen und sich schämen müssen, wurde immer stolzer auf Katy. Er behauptete, sie wäre das beste Schwein, das er je besessen hätte, und sie hätte mehr Verstand als irgendein anderes Schwein im ganzen Land.

Nach einer Weile kamen Gerüchte auf, daß ein Wer-Schwein des Nachts sein Unwesen trieb und Leute in die Beine biß, Gärten verwüstete und Enten auffraß. Einige gingen sogar so weit, zu behaupten, daß Roark selbst es wäre, der sich in ein Schwein verwandelte und in der Nacht durch die Büsche schlich. Solcherart war der Ruf, den Roark bei seinen Nachbarn genoß.

Nun, als Katy ein großes Schwein war, kam auch für sie die Zeit, Nachkommenschaft zu zeugen. Der auserwählte stolze Eber war vom selben Tag an unfruchtbar und lief fortan mit einem traurigen argwöhnischen Ausdruck auf seinem Gesicht umher, war verwirrt und traute niemandem mehr über den Weg. Katy aber wurde dicker und dicker, bis sie eines Nachts ihre Jungen warf. Sie säuberte sie und leckte sie alle ab, und es sah fast so aus, als hätte die Mutterschaft ihr ganzes Wesen verändert. Als sie ihre Kinder aber alle trocken und sauber hatte, stellte sie sie in einer Reihe auf und verschlang eines nach dem anderen. Das war selbst für einen bösen Mann wie Roark zuviel, denn wie jeder weiß, ist eine Sau, die ihre eigenen Jungen auffrißt, moralisch derart verdorben, daß selbst ein Mensch sich etwas Niederträchtigeres nicht mehr vorzustellen vermag.

Nur widerstrebend machte Roark sich daran, Katy zu schlachten. Er wetzte gerade sein Messer, als Bruder Colin und Bruder Paul auf ihrem Weg, den Zehnt einzutreiben, den Pfad zu seinem Haus entlangkamen. Das Kloster von M– hatte sie ausgeschickt, und obwohl sie nicht erwarteten, etwas von Roark zu bekommen, hatten sie sich entschlossen, es nichtsdestotrotz zu versuchen. Der Mensch gibt nun einmal nur ungern eine Hoffnung auf. Bruder Paul war ein schlanker, kräftiger Mann mit einem schlanken, kräftigen Gesicht und scharfen Augen, und jede Faser seines Körpers drückte eine erbarmungslose Frömmigkeit aus, während Bruder Colin ein kleiner, rundlicher Mann mit einem großen runden Gesicht war. Bruder Paul freute sich darauf, von den Früchten der Gnade Gottes im Himmel zu kosten, doch Bruder Colin war der Auffassung, daß man dies schon hier auf Erden tun solle. Die Leute nannten Colin einen vortrefflichen Menschen und Bruder Paul einen guten. Sie trieben den Zehnt gemeinsam ein, weil dort, wo Bruder Colins Überzeugungskräfte versagten, Bruder Pauls Drohungen und Beschreibungen des Höllenfeuers meist Wirkung zeigten.

»Roark!« sagte Bruder Paul. »Wir treiben den Zehnt ein. Gewiß willst du deine Seele nicht weiter im Schwefel schmoren lassen, wie du es dir in den letzten Jahren zur Gewohnheit hast werden lassen, nicht wahr?«

Roark hörte auf, sein Messer zu wetzen, und seine vor Bosheit funkelnden Augen hätten die von Katy sein können. Er wollte ihnen eben sein Lachen entgegenschleudern, doch noch bevor der erste Laut über seine Lippen kam, hielt er inne. Der Ausdruck, der daraufhin auf sein Gesicht trat, glich dem von Katy, als sie ihren Wurf verschlungen hatte. »Ich habe ein Schwein für euch«, sagte Roark, und er legte das Messer zur Seite.

Die Brüder waren fassungslos, denn das einzige, was sie Roark bis zu diesem Zeitpunkt hatten entlocken können, war sein Hund gewesen, den er ihnen hinterhergehetzt hatte, sowie Roarks Lachen, als sie beim Versuch, mit heiler Haut das Tor zu erreichen, über den Saum ihrer Gewänder gestolpert waren. »Ein Schwein?« fragte Bruder Colin mißtrauisch. »Was für eine Art von Schwein?«

»Das Schwein, das dort drüben allein im Stall steht«, entgegnete Roark, und seine Augen schienen ganz gelb zu werden.

Die Brüder eilten zu dem Stall hinüber und spähten hinein. Sie registrierten Katys Größe und ihre üppige Speckschwarte und starrten sich in ungläubigem Staunen an. Colin konnte an nichts anderes denken als an die großen Hinterschinken, die sie hatte, und an den Speck, den sie wie einen Mantel um sich geschlungen trug. »Na, wenn wir dafür zur Belohnung nicht eine ganze Wurst für uns alleine bekommen«, flüsterte er ehrfürchtig. Doch Bruder Paul dachte nur an das Lob, das Vater Benedict ihnen spenden würde, wenn er erfuhr, daß sie ein Schwein von Roark bekommen hatten. Paul drehte sich um.

»Wann wirst du das Schwein zu uns bringen?« fragte er.

»Ich werde überhaupt nichts bringen«, brüllte Roark. »Das ist euer Schwein. Nehmt es mit euch, oder es bleibt hier.«

Die Brüder erhoben keine Einwände. Sie waren viel zu froh darüber, überhaupt etwas von Roark zu bekommen. Paul steckte einen Strick durch Katys Nasenring und führte sie aus dem Stall; und einen Augenblick lang folgte Katy ihnen auch, als wäre sie ein wirklich braves Schwein. Als die drei durch das Tor schritten, rief Roark ihnen nach: »Ihr Name ist Katy«, und das Lachen, das so lange in seiner Kehle festgesteckt hatte, brach sich endlich gackernd eine Bahn.

»Es ist bestimmt eine ganz vortreffliche Sau«, meinte Bruder Paul etwas verunsichert.

Bruder Colin wollte ihm gerade antworten, als ihn etwas – einer zuschnappenden Wolfsangel nicht unähnlich – von hinten ins Bein biß. Er schrie auf und wirbelte herum. Und da stand Katy, kaute zufrieden an einem Fetzen Fleisch aus seiner Wade, und der Ausdruck auf ihrem Gesicht war der des leibhaftigen Satans. Katy schmauste genußvoll und schluckte; dann schickte sie sich an, noch einen Bissen von Bruder Colin zu ergattern, aber im gleichen Augenblick trat

Bruder Paul vor und versetzte ihr einen kräftigen Tritt genau auf die Spitze ihrer Schnauze. Wenn sich vorher schon das Böse in Katys Gesicht gespiegelt hatte, so glühten jetzt alle Dämonen der Hölle in ihren Augen. Sie spannte ihre Muskeln an und knurrte aus tiefster Kehle, dann bewegte sie sich schnaubend vorwärts und knirschte mit den Zähnen wie eine Bulldogge. Die Brüder warteten nicht, bis sie heran war; sie stürmten auf eine Hagebuche zu, die am Straßenrand stand, und ohne zu zögern, ging es unter viel Gekeuche und Gegrunze aufwärts, bis sie schließlich hoch genug geklettert waren, um vor der schrecklichen Katy in Sicherheit zu sein.

Roark hatte sie ein Stück des Weges begleitet und war ihnen bis zum Tor gefolgt, und so, wie er jetzt dort stand und lachte, wußten sie, daß sie von ihm keine Hilfe zu erwarten hatten. Unter ihnen, am Fuße des Baumes, streifte Katy hin und her; sie scharrte auf dem Boden und riß große Grasnarben heraus, um zu zeigen, wie stark sie war. Bruder Paul warf einen Ast nach ihr, und sie zerfetzte ihn in kleine Stücke und stampfte diese mit ihren spitzen Hufen tief in die Erde, während sie die ganze Zeit über mit ihren schrägliegenden gelben Augen zu ihnen hinaufstarrte und hämisch in sich hineinlachte.

Die beiden Brüder setzten sich voll des Elends auf ihrem Baum zurecht, steckten die Köpfe zwischen die Schultern und schlugen ihre Gewänder dicht um ihre Körper. »Möglicherweise war der Tritt, den du ihr auf die Schnauze gegeben hast, nicht fest genug?« fragte Bruder Colin hoffnungsvoll.

Bruder Paul blickte hinunter auf seinen Fuß und dann auf die harte, lederne Schnauze von Katy. »Ein Tritt meines

Fußes würde jedes Schwein zu Boden strecken, es sei denn, es wäre so groß wie ein Elefant«, sagte er.

»Und gutes Zureden hat bei einem Schwein wohl nicht sehr viel Sinn«, überlegte Bruder Colin.

Katy streifte wie ein wildes Tier unter dem Baum hin und her. Lange Zeit saßen die Brüder schweigend da und schlugen betrübt ihre Gewänder um ihre Fußgelenke. Bruder Paul dachte mit einer Eindringlichkeit über das Problem nach, die die Züge seines Gesichtes regelrecht entstellte. Schließlich meinte er: »Man kann doch nicht unbedingt behaupten, daß Schweine die Eigenschaften eines Löwen in sich tragen, oder?«

»Eher die Eigenschaften des Teufels«, entgegnete Colin erschöpft.

Paul setzte sich aufrecht und musterte Katy mit neu erwachtem Interesse. Dann hielt er sein Kruzifix ausgestreckt vor sich und schrie mit furchterregender Stimme: »APAGE SATANAS!«

Katy erschauderte, als hätte ein sehr frostiger Wind sie gestreift, aber immer noch ließ sie sich nicht vertreiben. ›APAGE SATANAS!‹ schrie Paul noch einmal, und wieder war Katy schwer angeschlagen, aber unbesiegt. Ein drittes Mal schleuderte Bruder Paul ihr seinen Teufelsbann entgegen, aber Katy hatte sich jetzt von ihrem ersten Schock erholt, und so zeigte er diesmal nur wenig Wirkung und versengte bloß ein paar welke Blätter auf dem Boden. Bruder Paul warf Colin einen enttäuschten Blick zu. »Eigenschaften des Teufels vielleicht ja«, verkündete er niedergeschlagen, »aber nicht den Teufel selbst, sonst wäre dieses Schwein inzwischen in tausend Stücke zerborsten.«

Katy knirschte mit den Zähnen, und es schien ihr ein teuflisches Vergnügen zu bereiten.

»Ehe ich auf diese Idee mit der Teufelsaustreibung verfiel«, sinnierte Paul, »dachte ich an Daniel in der Löwengrube und habe mich gefragt, ob man diesen Fall nicht auch vielleicht auf ein Schwein übertragen kann.«

Bruder Colin sah ihn besorgt an. »Der Löwe mag nicht ohne Fehler sein«, gab er zu bedenken, »aber Löwen sind ganz sicher nicht so empfänglich für ketzerisches Gedankengut wie Schweine. Jedesmal, wenn ein frommer Mann sich aus einer mißlichen Lage befreien muß, ist ein Löwe mit im Spiel. Sieh dir Daniel an oder Samson oder sonst irgendeinen Märtyrer, um im Bereich der Glaubenslehre zu bleiben; ich könnte leicht noch einige Fälle wie den von Androkles anführen, die mit der Glaubenslehre überhaupt nichts zu tun haben. Nein, Bruder, der Löwe ist ein Tier, das eigens dafür geschaffen wurde, um als Maß für die Rechtgläubigkeit und Frömmigkeit zu dienen. Wenn es in all diesen Geschichten einen Löwen gibt, dann deshalb, weil der Löwe am zugänglichsten für die Macht des rechten Glaubens ist. Ich denke, Gott schuf den Löwen als eine Art Anschauungsobjekt. Ganz sicher ist er eine Bestie, die wie geschaffen ist für Parabeln und Gleichnisse. Doch was das Schwein angeht – soweit ich mich erinnern kann, ist nirgendwo verzeichnet, daß ein Schwein eine andere Macht anerkennt als den Schlag auf seine Schnauze oder das Messer an seiner Kehle. Im allgemeinen sind Schweine – und das gilt für dieses Schwein im besonderen – die starrköpfigsten und ketzerischsten aller Kreaturen.«

»Und dennoch«, meinte Bruder Paul und schenkte diesen

gelehrten Ausführungen wenig Aufmerksamkeit, »wenn man mit solch schweren Geschützen wie der Kirche aufzuwarten hat, wäre es eine verdammte Schande, wenn man nicht wenigstens einen Versuch unternehmen würde, egal, ob es nun ein Löwe oder ein Schwein ist. Der Teufelsbann hat keine Wirkung gezeigt, aber das hat nichts zu sagen.« Er begann, den Strick zu lösen, der ihm als Gürtel diente. Bruder Colin sah ihn voller Entsetzen an.

»Paul, alter Knabe«, rief er, »Bruder Paul, um Gottes willen, geh nicht hinunter zu diesem Schwein.« Doch Paul beachtete ihn nicht. Er wickelte seinen Gürtel ganz los und band an einem Ende die Kette seines Kruzifixes fest; dann lehnte er sich zurück, bis er nur noch an seinen Knien an dem Ast hing und sein Gewand ihm über den Kopf rutschte. Langsam ließ Paul den Gürtel wie eine Angelschnur nach unten und pendelte mit dem metallenen Kruzifix in Katys Richtung.

Was Katy anging, so kam diese stampfend und zähneknirschend näher, bereit, sich das Kreuz zu schnappen und mit ihren Füßen in den Boden zu stampfen. Katys Gesicht war das eines wilden Tigers. Doch gerade in dem Moment, als sie nahe genug heran war, fielen die scharfen Konturen des Kruzifixes auf ihr Antlitz, und das Kreuz selbst spiegelte sich in ihren gelben Augen. Katy blieb stehen – geradezu wie gelähmt. Die Luft, der Baum, die Erde, alles erschauderte in einer erwartungsvollen Stille, während die Tugend mit der Sünde kämpfte.

Und dann, ganz langsam, quollen zwei große Tränen aus Katys Augen, und im nächsten Moment, schneller, als man denken konnte, lag sie auf dem Boden, alle viere von sich gestreckt, und machte mit einem ihrer rechten Hufe das Zeichen des Kreuzes, während sie in der vollen Erkenntnis ihrer Vergehen leise und qualvoll zu winseln begann.

Bruder Paul ließ das Kreuz eine ganze Minute pendeln, bevor er sich wieder auf den Ast hochzog.

Die ganze Zeit über hatte Roark vom Tor aus zugesehen. Von diesem Tag an war er nicht länger ein böser Mann; sein ganzes Leben hatte sich in einem kurzen Augenblick verändert. Und in der Tat wurde er es nicht müde, die Geschichte jedem, der geneigt war, zuzuhören, wieder und wieder zu erzählen. Roark behauptete, er hätte nie wieder in seinem Leben etwas derart Eindrucksvolles und Beseelendes gesehen.

Bruder Paul erhob sich und stellte sich auf den Ast. Er richtete sich zu seiner vollen Größe auf. Und dann trug er die ganze Bergpredigt im schönsten Latein vor, während er mit seiner freien Hand eindrucksvolle Gesten vollzog und Katy wimmernd unter dem Baum hin und her kroch. Als er geendet hatte, herrschte eine vollkommene und heilige Stille – abgesehen von den Seufzern und dem Schniefen des reuigen Schweines.

Es ist fraglich, ob Bruder Colin auch nur ein Körnchen eines wahrhaft streitbaren Missionars in sich hatte. »Glaubst ... glaubst du, wir können jetzt gefahrlos hinuntersteigen?« stotterte er.

Als Antwort brach Bruder Paul einen Ast der Hagebuche ab und warf ihn auf die am Boden ruhende Sau. Katy gab ein lautes Schluchzen von sich und wandte ihr tränenüberströmtes Antlitz zu ihnen hinauf, ein Antlitz, aus dem jede Spur des Bösen gewichen war; die gelben Augen leuchteten golden vor Reue und dem Flehen um Gottes Gnade, das diese Reue nach sich zog. Die Brüder kletterten vom Baum herunter, steckten das Seil erneut durch Katys Nasenring, und auf ging es, die Straße hinunter, mit dem bekehrten Schwein, das gefügig hinter ihnen hertrottete, im Schlepptau.

Die Nachricht, daß sie ein Schwein von Roark mit nach Hause bringen würden, verursachte eine solche Aufregung im Kloster, daß Bruder Paul und Bruder Colin bei ihrer Ankunft vor den Toren von M– eine große Ansammlung von Mönchen vorfanden, die sie bereits ungeduldig erwartete. Die ganze Bruderschaft drängte sich vor und beugte sich hinab, um die fetten Schenkel von Katy zu betasten und ihre feisten Wangen zu kneten. Plötzlich öffnete sich der Kreis, und Vater Benedict schob sich gemessenen Schrittes durch die Menge. Auf seinem Gesicht lag ein Lächeln, das Colin sein Würstchen und Paul sein Lob verhieß. Doch dann, zum Schrecken und zur Bestürzung aller Anwesenden, watschelte Katy zu dem kleinen Taufbecken neben dem Eingang zur Kapelle, tauchte ihren rechten Huf in das heilige Wasser und bekreuzigte sich. Es dauerte eine Weile, bevor irgend jemand seine Sprache wiederfand. Dann erklang Vater Benedicts strenge und wutentbrannte Stimme. »Wer hat dieses Schwein zum rechten Glauben bekehrt?«

Bruder Paul trat einen Schritt vor. »Ich war es, Vater.«

»Du bist ein Narr«, sagte der Abt.

»Ein Narr? Ich dachte, Ihr wäret erfreut, Vater.«

»Du bist ein Narr«, wiederholte Vater Benedict. »Wir können dieses Schwein nicht schlachten. Dieses Schwein ist ein Christ.«

»Mehr Freude herrscht im Himmel über . . .« begann Bruder Paul zu zitieren.

»Still!« befahl der Abt. »Es gibt eine Menge Christen. Aber dieses Jahr herrscht ein großer Mangel an Schweinen.«

Es würde ein ganzes Buch füllen, all die Krankenlager aufzuzählen, denen Katy einen Besuch abstattete, von dem Trost zu erzählen, den sie in prunkvolle Paläste und in armselige Hütten brachte. Sie saß neben den Betten der Leidenden und spendete ihnen mit ihren lieben goldenen Augen Linderung. Eine Zeitlang glaubte man, daß sie aufgrund ihres Geschlechts den Mönchsorden verlassen und einem Nonnenkloster beitreten sollte, denn, wie es so üblich ist, verbreiteten böse Zungen auch in diesem Fall die üblichen Skandalgeschichten im Lande. Doch brauchte man, wie es der Abt einmal ausdrückte, Katy nur anzusehen, um von ihrer Unschuld und Reinheit überzeugt zu sein.

Das nachfolgende Leben Katys ist eine einzige lange Auflistung von guten Taten. Doch erst eines Festtagsmorgens kam den Brüdern der Verdacht, daß ihre Gemeinschaft eine Heilige beherberge. An dem erwähnten Morgen, während Hymnen der Freude und der Danksagung aus hundert frommen Mündern erklangen, stand Katy von ihrem Platz auf, ging gemessenen Schrittes zum Altar, und mit einem Blick ekstatischer Entrückung auf ihrem Gesicht begann sie, sich eindreiviertel Stunden lang wie ein Kreisel auf der Spitze ihres Schwanzes zu drehen. Die versammelten Brüder sahen ihr voller Erstaunen und Bewunderung zu. Dies war ein wunderbares Beispiel dafür, zu welcher Vervollkommnung ein frommes Leben führen konnte.

Von dieser Zeit an wurde das Kloster von M– ein vielbesuchter Wallfahrtsort. Lange Schlangen von Reisenden wanden sich in das Tal hinein und machten Rast in den Wirtshäusern der Bruderschaft. Täglich um vier Uhr erschien Katy vor den Toren und segnete die Menge. Litt jemand unter Skrofeln oder war er von Trichinen befallen, so berührte Katy ihn, und er war geheilt. Auf den Tag genau fünfzig Jahre nach ihrem Tod würde sie in den Kanon der Heiligen aufgenommen.

Es wurde der Antrag gestellt, daß sie die Heilige Jungfrau Katy genannt werden sollte. Allerdings wandte eine kleine Minderheit ein, daß Katy keine Jungfrau sein konnte, da sie doch in ihren sündigen Jahren einem Wurf Jungen das Leben geschenkt hatte. Die Gegenseite war jedoch um eine Antwort nicht verlegen und meinte treffend, daß dies überhaupt keinen Unterschied mache. Nur die wenigsten Jungfrauen, so argumentierten sie, seien tatsächlich Jungfrauen gewesen.

Um keine Zwietracht im Kloster aufkommen zu lassen, trug ein Komitee das Problem einem aufrichtigen und sehr gelehrten Barbier vor, nachdem die Brüder vorher übereingekommen waren, sich dessen Entscheidung zu beugen.

»Das ist eine verzwickte Sache«, meinte der Barbier. »Man könnte sagen, es gibt zwei Arten von Jungfräulichkeit. Einige behaupten, daß Jungfräulichkeit vom Vorhandensein eines kleinen Häutchens abhängt. Hat man es, dann ist man es; hat man es nicht, ist man es auch nicht. Diese Auslegung stellt eine große Gefahr für das Fundament unserer Glaubenslehre dar, denn sie unterscheidet nicht, ob das Häutchen durch die Gnade Gottes von innen heraus entfernt wurde oder durch die Sündhaftigkeit eines Mannes von außen. Andererseits«, fuhr er fort, »gibt es da noch die Jungfräulichkeit dem Vorsatz nach, und diese Auslegung gewährleistet das Vorhandensein von einer weitaus größeren Anzahl Jungfrauen, als es die erste tut. Allerdings stoßen wie hier erneut auf Schwierigkeiten. Als ich ein junger Mann war, schlenderte ich des Abends manchmal gerne noch ein wenig mit einem Mädchen am Arm umher. Jede einzelne von denen, die je mit mir spazierengingen, war eine Jungfrau dem Vorsatz nach, und, seht ihr, wenn man die zweite Deutung des Begriffes zugrunde legt, sind sie es auch heute noch.«

Das Komitee machte sich glücklich und zufrieden auf den Weg. Katy war ohne Zweifel eine Jungfrau dem Vorsatz nach gewesen.

In der Kapelle von M— steht ein goldbeschlagenes und juwelenbesetztes Reliquienkästchen, in dem auf karmesinrotem Samt die sterblichen Überreste der Heiligen ruhen. Menschen kommen von weit her, um die kleine Schatulle zu küssen, und diejenigen, die es tun, lassen all ihre Sorgen an Ort und Stelle zurück. Diese heilige Reliquie, so hat man festgestellt, kuriert Frauenleiden und Hauterkrankungen. Man erzählt sich von einer Frau, die die Kapelle aufsuchte, um von beiden Beschwerden befreit zu werden. Sie behauptet, daß sie die Reliquie an ihrer Wange gerieben hätte, und in dem Augenblick, in dem ihr Gesicht den heiligen Gegenstand berührte, sei ein haariges Muttermal, das sie seit ihrer Kindheit besessen hätte, mit einem Schlag verschwunden und seitdem nie wieder aufgetaucht.

Aus dem Amerikanischen von Stefan Bauer

W. B. Yeats

Wie das Seil gedreht wurde

Einmal, als sich der Tag schon neigte, zog Hanrahan seines Wegs in der Nähe von Kinvara und hörte den Klang einer Fiedel aus einem Haus, das etwas abseits vom Straßenrand lag. Er schlug den Pfad ein, der darauf zuführte, denn es war seine Gewohnheit, an keinem Haus vorüberzugehen, wo es Musik, Tanz oder Geselligkeit gab, ohne einzutreten. Der Hausherr stand in der Tür und erkannte Hanrahan, als er näher kam, und sagte: »Sei willkommen, Hanrahan, du hast dich lange nicht bei uns blicken lassen.« Aber da kam die Frau zur Tür und sagte zu ihrem Mann: »Mir wäre es lieber, wenn Hanrahan heute abend nicht hereinkäme, denn er ist bei den Geistlichen und bei den Frauen, die auf sich halten, jetzt übel angeschrieben, und wie er daherkommt, sollt' es mich nicht wundern, wenn er eins zuviel getrunken hätte.« Ihr Mann erwiderte jedoch: »Ich werde nie einen Dichter wie Hanrahan von meiner Tür weisen«, und hieß ihn eintreten.

Es waren eine Menge Nachbarn im Hause versammelt, und manche von ihnen erkannten Hanrahan, aber ein paar Buben, die sich in den Ecken drängten, hatten bloß die Erwachsenen von ihm reden hören und standen auf, um einen Blick von ihm zu erhaschen, und einer von ihnen fragte: »Ist das nicht Hanrahan, der eine Schule hatte und den die Elfen entführt haben?« Aber seine Mutter hielt ihm mit der Hand den Mund zu und hieß ihn still sein und nicht von solchen Dingen reden. »Denn Hanrahan«, sagte sie, »wird leicht zornig, wenn er hört, daß von der Geschichte geredet wird, oder wenn ihn einer danach fragt.« Dann rief der eine oder andre ihm zu und bat um ein Lied, aber der Hausherr wehrte, es sei noch nicht an der Zeit, ein Lied von ihm zu verlangen, bevor er sich ausgeruht habe. Er reichte ihm ein Glas Whiskey, Hanrahan dankte, hob es auf seine Gesundheit und leerte es auf einen Zug.

Der Musikant stimmte seine Fiedel für den nächsten Tanz, und der Hausherr sagte zu den Burschen, sie würden erst wissen, was tanzen heißt, wenn sie Hanrahan gesehen hätten, denn dergleichen habe man nach seiner Zeit nie wieder erlebt. Hanrahan aber sagte, er wolle nicht tanzen, er wisse seine Füße jetzt besser zu brauchen, seit er die vier Gaue Irlands durchwandere. Als er so sprach, kam gerade Una, die Tochter des Hauses, mit einem Armvoll Connemara-Torf fürs Feuer zur Halbtür herein. Sie warf den Torf in den Herd, daß die Flammen hoch aufloderten, und man sah, wie hübsch sie war und wie sie lächelte. Da standen zwei oder drei Burschen auf und baten um einen Tanz. Aber Hanrahan ging quer über den Estrich, schob die andern beiseite und erklärte, sie müsse mit ihm tanzen nach dem langen Weg, den er zurückgelegt hatte, um zu ihr zu kommen. Er wird ihr wohl auch ein Schmeichelwort ins Ohr geraunt haben, denn sie sträubte sich nicht und stellte sich mit ihm zum Tanz an, und ihre Wangen waren leicht gerötet. Dann standen auch andere Paare auf, aber als der Tanz beginnen sollte, blickte Hanrahan zufällig zu Boden und bemerkte, daß seine Schuhe vertreten und zerrissen waren und daß die zerlumpten grauen Socken zum Vorschein kamen. Da sagte er ärgerlich, es sei ein schlechter Tanzboden und die Musik sei auch nicht besonders gut, und er setzte sich in den dunklen Winkel neben dem Herd. Aber wie er das tat, setzte sich das Mädchen neben ihn.

Der Tanz ging weiter, und als er zu Ende war, wurde ein zweiter verlangt, und eine Weile achtete niemand auf Una und Rot-Hanrahan in ihrem Winkel. Nur die Mutter wurde unruhig und rief nach Una, daß sie ihr helfen solle, in der inneren Stube den Tisch zu decken. Doch Una, die ihr sonst in allem folgsam gewesen, antwortete, sie werde gleich kommen, aber nicht jetzt, denn sie lauschte dem, was Hanrahan ihr ins Ohr sagte. Da wurde die Mutter noch unruhiger und trat näher zu ihnen und tat, als ob sie das Feuer schürte oder den Herd fegte, und horchte eine Minute lang, um aufzufangen, was der Dichter ihrem Kind zuraunte. Das eine Mal hörte sie ihn von Deirdre mit den schneeweißen Händen erzählen und wie sie die Söhne Usnas in den Tod geschickt hatte, wie die Röte ihrer Wangen nicht so rot gewesen war wie das Blut, das für sie geflossen, und daß ihr Kummer unvergessen sei. Und er sagte, daß vielleicht durch die Erinnerung an sie der Kiebitzschrei über dem Moor den Dichtern so traurig im Ohr klinge wie die Totenklage von Jünglingen um einen Waffengefährten. Nie wäre die Erinnerung an sie lebendig geblieben, wenn nicht die Dichter gewesen wären, die ihre Schönheit in Liedern bewahrten. Das andere Mal konnte sie nicht recht verstehen, was er sagte, aber was sie vernahm, klang wie ein Gedicht, obgleich es keine Reime hatte, und dies hörte sie ihn sprechen: »Die Sonne und der Mond sind wie ein Mann und ein Mädchen, sie sind mein Leben und dein Leben, sie wandern und wandern ewig am Himmel dahin, beide wie unter demselben Dach. Gott hat sie füreinander geschaffen. Er hat dein Leben und das meine gemacht, ehe die Welt begann, und er tat dies, damit sie durch die Welt gehen mögen, auf und ab, wie die zwei besten Tänzer, die weiter tanzen, den langen Scheunenboden auf und nieder, frisch und lachend, wenn alle andern erschöpft sind und müde an der Wand lehnen.«

Da ging die alte Frau zu ihrem Mann, der beim Kartenspiel saß, aber er wollte nicht auf sie hören, und sie trat zu einer der Nachbarinnen und sagte: »Gibt es denn gar kein Mittel, die beiden auseinander zu bringen?« Und ohne eine Antwort abzuwarten, wandte sie sich an ein paar junge Männer, die plaudernd beisammen standen: »Wozu seid denn ihr da, wenn ihr das schönste Mädchen im Haus nicht bewegen könnt, mit euch zu tanzen? Geht jetzt hin, ihr alle«, sagte sie, »und seht zu, daß ihr sie dem Dichter und seinem Gerede abspenstig macht.« Aber Una hörte auf keinen von ihnen und bewegte nur ihre Hand, gleichsam um sie zu verscheuchen. Da wandten sie sich an Hanrahan und sagten, er solle doch selber mit ihr tanzen oder einen von ihnen mit ihr tanzen lassen. Als Hanrahan das hörte, antwortete er: »Also gut, ich werde mit ihr tanzen. Keiner im ganzen Haus soll mit ihr tanzen als nur ich allein.«

Darauf erhob er sich mit ihr und führte sie an der Hand, und einige von den Burschen wurden ärgerlich, und einige begannen über seinen schäbigen Rock und seine zerrissenen Schuhe zu spotten. Doch er achtete dessen nicht und Una ebenfalls nicht, sondern sie blickten einander an, als ob die ganze Welt ihnen allein gehörte. Aber zwei andere, die wie ein Liebespaar beisammensaßen, stellten sich zugleich mit ihnen an, faßten sich bei den Händen und bewegten die Füße nach dem Takt der Musik. Doch Hanrahan kehrte ihnen wie im Ärger den Rücken zu, und anstatt zu tanzen, begann er zu singen. Während er sang, hielt er die Hand Unas fest, und seine Stimme wurde lauter und lauter. Die Burschen ließen das Spotten sein, die Fiedel verstummte, und es war nurmehr seine Stimme zu hören, die wie ein Rauschen im Winde klang. Und was er sang, war ein Lied, das er einmal gehört oder auf seinen Wanderungen über

Slieve Echtge selbst erdacht hatte, und die Worte, soweit man sie aus dem Gälischen übertragen kann, lauteten:

Des Todes Knochenfinger
Uns nimmer finden soll
Im weitgewölbten Traumland
Von Liebe übervoll,
Wo Zweige blühn und tragen
Das Jahr durch früh und spät,
Wo Bäche überschäumen
Vor rot und braunem Met,
Ein Alter bläst die Sackpfeif',
Wo Silberbäume stehn,
Mit eisblauen Augen im Tanze
Sich Königinnen drehn.

Und während er sang, schmiegte sich Una enger an ihn, und aus ihren Wangen war alle Farbe gewichen, und ihre Augen waren nicht mehr blau, sondern grau von Tränen. Wer sie so sah, hätte meinen können, sie sei auf der Stelle bereit, ihm von West nach Ost durch die Welt zu folgen.

Doch einer der Burschen rief: »Wo ist denn das Land, von dem er singt? Nimm dich in acht, Una, es ist weit von hier, und du mußt vielleicht lange wandern, bevor du hingelangst.« Und ein anderer sagte: »Du wirst nicht ins Land der ewigen Jugend kommen, wenn du mit ihm gehst, sondern in die Sümpfe von Mayo.« Da sah Una Hanrahan an, als wollte sie ihn fragen, aber er faßte ihre Hand, hob sie auf und rief: »Dieses Land ist ganz nah bei uns, es ist überall! Mag sein, daß es auf dem kahlen Berg da hinten liegt oder im Herzen des

Waldes.« Und er sprach mit lauter, klarer Stimme: »Ja, im Herzen des Waldes. Oh, der Tod wird uns nie finden im Herzen des Waldes! Willst du mit mir gehen, Una?« fragte er sie.

Aber während er so redete, waren die zwei alten Frauen vor die Türe getreten, und Unas Mutter weinte und sagte: »Er hat einen Zauber über sie geworfen. Können wir ihn von den Männern denn nicht aus dem Haus jagen lassen?«

»Das geht nicht«, entgegnete die andere, »denn er ist ein Dichter der Gälen, und du weißt wohl, wenn du so einen aus dem Haus jagst, dann spricht er einen Fluch auf dich, daß das Korn auf dem Feld verdorrt und den Kühen die Milch eintrocknet, und wenn er sieben Jahr in der Luft schwebte.«

»Der liebe Gott steh uns bei!« klagte die Mutter. »Warum hab' ich ihn nur ins Haus hereingelassen, den verrufenen Gesellen!«

»Du hättest ihn ruhig draußen lassen können, aber du würdest großes Unheil heraufbeschwören, wenn du ihn vor die Türe setztest. Aber hör zu, wie ich ihn durch sein eigenes Tun aus dem Haus bringen will, ohne daß ihn wer vertreibt.«

Bald danach kamen die zwei Frauen wieder herein, jede mit einem Bündel Heu in der Schürze. Hanrahan sang nicht mehr, sondern redete hastig und leise auf Una ein und sagte: »Das Haus ist eng, aber die Welt ist weit, und keiner, der wahrhaft liebt, braucht Nacht oder Morgen, Sonne oder Sterne, die Schatten des Abends oder etwas Irdisches zu fürchten.« »Hanrahan«, sagte da die Mutter und klopfte ihm auf die Schulter, »willst du mir hier einen Augenblick helfen?« »Ja, Hanrahan«, sagte die Nachbarin, »hilf uns aus dem Heu da ein Seil drehen, denn du hast geschickte Hände, und ein Windstoß hat das Dach über dem Heuschober gelockert.«

»Von Herzen gern«, sagte er und nahm das kleine Stäbchen

in die Hand. Die Mutter reichte ihm das Heu zu, und er drehte es ein, aber er beeilte sich, ans Ende zu kommen, um wieder frei zu sein. Die Frauen fuhren fort zu schwatzen und das Heu auszuteilen und ermunterten ihn. Sie sagten, wie gut er das Seildrehen verstünde, besser als ihre Nachbarn und alle, die sie sonst noch kannten. Als Hanrahan bemerkte, daß Una ihm zusah, begann er ganz schnell zu drehen und hielt den Kopf hoch und rühmte sich der Geschicklichkeit seiner Hände, der Gelehrsamkeit seines Kopfes und der Stärke seiner Arme. Und wie er so prahlerisch redete, ging er rückwärts, während er das Seil drehte, bis er an die Haustür kam, welche hinter ihm offen stand, und ohne es zu merken, trat er über die Schwelle und war auf der Straße. Kaum stand er draußen, sprang die Mutter geschwind zur Tür und warf ihm das Seil nach. Dann schloß sie hurtig Tür und Halbtür und schob den Riegel vor.

Sie freute sich sehr, als ihr dies gelungen war, und lachte schallend, und die Nachbarn lachten mit und lobten sie. Aber sie hörten ihn ans Tor schlagen und draußen fluchen, und die Mutter konnte noch gerade Una zurückhalten, die schon die Hand auf dem Riegel hatte, um zu öffnen. Dann gab sie dem Fiedler ein Zeichen, und der spielte einen lustigen Tanz auf. Einer der Burschen ergriff Una, ohne zu fragen, und führte sie mitten in das Gedränge der Tanzenden. Als der Tanz zu Ende war und die Fiedel verstummte, war draußen kein Laut mehr zu hören, und die Straße lag still wie zuvor.

Als Hanrahan sah, daß er ausgesperrt war und an dem Abend weder Obdach noch Trunk, noch das willige Ohr eines Mädchens finden würde, schwanden ihm Zorn und Mut, und er ging hin, wo die Wellen an den Strand schlugen.

Er ließ sich auf einem großen Stein nieder, schlenkerte mit dem rechten Arm und begann langsam vor sich hin zu singen, wie er es immer tat, um sich aufzumuntern, wenn sonst nichts helfen wollte. Und man weiß nicht, ob es damals oder ein andermal war, daß er ein Lied erdachte, das bis auf den heutigen Tag ›Wie das Seil gedreht wurde‹ heißt und so beginnt: »Wer war die tote Katz, die mich hierhergeführt?«

Aber nachdem er eine Weile gesungen hatte, schienen sich Nebel und Schatten, welche aus dem Meer aufstiegen oder über das Wasser heranglitten, um ihn zu lagern. Es kam ihm so vor, als ob einer der Schatten die königliche Frau wäre, die er einst auf Slieve Echtge in ihrem Schlaf erblickt hatte. Nun aber schlief sie nicht, sondern verhöhnte ihn und rief denen, die hinter ihr waren, zu: »Er war schwach, er war schwach, ihm fehlte der Mut!« Und er spürte, daß er die Litzen des Seils noch immer in den Händen hielt, und fuhr fort sie zu drehen, und es dünkte ihn, daß er allen Kummer der Welt hineinflocht. Dann war ihm, als ob sich das Seil im Traum in eine große Wasserschlange verwandelte, die aus der See kam, sich um ihn ringelte und ihn immer enger und enger umschlang. Endlich machte er sich los und wankte unsicheren Schritts den Strand entlang, und die grauen Gestalten umgaukelten ihn bald da und dort. Und also riefen sie: »Zu beklagen ist, wer dem Ruf nicht folgt, den die Töchter der Sidhe an ihn ergehen lassen, denn er wird bis ans Endes seines Lebens und aller Zeiten in der Liebe irdischer Frauen nicht Tröstung finden, und Grabeskälte wohnt auf ewig in seinem Herzen. Er hat den Tod erwählt. Er möge sterben, sterben, sterben!«

Aus dem Englischen übertragen von Susanne Schaup und Ernst E. Stein

Statt eines Nachwortes

Eine Einladung in die Phantasie

Im Februar 1994 begeht Bastei-Lübbe mit einer großen Sonderaktion ein wahrhaft phantastisches Jubiläum: Tausend Titel sind in den verschiedenen Reihen der Science Fiction und Fantasy bisher erschienen – tausend Tore in die Phantasie wurden aufgestoßen, und tausendmal sind unzählige Leser dieser Einladung in neue phantastische Dimensionen gefolgt.

Bodo Baumann hieß der erste Redakteur, der vor mehr als zwanzig Jahren den Reigen der Science Fiction eröffnete – auch gegen eine verhaltene Skepsis im eigenen Hause. Doch die Mischung schien von Beginn an zu stimmen: Nicht nur Bodo Baumann, auch alle seine Nachfolger im Lektorat haben versucht, ein möglichst vielfältiges Programm zu präsentieren. Die Phantastik ist unbestritten das Genre der zeitgenössischen Literatur, in dem buchstäblich alles möglich ist (und sollte ein Fantasy-Autor sich einmal in seiner Geschichte verrannt haben, so hat er sofort einen Magier zur Hand, der nicht nur seinen Helden, sondern auch ihm selbst auf die Sprünge hilft).

Bei Bastei-Lübbe fand und findet man alle Spielarten der SF: also auch endlose Space Operas á la Captain Future, mit Raumschlachten, Laserkanonen und kühnen Helden – jene Abenteuergeschichten, die das Bild des Genres in Deutschland bis heute – zu Unrecht – weithin geprägt haben. Doch wieviel mehr SF zu bieten hat, bewiesen andere Titel im Programm: Große Entdeckungen waren hier zu machen, faszinierende Autoren, die den Versuch unternahmen, Neues zu schaffen und ihren Lesern mitzuteilen. Stellvertretend sollen hier nur einige genannt werden. Samuel Delaney etwa entwarf in seinem Monumentalwerk *Dhalgren* ein Kaleidoskop ungewöhnlicher Gestalten und Bewußtseinsformen – hier stießen Sprachen und Erzählung in neue Bereiche vor.

Oder A. A. Attanasio, der in *Radix* eine Reise unternahm, die in eine Welt führte, die eigentlich außerhalb der menschlichen Vorstellungskraft liegen sollte – die Handlung spielt einige Milliarden Jahre in der Zukunft. In jüngerer Zeit hat sich mit Ian McDonald ein weiterer Vertreter dieser ungewöhnlichen SF-Garde etabliert. Der junge Ire vermag es, aus Elementen der modernen Comic-Kultur, europäischen Mythen und einer ihm eigenen aberwitzigen Phantasie ganz außergewöhnliche SF-Geschichten zu weben – in *Straße der Verlassenheit* etwa, wo er eine Marskolonie der besonderen Art beschreibt.

Doch neben den Vertretern der beinahe experimentellen SF haben auch immer Autoren ihren Platz gehabt, die es schafften, anspruchsvoll und erfolgreich zu schreiben – was ja in der Tat gelegentlich einen Gegensatz darstellen kann.

Isaac Asimov, Robert A. Heinlein, Philip S. Dick und Larry Niven sind – so unterschiedlich ihr Schaffen auch sein mag – mittlerweile zu Klassikern des Genres geworden. Und sie alle haben der SF ihren unverwechselbaren Stempel aufgedrückt. Der große Isaac Asimov steht vor allem für seine ausgefeilten Robotergeschichten *(Roboterträume)*, Philip K. Dick für seine skurrilen Spekulationen über Sein und Schein *(Der dunkle Schirm)*, und Larry Niven hat sich durch eine gekonnte Verbindung zwischen Wissenschaft und Space Opera einen Namen gemacht *(Ringwelt)*. Der eine Zeitlang weniger beachtete Robert A. Heinlein scheint bei jungen Lesern eine regelrechte Renaissance zu erfahren – völlig zu Recht, denn so umstritten seine politischen Anschauungen sein mögen, in seinen Romanen erweist er sich stets als grandioser, humorvoller Erzähler *(Die Tür in den Sommer, Die Katze, die durch Wände geht).*

Von den jüngeren, gleichwohl bereits etablierten Autoren versucht allen voran der Amerikaner Orson Scott Card dem Spannungsfeld zwischen rasanter, spannungsgeladener SF einerseits und hintergründiger Zukunftsspekulation andererseits neue Reize abzugewinnen – mit gehörigem Erfolg. Sein eindrucksvollster Protagonist Ender ist ein Militärgenie der Zukunft, das nach einem tragischen Unglücksfall zum Mittler zwischen den Rassen in der Galaxis wird – eine Art universeller Friedensstifter also *(Ender, Xenozid).* In den USA erscheint Card mit solchen Titeln mit schöner Regelmäßigkeit auf den Bestsellerlisten der renommierten *New York Times,* was neben ihm selbst im wichtigsten Land der SF nur wenige schaffen.

Im Laufe der Jahre hat sich das Spektrum der Science Fiction bei Bastei-Lübbe ständig erweitert. Etliche Reihen entstanden, in denen SF-Abenteuer, SF-Besteller oder das ›Besondere‹, SF-Special, präsentiert wurden. Unter der Ägide von Helmut W. Pesch, einem ausgewiesenen, promovierten ›Phantasten‹, erlebte die Fantasy-Reihe als archaische Spielform der SF einen ungeheuren Aufschwung. Mit einigem Stolz sei angemerkt, daß bei Bastei-Lübbe mittlerweile die fraglos besten Autoren des Genres versammelt sind – was sich im übrigen auch rein kommerziell niederschlägt; kaum eine Reihe erfährt so viele Nachauflagen wie die Fantasy.

Das Fantasy-Programm des Hauses liest sich wie ein *Who*

is Who des Genres. Der Megastar Marion Zimmer Bradley *(Das Licht von Atlantis)* ist hier ebenso zu finden wie zahlreiche Autorinnen aus ihrem Freundeskreis; Diana Paxson etwa *(Der Zauber von Erin)* oder Mercedes Lackey *(Talia – Die Erwählte)*.

Auch wenn der zuständige Lektor gelegentlich darüber stöhnen mag: Zyklen prägen das Genre – mit Trilogien etwa, die sich bisweilen als zwölfbändige Werke erweisen. Piers Anthony, der Meister des leichten Humors, ist mit seiner Saga um das magische Land Xanth der herausragendste Vertreter dieser ›phantastischen‹ Arithmetik. Seine Xanth-Serie, die Bastei-Lübbe von Anfang an begleitete, sollte nur die kurze Chronik eines Wunderlandes werden; mittlerweile liegen fünfzehn Bände vor – und ein Ende der magischen Geschichten ist nicht abzusehen.

Mit seinen ›nur‹ fünfbändigen Zyklen hat David Eddings sich mittlerweile als Number One des Genres etabliert. Seine *Malloreon*-Saga kam nicht nur in den USA zu Bestsellerehren – kaum jemand vermag unsterbliche Götter und sterbliche Liebende dem Publikum auf so unnachahmliche Art näherzubringen wie dieser großartige Erzähler.

Auch *das* Duo der Fantasy findet sich bei Bastei-Lübbe: Margaret Weis und Tracy Hickman (wobei Mr. Hickman den männlichen Part übernimmt). Wie viele andere Autoren kennen natürlich auch sie ihren Tolkien, aber was sie daraus machen, das ist einzigartig. In ihrer Chronik der *Vergessenen Reiche* verweben sie die Geschichten von Menschen, Zwergen, Elfen und Göttern zu einem Epos, das sieben faszinierende Welten umspannt. Ein Bestseller auch bei Bastei-Lübbe.

Ein Autor jedoch, der weder aus Amerika stammt noch aus England, überragt alle, nicht nur weil an ihm der Erfolg der Fantasy in Deutschland am besten abzulesen ist: Wolfgang Hohlbein, der seine unvergleichliche Karriere bei Bastei begann. Hier schrieb er Heftromane – Western (!), Horror und (natürlich) Fantasy. Mittlerweile ist er zum anerkannten Bestsellerautor und Liebling von Millionen Lesern geworden, doch gleichwohl schreibt er gelegentlich gern noch einen Heftroman, gewissermaßen als schriftstellerische Fingerübung. Seine Fantasy-Romane, allen voran sein größtes Werk *Heldenmutter,* sind Märchen und rasante Abenteuergeschichten zugleich; sie bezaubern durch eine bisher nicht gekannte Poesie und sind doch voller Dramatik, die nicht nur junge Leser fesselt. An dieser Stelle sei Wolfgang Hohlbein, dem das Lektorat auch freundschaftlich verbunden ist, ein besonderes Dankeschön ausgesprochen. Seit über zehn Jahren prägt er die Fantasy bei Bastei-Lübbe und hat mit wunderbaren Geschichten, faszinierenden Ideen und (nicht immer pünktlichen) Manuskripten stets dafür gesorgt, daß es nie langweilig werden konnte.

Last but not least soll in dem Reigen der wichtigsten Autoren ein Erzähler genannt werden, der für manche Leser noch einen Geheimtip darstellt. In seinem Mutterland England ist er bereits eine Institution, doch bei uns ist David Gemmell erst durch zwei, allerdings ausgesprochen imposante Werke hervorgetreten. In seiner zweibändigen Saga um Alexander den Großen *(Der Löwe von Macedonien, Der Dunkle Prinz)* verbindet er Historie und Fantasy auf wahrhaft magische Art und Weise. Aus historischen Figuren wie Aristoteles werden Magier, aus legendären Generälen wie Parmenion werden leibhaftige Menschen – und alles atmet eine eigene magische Wirklichkeit, die jeden Leser in ihren Bann schlagen muß. Bei David Gemmell erreicht die Fantasy einen Stand der Vollendung, die zum magisch erhöhten historischen Roman hinführt.

Bei allen Autoren, die in diesem kleinen Gang durch tausend Titel SF und Fantasy nicht erwähnt wurden, möchte der Verfasser sich entschuldigen (Robert Asprin, Frederik Pohl, Robert Silverberg, Michael Moorcock, Angus Wells...) Möge der Leser unsere Einladung annehmen, selbst auf eine Entdeckungsreise in die Gefilde der Phantastik zu gehen, abseits von übernommenen Klischees, und er wird ihnen allen und noch vielen mehr begegnen, von denen jeder das Zeug hat, *sein* persönlicher Lieblingsautor zu werden.

Dankend seien abschließend die Redakteure genannt, die ebenfalls tausend phantastische Titel SF und Fantasy begleitet haben: Michael Kubiak, nun als literarischer Übersetzer berühmt-berüchtigt, und Michael Görden. Genannt werden muß hier auch Rolf Schmitz, der als Verlagsleiter mit Augenmaß und dem gebotenen Engagement seine phantastischen Reihen beinahe von Beginn an gefördert und betreut hat.

Der größte Dank aber – und das ist nicht als Floskel gemeint – gebührt den Lesern. Ohne ihr Vertrauen und ohne ihre Anregungen hätte Bastei-Lübbe keine tausend Titel SF und Fantasy präsentieren und keine tausend Tore in phantastische Welt öffnen können.

Reinhard Rohn

Quellennachweis

Albert Camus, Die Boote; aus: Paul Viallaneix, Le premier Camus, Paris 1973

Heinrich Böll, Es wird etwas geschehen; aus: Heinrich Böll, Werke, Romane und Erzählungen 2, 1953 - 1959, herausgegeben von Bernd Balzer, Köln 1978.

Gerhart Hauptmann, Das Meerwunder; aus: Gerhart Hauptmann. Sämtliche Werke, Band VI, Erzählungen - Theoretische Prosa, Frankfurt - Berlin.

Hermann Hesse, Eine Traumfolge; aus: Hermann Hesse, Gesammelte Werke 6, Frankfurt.

Rudyard Kipling, ›Sie‹; aus: Rudyard Kipling: Meistererzählungen, Zürich 1987.

Pär Lagerkvist, Der Fahrstuhl, der zur Hölle fuhr; aus: Pär Lagerkvist, Schlimme Geschichten, herausgegeben von Erik Gloßmann, München. Mit freundlicher Genehmigung des Schneekluth-Verlages.

Thomas Mann, Der Kleiderschrank; aus: Thomas Mann, Die Erzählungen, Frankfurt.

Luigi Pirandello, Die kleine Madonna; aus: Luigi Pirandello, Novelle per un anno.

Isaac Bashevis Singer, Die Cafeteria; aus: Isaac Bashevis Singer, *A Friend of Kafka*, by permission of Farrar, Strauß & Giroux, Inc.

John Steinbeck, Die Geschichte der heiligen Katy; aus: John Steinbeck, *The Long Valley*, by permission of McIntosh & Otis, Inc.

Science Fiction • Fantasy
Jubiläums-Edition
Roboter-Visionen
Nr. 21201/DM 10,00
Charity
Die beste Frau der Space Force
Nr. 21203/DM 10,00
Könige der Nebelinsel
Nr. 21202/DM 12,00
Marion Zimmer Bradley
Die Farben des Alls
Nr. 21207/DM 5,00
Planeten-Träume
Nr. 21209/DM 8,00
Gefährtin des Lichts
Nr. 21208/DM 15,00